アジア経済ハンドブック　刊行の辞

　アジアの時代が来たといわれる。その通りでもあり、必ずしもそうでもない。ただ、内外、就中、海外の政官財学の方々のアジア経済にかかる我々への御相談が著増してきたのは事実である。

　複雑な経済を多面的かつ重層的に把握することは、ビジネスにとっても、外交にとっても、学問にとっても必須である。IT革命等により真にグローバルマーケットが形成され、国境、ひいては、主権国家の枠組みが相対化された今、尚更、そうである。

　蓋し、経済が全てではないが、軍事力の持続可能性を規定する一方、その相互依存が平和へのインセンティヴを構成し、平和が経済の配当を齎し、民生が安定すれば、経済成長の好循環となる。その経済力においてアジアの伸長は著しい。

　経済を律するのは人口動態と生産性が大きいが、後者に比して前者は相対的に把握しやすい。アジアの世界における人口は、紀元前は6割台だったのが、紀元後、一旦7割近くとなり、第二次大戦後の1950年には55％程度となったと試算される。その後、国連によれば足元60％であり、アフリカにおける人口増加を背景に2060年には52％程度に低下すると推計されているが、いずれにせよ、大体、世界の5割〜6割弱である。世界人口全体が100億人目指して拡大しているため、アジアの人口も、今後、9億人程度の増加が見込まれていること、そして、国際的には中国の台頭による地政学的緊張が高まるものの、各国の国内政治は、インドという世界最大の民主国家を含め、比較的安定していることがメリットとなる。

　他方、フィリピンやインドのような例外的に人口動態が若い国を除くと、日本のみならず中国、韓国、シンガポールなど実は少子高齢化が激しく見込まれ

る大陸でもある。社会保障制度が成熟していない国では社会の不安定化要因にもなるし、財源に見合った制度でないと財政が持続不可能になる。

より客観的な把握が難しい経済そのものを直截に見ると、アジアの世界に占めるGDPは、18世紀初頭に6割強であったものが、欧州における産業革命、米国の台頭等により、第二次大戦後に18％まで低下していたところ、日本、そして最近は中国の興隆により、足元では21兆ドルと28％まで回復し、2060年には40％台後半に到達すると試算されている。PPP（購買力平価）ベースでは現在、既に世界のGDPの37％と、この10年間で10％ポイント近く増加している。貿易を見ても、輸入、輸出ともに世界の約32％と、それぞれこの10年間で8％、5％ポイント近くシェアを伸ばしている。その結果、逆に、CO_2排出量の世界シェアが、中国とインド2か国だけで、20年前に世界の14％であったのが、今や33％となり、このままでは2035年には40％に達する見込みである。

アジア新興国は、足元、米国の金利上昇によるリスクマネー回避がもたらす資本逃避の可能性、そして、構造的にも格差、汚職、環境といった様々なリスクを抱える中、最近も、減速基調にあるが、それでも、今後も6％台の成長が続くと見込まれており、経済の成熟と人口オーナスのため、ゼロから2％台程度の潜在成長率しか見込めない先進国に比して、なお世界経済をけん引する立場にあり続けるという見方が強い。

そうした中、我が国のアジア経済への関係も更に強化されており、例えば、ADB（アジア開発銀行）によると日本の貿易に占めるアジアのシェアは1980年の28％から2013年には49％に上昇した。対外直接投資については1989年の12％から2013年には30％に、対内直接投資については1989年の4％から2013年の38％にそれぞれ上昇し、金融機関のアジアへの信用供与は2014年後半は前年同期比で20％を超える勢いで増加している。

アジア域内の海外直接投資、貿易のシェアも緩やかな増加傾向にあり、足元では、それぞれ、51％、54％となっている。

このように、アジア経済の重要性が高まる中、本書を発刊できることは意義深い。

アジア各国の政治も激動している。経済活動は政治の安定性と経済政策に規定されるところが大きく、本書でもできるだけ触れるようにしている。特に日本との関係が深い、北東アジア、東南アジア、南アジア、大洋州の各国の政治・経済状況を取り上げることとしているが、昨年だけでも、4月にインドネシア総選挙があり、ジョコ・ウィドド氏を大統領候補とする闘争民主党が第一党となり、7月にウィドド大統領が選出され、11月に燃料補助金引き下げ等、大きな改革を始めている。5月にはインド総選挙の結果、インド人民党が下院で単独過半数を獲得し、10年ぶりに政権交代が行われ、モディ氏が首相になって抜本的なガバナンスと政策の転換を進めている。その5月には、タイで軍部が8年ぶりにクーデターを実施し、9月にプラユット暫定政権が発足している。中国は、3月の全国人民代表大会において、2020年までに経済の市場化、国有企業改革、地方の財政見直し等の改革を行うことを打ち出すと共に一人っ子政策の転換を決定した。11月には約2年半ぶりに日中首脳会談が実施された。香港では、8月末、2017年の香港行政長官選挙の選挙制度に関する制度改革を、中国全人代常務委員会が決定したことを受けて、これを不服とする学生を中心に香港でデモが活性化したが、12月に収束した。毎日、激動しており、枚挙に暇ない。

域内の金融協力も活発化しており、7月には規模の倍増、危機予防機能の導入を含むチェンマイ・イニシアティブの機能強化が発効した。同月、BRICS銀行を設立し、本部を上海に置くことが決定された。10月にはAMRO（ASEAN＋3マクロ経済調査事務局）設立協定が署名され、また、2015年2月現在、26か国がAIIB（アジアインフラ投資銀行）の創設メンバー候補国となっており、2015年末に業務開始を目指している。そして、2015年はASEAN経済共同体発足が予定されている。

以上、アジア経済に注視する背景を略述したが、実は、アジア経済関連の書物は少なくない。しかし、ビッグ・ピクチャーをシェアすべく、マクロの観点を含め、包括的な視座から網羅的に扱ったものは余り見当たらない。

アジアで仕事をするためには、ビジネスであっても、政治・外交であっても、

開発援助であっても、学問であっても、その国の成長力などを見るとともに、基本的なマクロ経済政策の動向や脆弱性（国際収支、財政収支、インフレなど）を知ることが必須である。良い案件が発掘できるかどうか、個別のプロジェクトが成功するかどうかは、全体のマクロ経済が安定しているか、そのための経済政策が合理的で持続可能かに最も依存する。破綻したり成長しない経済で、ある個別プロジェクトだけ成功することは難しいし、長続きしないだろう。また、グローバル競争は官民連携の総力戦であり、我が国も、ODA（政府開発援助）、OOF（その他の政府資金）を駆使して、様々な制度改革と無数のプロジェクトを推進しているが、意外に、海外のフロンティアで戦う企業戦士達は、政府の取組をご存じないことが多い、

　そこで、このハンドブックでは、アジア諸国の、①人口、国土、政治などの基本情報、②経済成長率、国際収支、財政状況、物価や金融政策の動向、為替制度や外貨準備などの経済関連の基本情報について、判りやすく纏めると共に、ODA、OOFを活用して行ってきている様々な政府が関わるプロジェクトについても紹介することにした。

　なお、本書の刊行にあたり、山崎達雄氏、浅川雅嗣氏、武内良樹氏、吉田正紀氏、可部哲生氏をはじめとする諸先輩のご指導のもと、蓄積された知見を最大限、活用させて頂いたことに御礼申し上げる。何よりも、最大の貢献者である本書の末尾に掲げた有志の執筆者達と、飯塚正明氏、長谷川雅英氏、大内俊一氏、竹原豊裕氏からなる編集チームが、激務の合間を縫って、勤務時間外に献身的な執筆、編集活動をして頂いたことに、心より感謝したい。また、末筆ながら、財経詳報社の宮本弘明氏、里見由香氏の極めてプロフェッショナルなご尽力がなければ本書は生まれなかった。改めて御礼申し上げたい。

平成27年2月吉日

　　　　　　　　　　　　　　　　　　　　　　編著者　　神田　眞人

目　次

北東アジア

中　国 ……………………………………………………………… *2*

1　概況・基本情報……………………………………………………… *2*
2　マクロ経済の概況…………………………………………………… *4*
3　その他の政策課題等………………………………………………… *13*
4　日本との関係………………………………………………………… *14*
　（参考）香港・マカオ経済 ………………………………………… *18*

韓　国 ……………………………………………………………… *20*

1　概況・基本情報……………………………………………………… *20*
2　マクロ経済の概況…………………………………………………… *22*
3　その他の政策課題等………………………………………………… *28*
4　日本との関係………………………………………………………… *30*
　（参考）　国際収支マニュアル第6版への移行 ………………… *32*

モンゴル …………………………………………………………… *34*

1　概況・基本情報……………………………………………………… *34*
2　マクロ経済の概況…………………………………………………… *36*
3　その他の政策課題等………………………………………………… *39*
4　日本との関係………………………………………………………… *40*

台　湾 ……………………………………………………………… *42*

1　概況・基本情報……………………………………………………… *42*
2　マクロ経済の概況…………………………………………………… *43*
3　日本との関係………………………………………………………… *46*

東南アジア

カンボジア ……… 50
1. 概況・基本情報 ……… 50
2. マクロ経済の概況 ……… 52
3. その他の政策課題等 ……… 56
4. 日本との関係 ……… 56

ブルネイ・ダルサラーム国 ……… 59
1. 概況・基本情報 ……… 59
2. マクロ経済の概況 ……… 60
3. その他の政策課題等 ……… 63
4. 日本との関係 ……… 64

インドネシア ……… 65
1. 概況・基本情報 ……… 65
2. マクロ経済の概況 ……… 66
3. その他の政策課題等 ……… 71
4. 日本との関係 ……… 72
（参考）ASEAN 各国との二国間金融協力 ……… 75

ラオス ……… 77
1. 概況・基本情報 ……… 77
2. マクロ経済の概況 ……… 79
3. その他の政策課題等 ……… 83
4. 日本との関係 ……… 83

マレーシア ……… 85
1. 概況・基本情報 ……… 85
2. マクロ経済の概況 ……… 86
3. その他の政策課題等 ……… 91
4. 日本との関係 ……… 92

ミャンマー ··· *94*

1. 概況・基本情報 ·· *94*
2. マクロ経済の概況 ·· *96*
3. その他の政策課題等 ·· *100*
4. 日本との関係 ··· *100*

フィリピン ··· *102*

1. 概況・基本情報 ·· *102*
2. マクロ経済の概況 ·· *104*
3. その他の政策課題等 ·· *111*
4. 日本との関係 ··· *112*

シンガポール ··· *114*

1. 概況・基本情報 ·· *114*
2. マクロ経済の概況 ·· *115*
3. その他の政策課題等 ·· *119*
4. 日本との関係 ··· *120*

タイ ··· *121*

1. 概況・基本情報 ·· *121*
2. マクロ経済の概況 ·· *122*
3. その他の政策課題等 ·· *128*
4. 日本との関係 ··· *128*

東ティモール ··· *131*

1. 概況・基本情報 ·· *131*
2. マクロ経済の概況 ·· *132*
3. その他の政策課題等 ·· *134*
4. 日本との関係 ··· *134*

ベトナム ··· *136*

1. 概況・基本情報 ·· *136*

2	マクロ経済の概況	137
3	その他の政策課題等	142
4	日本との関係	142

南アジア

バングラデシュ …………………………………………………………… 146

1	概況・基本情報	146
2	マクロ経済の概況	148
3	その他の政策課題等	152
4	日本との関係	152

ブータン …………………………………………………………………… 154

1	概況・基本情報	154
2	マクロ経済の概況	155
3	日本との関係	160

インド ……………………………………………………………………… 162

1	概況・基本情報	162
2	マクロ経済の概況	164
	（参考）インドの金融政策の改革（パテル副総裁による報告）	169
3	その他の政策課題等	171
4	日本との関係	173

モルディブ ………………………………………………………………… 177

1	概況・基本情報	177
2	マクロ経済の概況	179
3	その他の政策課題等	183
4	日本との関係	183

ネパール …………………………………………………………………… 185

1	概況・基本情報	185
2	マクロ経済の概況	186

3	その他の政策課題等	190
4	日本との関係	190

パキスタン ... 193

1	概況・基本情報	193
2	マクロ経済の概況	194
3	その他の政策課題等	199
4	日本との関係	199

スリランカ ... 201

1	概況・基本情報	201
2	マクロ経済の概況	203
3	その他の政策課題等	207
4	日本との関係	207

大洋州

オーストラリア ... 212

1	概況・基本情報	212
2	マクロ経済の概況	213
3	その他の政策課題等	219
4	日本との関係	219

ニュージーランド ... 222

1	概況・基本情報	222
2	マクロ経済の概況	223
3	その他の政策課題等	228
4	日本との関係	229

太平洋島嶼国 ... 231

1	概況・基本情報	231
2	マクロ経済の概況	235
3	その他の政策課題等	241

4　日本との関係 ……………………………………………………… *242*

　参考文献・参考 URL ……………………………………………… *248*

中国

北東アジア

中国

1．概況・基本情報

　概要：国土面積は世界で第4位、人口は第1位、名目GDPは第2位、購買力平価ベースのGDPは第2位（2014年には第1位になる見通し）に位置する。漢民族が国民の9割超を占める。2004年から2013年の平均人口増加率は0.5％であるが、労働生産人口は2012年から減少に転じている。1949年の中華人民共和国の建国以来、中国共産党が国家機構を運営している。立法府として全国人民代表大会（全人代）、行政機関として国務院、司法機関として最高人民法院がある。1970年代後半に改革開放路線を推進しはじめて以降、これまで大きな経済発展を遂げてきており、最近5年間の平均経済成長率は8.9％となっている。リーマンショックを受け、中国政府は4兆元の経済対策を実施したが、地方政府の財政基盤が脆弱であることから、地方融資平台と呼ばれる資金調達会社を通じた不透明な資金調達等の問題が発生している。現在は、2013年に誕生した習近平体制のもと、投資主導型から消費主導型経済への成長パターン転換や金融・資本取引の一層の自由化等の構造改革に取り組んでいる。2014年には、政策目標である1,000万人の新規雇用創出及び7.5％前後の成長率を達成したが、不動産価格の下落等下方リスクも存在する。なお、日中関係については、2014年11月10日、約2年7カ月ぶりに北京にて日中首脳会談が開催された。

① 基本情報

人　口：	13億5,738万人（2013年、世銀）
面　積：	956.3万km²（世銀、日本の約25倍）
首　都：	北京
言　語：	漢語（公用語）
民　族：	漢民族及び55の少数民族
宗　教：	仏教、イスラム教、キリスト教他
名目GDP：	9兆4,691億ドル（2013年、IMF（第1次、2次、3次産業の構成比は10%：43.9%：46.1%、CIA））
購買力平価ベースのGDP：	16兆1,491億ドル（2013年、IMF）
1人当たりGDP：	6,959ドル（2013年、IMF）
通　貨：	人民元（1米ドル＝6.206元　2014年12月末日現在）
為替制度：	ペッグ制度（IMFによる為替の分類）
独　立：	1949年10月1日（建国）
政　体：	人民民主共和制
元　首：	習近平　国家主席

国際機関・国際会議への加盟・参加状況

G20	ASEAN	ASEAN+3	CMIM	AMRO	EAS	APEC	ASEM	TPP	RCEP	ADB	AfDB	EBRD	IADB	IBRD	IMF	OECD	UN	WTO
○	－	○	○	○	○	○	○	－	○	○	○	－	○	○	○	－	○	○

② 政治状況

1949年の中国（中華人民共和国）建国以来、中国共産党によって国家機構が運営されるシステムとなっている。初代国家元首である中央人民政府主席には毛沢東が就任した。現在は、2012年11月の第18回党大会において、党の最高指導部である「中央政治局常務委員」7名が選出され、序列第1位の習近平氏が党総書記に就任した。その後、習氏は2013年3月の全人代において国

中国共産党の機構図

中央委員(205)
中央政治局(25)
常務委員 (7)

1. 習近平 (Xi Jinping) ［党総書記、軍事委員会主席］
2. 李克強 (Li Keqiang) ［国務院総理］
3. 張徳江 (Zhang Dejiang) ［全人代委員長］
4. 兪正声 (Yu Zhengsheng) ［政協主席］
5. 劉雲山 (Liu Yunshan) ［中央党校校長］
6. 王岐山 (Wang Qishan) ［中央規律検査委員会書記］
7. 張高麗 (Zhang Gaoli) ［筆頭副総理］

委員（18　筆画順）
馬凱、王滬寧、劉延東、劉奇葆、許其亮、孫春蘭、孫政才、李健国、李源潮、汪洋、張春賢、范長龍、孟建柱、趙楽際、胡春華、栗戦書、郭金龍、韓正

家主席に、また、序列第2位の李克強氏が国務院の総理に就任した。

　国家主席及び国務院総理の任期は、憲法上、最高で2期10年となっている。なお、「中央政治局常務委員」の下には、25名からなる「中央政治局委員」が選出され、党幹部、主要地方指導者、政府の副総理から構成されている。各省庁の大臣クラスは、その下の「中央委員」（205名）に属している。

2．マクロ経済の概況
① 経済成長率の動向

　中国経済は、1970年代後半に改革開放路線を推進しはじめて以降、大きな経済発展を遂げており、特に1990年代以降はGDP成長率10％台前後を実現し、政府目標を上回って成長してきた。世界経済金融危機の影響により若干の落ち込みはあったものの、4兆元の大規模な経済対策を実施し、2010年に10.4％まで回復した。その後は、世界経済の回復の遅れや過剰設備の積み上がり等を背景に成長が鈍化しており、2012年以降は7％台の成長にとどまっている。経済の減速が懸念される中、中国政府は、大規模な景気刺激策の実施を控える一方、公共投資の前倒しや省エネ関連補助金の支給等小規模な対策を実施しており、特に2014年4月以降は、効果的なプロジェクトに限定したインフラ投資や特定の分野に限定した金融政策といった、いわゆる「微刺激」と呼ばれる景気テコ入れ策により対応している。

三中全会のポイント（経済分野）

- 中国共産党は、2013年11月9日〜12日、第18期中央委員会第3回全体会議（三中全会）を開催。習近平政権の中長期の重要政策を決定。
- この決定では、主に経済、社会分野で2020年までに、①経済の市場化、②国有企業改革、③地方の財政の見直し等の改革を行うことが打ち出されている。ただし、個々の改革の具体的なタイムテーブルは示されていない。

【総論】
○　市場経済化を推進し、市場が資源配分において「決定的な」役割を果たすようにする。（従前の「基礎的な」との表現を改め、市場の役割を強調）
○　改革のための指導グループを立ち上げ、改革の全体像をデザインし、実行を主導。

【各論】
○　財政制度改革：
　―税制改革や中央と地方の収入配分の見直しにより、地方の財政基盤を強化。
　―地方政府に債券発行を認める等、都市建設のために必要な資金調達の手段を拡大。

○ 金融改革：
— 人民元レートの市場化（為替介入を基本的に停止、人民元相場の許容変動幅を拡大）、金利の自由化等、引き続き金融改革を推進。
— 民間資本による中小銀行の設立を拡大し、中小企業の銀行融資へのアクセスを改善。
— 預金保険制度を導入し、金融機関の破産法制をさらに整備。
○ 国有企業改革：
— 国有企業は維持する一方、民間企業に一部業務を開放し、競争を促進。
— 国有企業収益の財政への納付比率を、2020年までに30％に引上げ(現在は平均10％)。
○ 一人っ子政策：夫婦の一方が一人っ子である場合には、2人目の出産を認める。

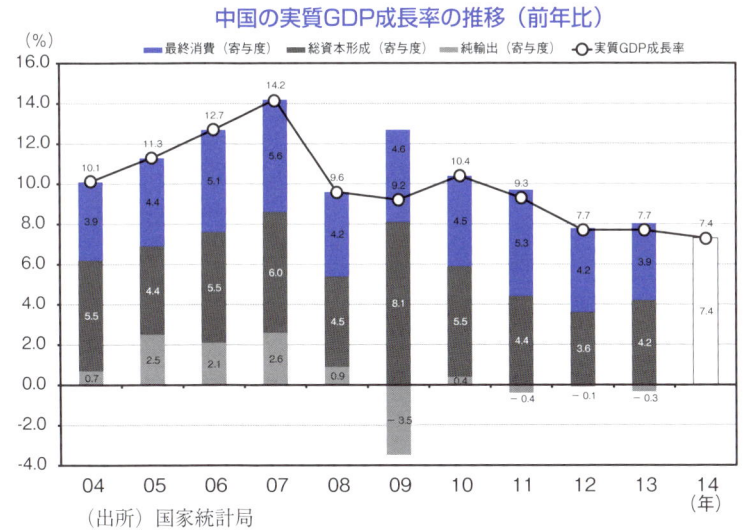

② 国際収支

　貿易収支は黒字が継続している。貿易黒字幅（名目値）は2009年に減少し始めたが、2012年に反転し、近年は拡大傾向にある。2009年には、世界金融危機の影響から輸出入ともに落ち込みがみられたものの、2010年には回復。2013年には貿易総額で米国を抜き初めて世界一となった。直近2014年の貿易総額は4.3兆ドルである。主な輸出品目は、自動情報処理機類、衣類、携帯電話類。主な輸入品目は、原油、鉄鉱等、自動車類となっている。

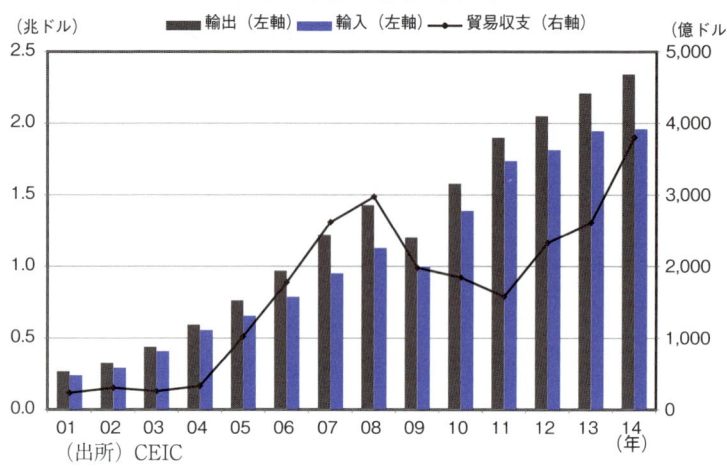

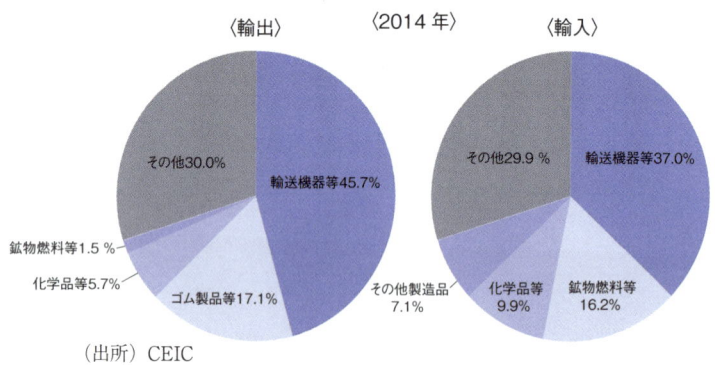

　経常収支については、恒常的に黒字を記録してきたが、サービス収支赤字の増加や所得収支赤字の計上により、黒字幅は減少傾向にある。2013年は、海外旅行支出の増加を背景に過去最大となる1,245億ドルのサービス収支赤字を計上し、経常収支は、前年から326億ドル減少の1,828億ドルの黒字となった。直近2014年は、2,138億ドルの黒字である。

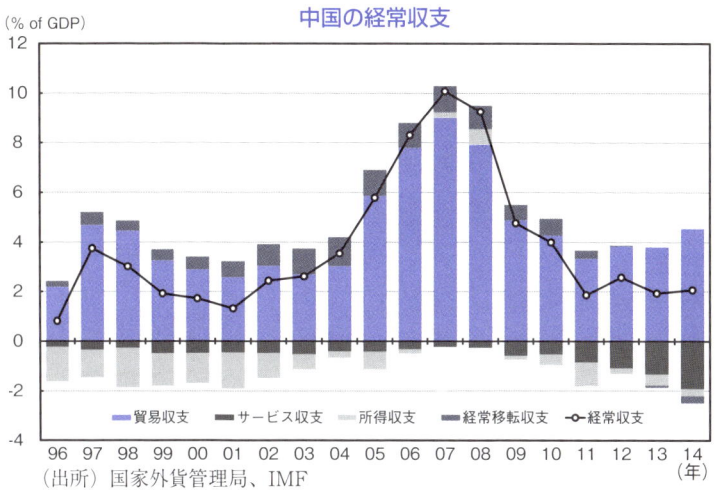

中国の経常収支

 資本収支は、2000年代以降は、主に海外からの活発な直接投資の流入を背景に、継続的に黒字を計上しており、2013年には過去最大となる3,262億ドルの資本収支黒字を計上した。直近2014年は、960億ドルの赤字であるが、これは人民元の下落見通し等により資本流出がみられるためではないか、といった見方がある[1]。いずれにせよ、こうした資本黒字と貿易黒字の双子の黒字を背景に、外貨準備高は増加を続けている。

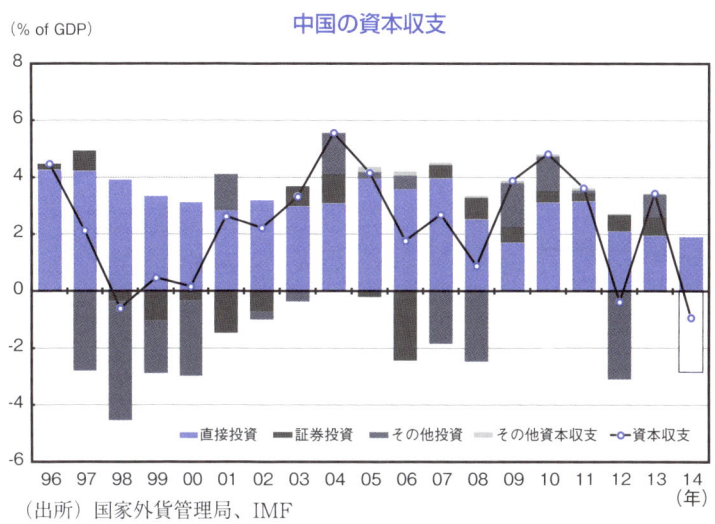

中国の資本収支

[1] 一方、「適格外国機関投資家（QFII）」や「人民元適格外国機関投資家（RQFII）」といった様々な規制を避けるため、貿易取引を装った大量の投機資金が香港から流入しているのではないか、といった見方もある。

③ 物価動向・金融政策

中国においては、中国人民銀行（行長（総裁）：周小川）が金融・為替政策を担っているが、同銀行は政府の一機関であり、政策の大きな変更には国務院の許可が必要となっている。また、通貨の安定に加え、経済成長の促進を金融政策の目標としている。

金融政策の具体的な手段は、預金準備率の操作、預金・貸付基準金利の設定[2]、窓口指導等多岐にわたっている。

2008年に実施した4兆元の大規模経済対策を契機として、2010年以降、インフレが昂進し、2011年には6.5％まで上昇した[3]。中国人民銀行はインフレ抑制のため、預金準備率と金利の引上げにより引締め政策を実施した。具体的には、預金準備率について、2010年1月以降2011年6月までの間に計12回、600bp（15.5％→21.5％）の引上げを行い、金利について、2010年10月以降2011年7月までの間に貸出・預金基準金利（期間1年）ともに計5回、125bp（貸出基準金利：5.31％→6.56％、預金基準金利：2.25％→3.5％）の引上げを行った。その後、CPIは落ち着きを取り戻し、2012年以降2～3％の水準で安定的に推移（2014年12月は前年同月比1.5％上昇）。これに伴い、預金準備率、金利も各々引き下げられており、2015年2月現在、預金準備率は19.5％（2015年2月に設定）[4]、貸出基準金利、預金基準金利については、それぞれ5.6％、2.75％（2014年11月に設定）となっている。

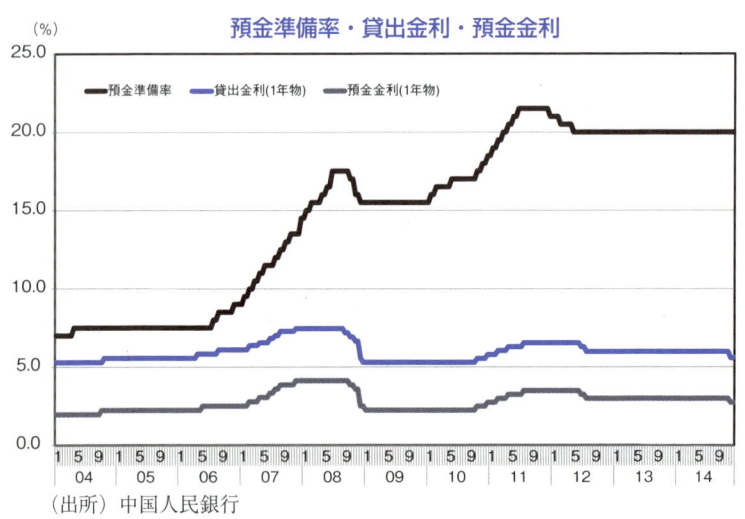

預金準備率・貸出金利・預金金利

（出所）中国人民銀行

---

[2] 2013年7月に貸出金利は自由化されたが、預金金利は依然として上限が規制されており、基準金利（2.75％）の1.2倍（3.3％）に規制されている（2014年末時点）。
[3] 中国のCPIは、約30％を占めるといわれる食料品の価格（中でも豚肉価格の寄与度大）に大きく左右される。その食料品価格は、最近の市場経済化や雇用の充実を背景に、景気動向との連動性が高まってきているとする見方もある。

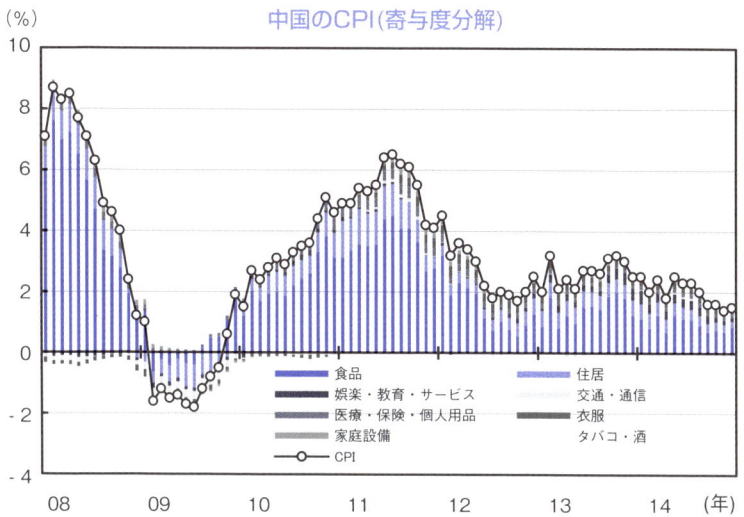

※2011年よりウェイトを変更。ウェイトは非公表であり、HSBCの推計により算出。
（出所）CEIC

④ 為替・外貨準備の動向

2005年7月、中国人民銀行は、人民元の為替レート制度改革にかかる公式声明を発表し、「通貨バスケットを参照しつつ、市場の需給に基づく」管理変動相場制に移行した。中国人民銀行による対ドルレートの管理（為替介入）のもと、1ドル＝8.28元から緩やかに調整がなされてきたが、リーマンショックにより、事実上のドルペッグ制に回帰した。その後、2010年に「人民元為替相場制度のさらなる改革と人民元為替相場の柔軟化の向上」の決定がなされ、再度、緩やかな調整プロセスに入り、人民元の対米ドル変動幅（floating band）も拡大している（2012年4月：±0.5%→±1.0%、2014年3月：±1.0%→±2.0%）。介入の実績は非公表となっている。

なお、2014年7月の米中戦略・経済対話後の記者会見において、中国人民銀行の周小川総裁は、「レート決定において市場の需給メカニズムが果たす役割を拡大させ、レートの変動幅を広げ、柔軟性を高めることを目指す」「この目標を達成し、環境が整った際には、中銀は為替市場への介入を大幅に縮小するだろう」といった発言をしており、今後、着実な人民元の調整プロセスが期待されている。

---

(4) いわゆる「微刺激」と呼ばれる景気テコ入れ策の一環として、2014年4月に農村商業銀行及び農村合作銀行の預金準備率をそれぞれ200bp、50bp引き下げ、更に同年6月には、農業関連、及び小型・零細企業向けの貸出残高が一定割合以上の商業銀行の預金準備率を50bp引き下げている。その後、2015年2月に中国人民銀行は、全ての商業銀行を対象に預金準備率を50bp引き下げ、19.5%に設定した。

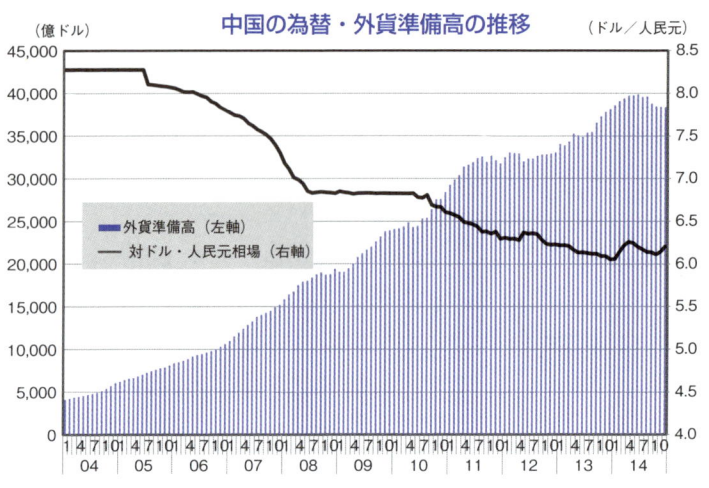

（出所）中国人民銀行、Bloomberg

○ 最近の人民元の国際化に向けた動き（人民元貿易決済等の主な進展）
・2009年7月、上海市及び広東省4都市（深圳、広州、東莞、珠海）と香港との間で、人民元貿易決済を試行的に解禁。
・2010年6月、対象地域を拡大。（国内は北京、天津等の20省（自治区、直轄市）に拡大、国外に全世界に拡大）
・2011年1月、人民元建て対外直接投資を一部解禁。
・2011年8月、国内対象地域を20省から全国に拡大。合わせて輸入決済の対象を、貿易免許を持つ全ての企業に拡大。
・2011年10月、人民元建て対内直接投資を解禁。
・2012年3月、人民元建て輸出決済の対象を、貿易免許を持つ全ての企業に拡大。
・2012年12月、人民元適格外国機関投資家（RQFII）による投資枠制度を導入。（投資枠は導入当初の200億元から7,700億元（2014年12月末現在）まで拡大。）
・2013年7月、適格外国機関投資家（QFII）による投資枠を800億ドルから1,500億ドルに拡大。（導入当初（2002年12月）の投資枠は40億ドル）
・2013年10月、中国（上海）自由貿易試験区を設立。人民元のクロスボーダーでの使用につき、試行的に緩和。
※人民元クリアリング銀行は、中国当局の認可を受けて、香港（中国銀行）、シンガポール（工商銀行）、台湾（中国銀行）、イギリス（建設銀行）、ドイツ（中国銀行）、韓国（交通銀行）、フランス（中国銀行）、ルクセンブルク（工商銀行）、カタール（工商銀行）、カナダ（工商銀行）、オーストラリア（中国銀行）、タイ（工商銀行）、マレーシア（中国銀行）に設置。

　外貨準備高は、増加傾向を辿っており、2014年末で3兆8,430億ドルと、世界一の水準となっている（第2位は日本の1兆2,605億ドル）。また、2007年9月には、株式をはじめ

とする多様な資産で外貨準備を運用し、より高い長期的収益を得るため、中国投資有限責任公司（CIC：China Investment Corporation）を設立している。CICは、現在、丁学東会長のもと、2,000億ドルの資産を運用している。

⑤ 財政政策

　2013年度（1月開始）における中央・地方を合わせた中国の財政収支は、目標の対GDP比-2.0％前後に対し、-1.9％を達成。2014年度は、2014年3月に開催された全国人民代表大会（全人代）において、-2.1％の目標を掲げている。

　なお、2013年12月、中国の審計署（会計検査院）が地方債務に関する調査結果を公表した。これは、全国の地方政府の債務について、偶発債務も含めて包括的に調査したものであり、具体的には、地方融資平台（地方政府がインフラ開発を行う際の資金調達会社）や地方が管理する国有企業等の借入も含め、地方政府の「債務」と「偶発債務」に該当するものが対象となっている。

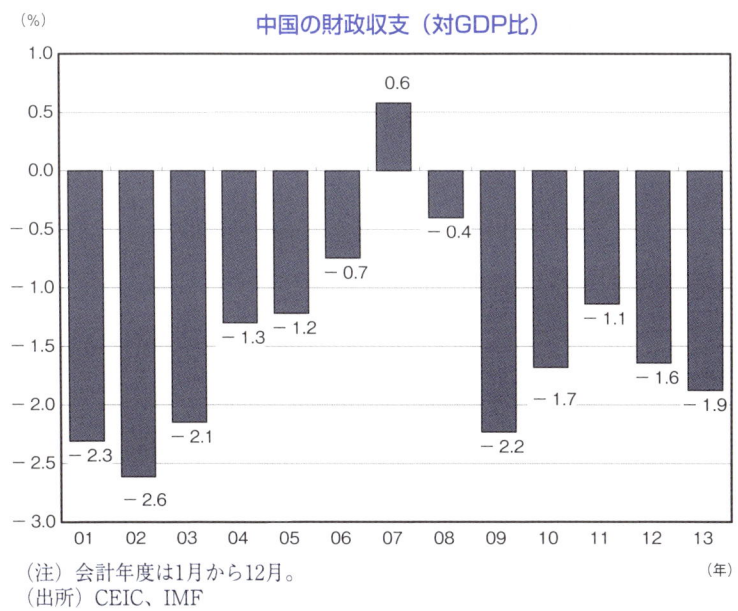

（注）会計年度は1月から12月。
（出所）CEIC、IMF

　これによれば、地方債務残高は対GDP比で19％（10.9兆元）、偶発債務と併せた場合で同31％（17.9兆元）であるとされた。審計署は、①地方債務の拡大ペースが速いこと、②一部の地方政府では借り換え率が高く、債務返済の負担が大きいこと、③一部の地方政府

において、地方債務の返済資金として、（地方政府の保有する）土地の譲渡収入への依存度が高いこと、④一部の地方融資平台等では、違法な借入や目的外の資金流用がみられること、等を指摘している。

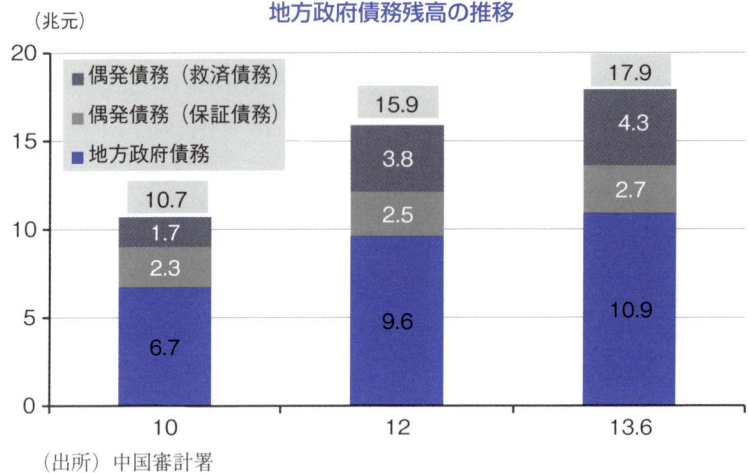

地方政府債務残高の推移

（出所）中国審計署

なお、2014年8月、政府（全人代常務委員会）は、予算法を改正し、地方政府が債券発行によってインフラ投資向け資金を調達できるようにした[5]。さらに、同年9月には、地方政府の債務処理に関し、地方融資平台を通じた地方政府の資金調達機能を停止することを含む、「地方政府債務管理強化に関する意見」が発表される等、地方政府債務の管理強化に向けての規範化が進んでいる。

「地方政府債務管理強化に関する意見」（2014年9月21日）のポイント

※ 今回示された意見にかかる実際の「細則」については、2015年3月の全人代前後で発表される見通し。

▷国務院承認の下、省・自治区・直轄市は適度な地方政府債務を負うことができる。企業等を通じて、債務を負うことは不可。
▷地方政府債務について、中央政府は救済しない。
▷地方政府の資金調達は、一般地方政府債券の発行（収益性のない公共事業の資金調達）、特別地方政府債券（収益性のある公共事業の資金調達）によるものとする。
▷地方政府債券に格付制度を導入する。
▷PPPを奨励する。
▷地方政府融資平台（LGFV）を通じた地方政府の資金調達機能を停止する。
▷地方政府の債務について、金利コストを下げるために借り換えを行う。

---

(5) 政府は、2014年8月の予算法改正に先立ち、同年5月に10の地方政府における債券発行を試験的に認めていた。

3．その他の政策課題等
① 資本・金融取引の自由化

　中国は、1996年に経常取引の自由化を開始した。その後、資本取引について徐々に自由化しつつ、金融自由化も進めているが、依然として多くの規制が残っている。例えば資本取引は、対内直接投資には関係省庁の許可や国家外貨管理局への登録が必要であり、対内証券投資も「適格外国機関投資家（QFII）」「人民元適格外国機関投資家（RQFII）」の認定を受けた外国機関投資家が一定の金額限度内でしか中国国内の債券・証券市場に投資できない、といった規制をはじめ様々な規制が存在する。また、金利自由化については、2013年7月に貸出金利の下限が撤廃されたものの、預金金利の上限規制は依然として残っている。2013年11月の三中全会において、「金利の自由化、人民元の資本取引の自由化を加速する」ことが決定されており、今後の自由化プロセスの進展が期待されているところである。

中国の資本取引規制	
（対内投資）	
・対内直接投資：	直接投資案件は関係省庁の認可の後、国家外貨管理局に登録が必要。
・銀行による対外借入：	外貨管理局への登録が必要（国家による借入枠の管理を実施）。
・対内証券投資：	外国機関投資家は、「適格外国機関投資家（QFII）」「人民元適格外国機関投資家（RQFII）」の認定を受けることにより、一定の金額限度内で中国の証券市場に投資可。
（対外投資）	
・対外直接投資：	外貨管理局に登録が必要（事前に関係省庁からの許可が必要な場合あり）。
・銀行による対外貸出：	銀行は許可された範囲内で行うことが可能。
・対外証券投資：	認定を受けた「適格国内機関投資家（QDII）」は、国内の企業や個人から集めた人民元・外貨を用いて、一定限度額内で、国外の株式・金融商品に投資可。

② シャドーバンキング問題

　一般に「シャドーバンキング」とは、銀行システムの外にあるノンバンク信用仲介であるとされているが、中国における「シャドーバンキング」とは、「インターバンク市場及び証券取引所で取引されていない債権性資産」と定義されている（銀行監督管理委員会）。例えば、銀行等が投資家に対して比較的高金利の資産運用商品（理財商品）を販売し、集めた資金が信託会社等を経由して、不動産市場や「地方融資平台」に流れ込んでいる場合等が該当する。シャドーバンキングの拡大については、不動産等の特定の部門に迂回的に

資金が流入し、中国政府のマクロ経済調整や金融政策の実効性を低下させる恐れがあること、また、透明性が欠如していることや監督が十分に行われていないこと等を問題視する見方がある。さらに、地方政府が将来負担すべき債務が増加し、地方融資平台が銀行等から受けている融資の返済が滞るリスクを懸念する見方もある。他方、資金の回り難い部分に資金を行きわたらせるほか、金利自由化を促す効果があるといったプラスの側面も指摘される。いずれにせよ、近年のシャドーバンキングや地方政府債務の増加のスピードの速さは広くリスクとして指摘されているところであり、中国政府は、リスク性の高い理財商品に対する規制や地方債務の管理の強化等を通じ、監視体制を強めている。

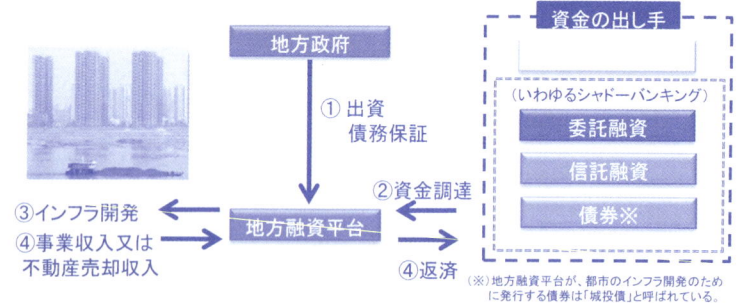

4．日本との関係

① **在留邦人数：**

135,078人（2013年、外務省ホームページ）

② **進出日本企業数：**

2,833社進出（東洋経済新報社　2014年海外進出企業総覧）

（参考）日本による対中国直接投資の推移

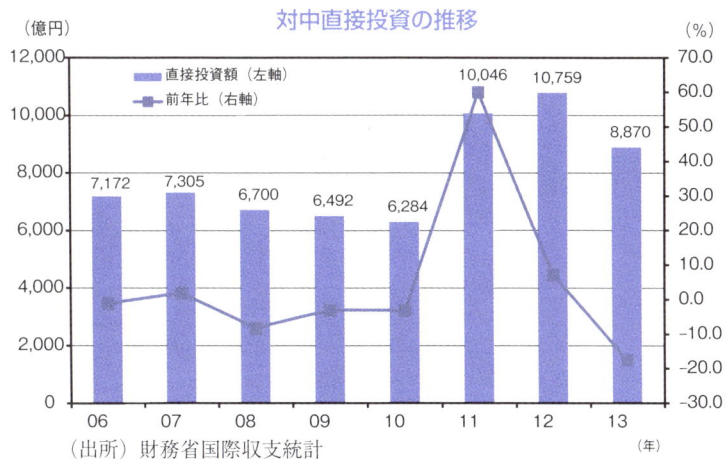

（出所）財務省国際収支統計

日本の対中国直接投資（国際収支ベース、ネット、フロー）

(億円)

	2009年	2010年	2011年	2012年	2013年
中国	6,492	6,284	10,046	10,759	8,870

（出所）財務省国際収支統計

③ 対日輸出、対日輸入

　対日輸出額が19兆1,719億円、対日輸入額は13兆3,841億円であり、5兆7,878億円の黒字である（2014年、財務省貿易統計）。中国からみた国ごとの輸出、輸入に占める割合において、日本はそれぞれ、第3位（第1位は米国、第2位は香港）、第2位（第1位は韓国、第3位は米国）である。

④ ODA（円借款、無償資金協力、技術協力）、国際協力銀行出融資承諾状況

対中国援助形態別実績 (億円)

年度	ODA 円借款	無償資金協力	技術協力	国際協力銀行 出融資承諾状況
2009年度	−	13	33	163
2010年度	−	15	35	135
2011年度	−	8	33	30
2012年度	−	6	25	121
2013年度	−	−	20	217

注）1. ODAについての年度の区分は、円借款及び無償資金協力は原則として交換公文ベース、技術協力は予算年度による。
　　2. ODAについての金額は、円借款及び無償資金協力は交換公文ベース、技術協力はJICA経費実施ベースによる。
（出典：外務省政府開発援助（ODA）国別データブック、国際協力機構（JICA）年次報告書、国際協力銀行（JBIC）年次報告書）
※以下本書において、上記「援助形態別実績」表はすべて同じ。

⑤ 日中金融協力

　2011年12月に行われた日中首脳会談において、日中両国は他国に先駆けて、両国の金融市場における相互協力を強化し、両国間の金融取引を促進することに合意した（「日中金融協力」、下記参照）。

　2012年6月、東京・上海の両市場で、円－人民元の直接交換取引が開始され、現在も一定規模の取引が維持されており、今後も中国との貿易・資本取引を行う日系企業にとって人民元の調達の利便性が向上するとともに、東京市場の活性化に資することが期待される。

　上記進展に加え、これまで2回の合同作業部会を開催し、具体的な金融協力の項目について日中当局間で議論が行われた。また、中国当局に対し様々な規制緩和を促してきたほか、民間においても、企業・金融機関による香港での人民元建て債券（点心債）の発行や、日本取引所と中国銀行による日本における人民元建て金融商品市場の構築に向けた包括的な協力協定（MOU）の締結（2014年7月）等、様々な進展がみられている。

　なお、2014年11月の日中財務大臣会談において、日中金融協力に係る合同作業部会について、中銀とも相談のうえ、再開に向けて検討することが合意されている。

日中両国の金融市場の発展に向けた相互協力の強化
（2011年12月25日 日中首脳会談において合意）

日中両国間の拡大する経済・金融関係を支えるため、日中両国首脳は、両国の金融市場における相互協力を強化し、両国間の金融取引を促進することに合意した。これらの発展は市場主導で進められるとの原則に留意しつつ、具体的に以下の分野で協力。
(1)　両国間のクロスボーダー取引における円・人民元の利用促進 　・円建て・人民元建ての貿易決済を促進し、両国の輸出入者の為替リスクや取引コストを低減 　・日系現地法人向けをはじめとする、日本から中国本土への人民元建て直接投資
(2)　円・人民元間の直接交換市場の発展支援
(3)　円建て・人民元建て債券市場の健全な発展支援 　・東京市場をはじめとする海外市場での日本企業による人民元建て債券の発行；パイロットプログラムとしての、中国本土市場における国際協力銀行による人民元建て債券の発行 　・日本当局による中国国債への投資に係る申請手続きを進める
(4)　海外市場での円建て・人民元建て金融商品・サービスの民間部門による発展慫慂
(5)　上記分野における相互協力を促進するため、「日中金融市場の発展のための合同作業部会」の設置

（参考）香港・マカオ経済

① 香　港

　香港は、珠江デルタ及び南シナ海に囲まれた中国南岸に位置し、面積は1,100万㎢、人口は719万人で漢民族が約95％を占める中国の特別行政区である。1997年に主権が英国から中国に返還されて以降、「一国二制度」の下で、外交・国防を除き高度な自治権が認められている。なお、2014年8月、中国の全人代常務委員会は、行政長官（首長）の次期選挙（2017年）において「普通選挙制」の導入を決定した。これに対し、学生を主体とした民主派市民団体は、当該決定が実際には民主派の候補者を締め出す仕組みであるとし、より一般的な普通選挙制を求め、デモ活動を展開した。2014年12月、香港当局は民主化要求デモの終了を宣言した。

　香港の2013年の名目GDPは2,740億ドル、1人当たりGDPは37,955ドルと世界的に上位の水準にある。特に金融や観光といったサービス業の割合がGDPの約93％を占めている。また、人民元オフショア市場の中でも、香港は主導的な役割を担ってきており、人民元預金（2014年11月末時点の残高：9,741億元）や人民元建て債券（点心債）発行（2013年中の発行規模：1,166億元）といった点でも、他の国際金融センターに比べ大きな存在感を示している。

　貿易については、中継貿易のハブとして、再輸出が年々増加しており、2013年には輸出額における再輸出額の割合が98.5％に達している。貿易相手国は、輸出入ともに中国が約50％を占めているが、近年、中国当局と香港当局が公表した数字の差異から、インボイスによる中国の貿易統計の水増しの可能性も報じられている。

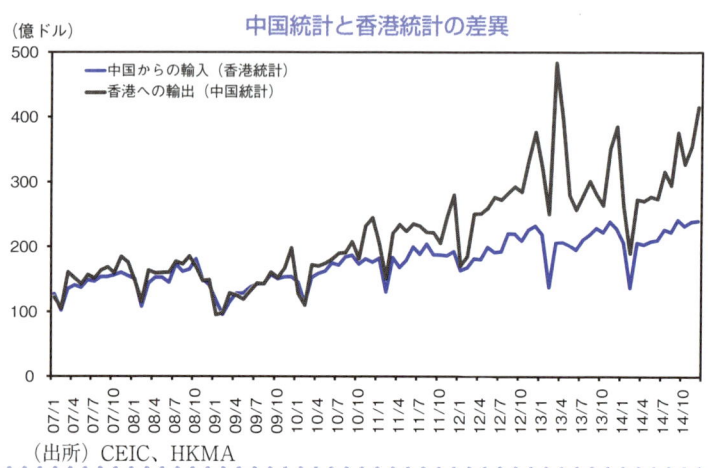

中国統計と香港統計の差異

（出所）CEIC、HKMA

② **マカオ**

　マカオは、珠江河口の西南岸に位置し、マカオ半島、タイパ島及びコロアネ島で構成される中国の特別行政区。面積は29.9㎢、人口は約57万人。1999年にポルトガルから中国に返還され、香港同様「一国二制度」の下で、外交・国防を除き高度な自治権を有している。

　マカオ経済は観光及びカジノ産業が大きな割合を占めている（GDPの約8割、政府歳入の8割以上）。特にカジノ産業の収入は、2013年に約3,607億パタカ（約450億ドル）に達し、ラスベガスの約7倍の規模に成長している。また、マカオを訪問する中国人のビザ発給要件が緩和された結果、沿岸部の富裕層を中心に中国人旅行者が増加しており、2013年には約1,863万人に達する等、カジノに流れる中国マネーがマカオの活況を後押している。

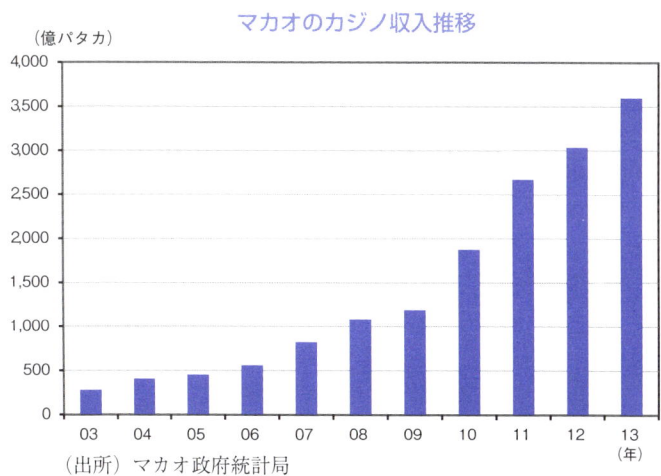

マカオのカジノ収入推移

（出所）マカオ政府統計局

韓国

1．概況・基本情報

　概要：国土面積は世界で第108位、人口は第26位、名目GDPは第14位、購買力平価ベースのGDPは第13位に位置する。民族のほとんどが韓民族である。2004年から2013年の平均人口増加率は0.5％となっている。韓国は2000年に「高齢化社会」（全人口に占める65歳以上の人口が7％以上）となったが、その後急速に高齢化が進んでおり、2012年からは生産人口の減少が始まり、2018年には「高齢社会」（全人口に占める65歳以上の人口が14％以上）となるとみられる。アジア通貨危機により大きな影響を受けたが、IMFを中心とする国際的な支援の枠組みや民間銀行団による支援等により、通貨危機を受けたアジア諸国の中でいち早く危機からの克服に向かった。以降、財閥企業を中心とする輸出主導型の経済構造のもと、大きな経済発展を遂げてきている。最近5年間の平均経済成長率は3.1％となっている。2014年には同年4月の旅客船沈没事故による一時的な消費の減速等があったものの、大規模な経済政策による下支え等により、3.3％成長となった。2012年に政権の座に就いた朴槿恵大統領のもと、家計債務問題や高齢化問題、そして財閥グループに依存した輸出主導の経済構造から内需主導型経済への転換といった構造的課題に取り組んでいる。なお、2012年5月以降日韓首脳会談は開催されていない（2014年12月末現在）。

① 基本情報

人　口：	5,022万人（2013年、世銀）
面　積：	10.0万㎢（世銀、日本の約1/4倍）
首　都：	ソウル
言　語：	韓国語（公用語）
民　族：	韓民族
宗　教：	仏教、キリスト教他
名目GDP：	1兆3,045億ドル（2013年、IMF（第1次、2次、3次産業の構成比は2.6%：39.2%：58.2%、CIA））
購買力平価ベースのGDP：	1兆6,970億ドル（2013年、IMF）
1人当たりGDP：	25,975ドル（2013年、IMF）
通　貨：	ウォン（1米ドル＝1,099ウォン　2014年12月末日時点）
為替制度：	変動相場制度（IMFによる為替の分類）
独　立：	1948年8月15日
政　体：	民主共和制
元　首：	朴槿恵　大統領

国際機関・国際会議への加盟・参加状況

G20	ASEAN	ASEAN+3	CMIM	AMRO	EAS	APEC	ASEM	TPP	RCEP	ADB	AfDB	EBRD	IADB	IBRD	IMF	OECD	UN	WTO
○	-	○	○	○	○	○	○	-	○	○	○	○	○	○	○	○	○	○

② 政治状況

2012年12月の大統領選挙で与党セヌリ党の朴槿恵氏が勝利し、2013年2月に朴政権が発足した。大統領の任期は5年（※再選不可）となっている。朴政権発足当初の支持率は、55～60%前後で支持率が推移したものの、与野党対立による国会の空転、法案・予算審議の遅れ、2014年4月のセウォル号沈没事故の影響等から、現在は40%前後の水準で推移している（2014年12月末現在）。2016年4月には国会議員総選挙、2017年12月に大統領選挙が予定されている。なお、現在、韓国国会（一院制、定数300）では、与党セヌリ党が過

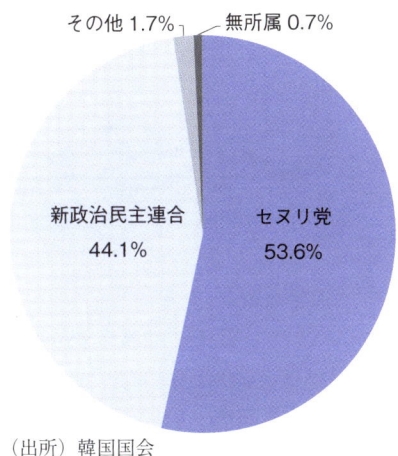

韓国国会の議席率（1月22日時点）

- その他 1.7%
- 無所属 0.7%
- 新政治民主連合 44.1%
- セヌリ党 53.6%

（出所）韓国国会

半数を維持しているものの、2012年の国会法改正により議長の職権が制限されるなど、強行採決が困難となっているため、法案通過には野党の協力が不可欠となっている。

2．マクロ経済の概況
① 経済成長率の動向

　韓国経済は、1960年代に現在の朴槿恵大統領の父である朴 正 熙(パクチョン ヒ)政権が輸出主導型の経済戦略を確立して以降[1]、漢江の奇跡と呼ばれる成長を遂げた。その後、アジア通貨危機により一時的に経済成長が落ち込んだものの、危機からＶ字型の回復を果たした。その後も財閥企業を中心とした輸出産業が経済を牽引している。現在は、朴槿恵政権の経済革新３カ年計画のもと、潜在成長率を４％に掲げ、ベンチャー、中小企業育成等に力を入れている。なお、2012年には世界経済の低迷に伴い一時的に減速したが、2013年には輸出等の改善により緩やかに回復（2012年：2.3％→2013年：3.0％）。2014年には、同年４月の旅客船沈没事故による一時的な消費の減速等があったものの、大規模な経済政策による下支え等により、3.3％成長となった。

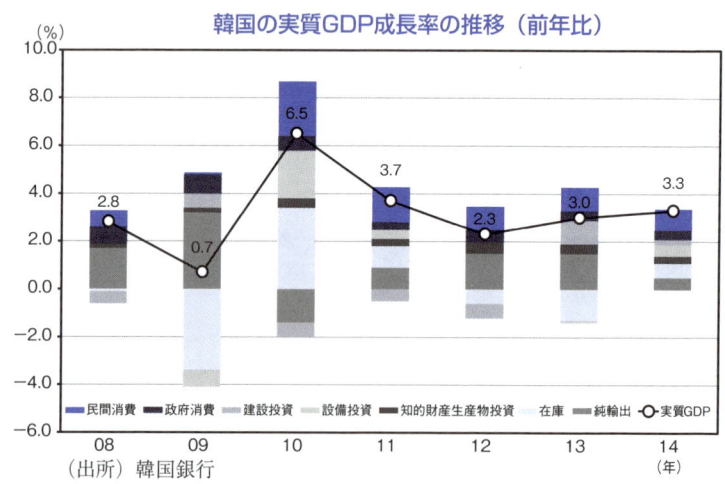

② 国際収支

　アジア通貨危機以降、貿易黒字が継続している。2013年の貿易黒字は、電気電子製品や石油化学製品が輸出を牽引した一方、国際原油価格の下落により、原燃料の輸入額が減少した結果、827.8億ドルとなり、前年の1.7倍まで拡大した。直近2014年は、過去最高の

---

(1) 韓国経済は、外需依存の経済構造となっており、2013年には輸出がGDPの53.9％を占めている。

928.9億ドルとなっている。主な輸出品目は、機械類、電気電子製品、化学工業製品。主な輸入品目は、鉱産物、電気電子製品、鉄鋼金属製品となっている。

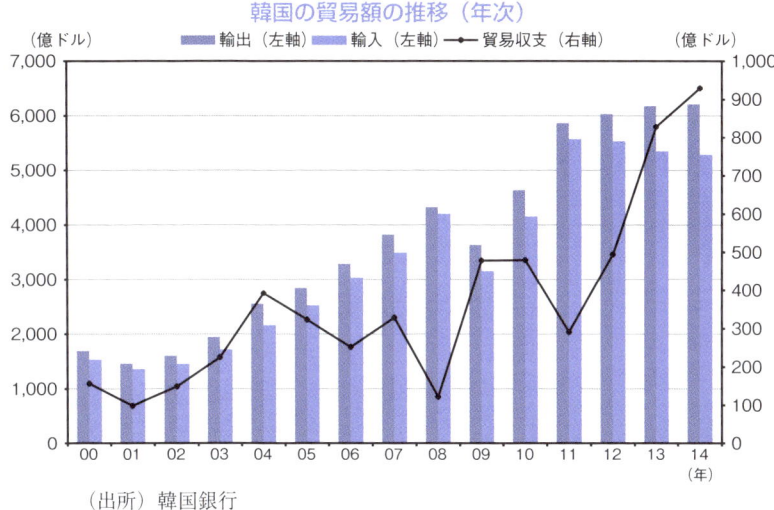

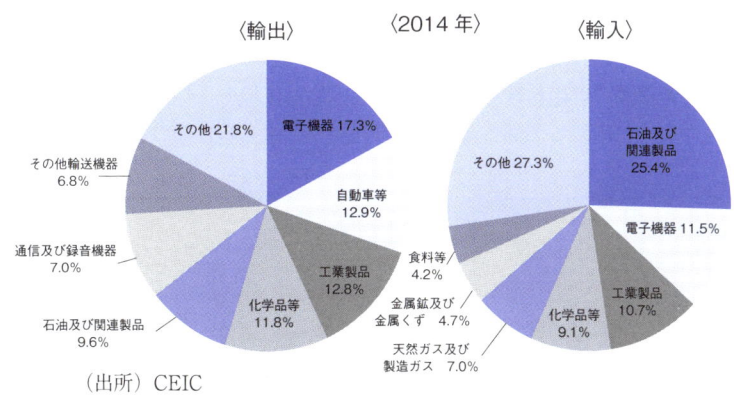

　経常収支も、貿易黒字と連動し、黒字を継続している。2014年は貿易黒字同様、過去最高の894.2億ドル（GDP比約6％）を記録している。なお、2000年以降、海外旅行者支出が増加する一方で観光収入が伸び悩んでいることから、サービス収支は赤字を継続している。所得収支は、最近の活発な対外直接投資を背景に、2010年から黒字に転じ、黒字幅も拡大傾向にある。

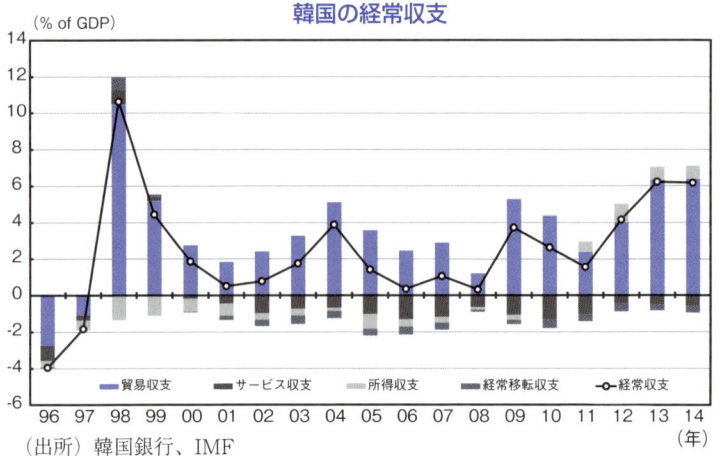

 資本収支は、リーマン危機後に黒字に回復したものの、その後、黒字幅の減少が継続し、2011年には赤字となり、2013年は638.4億ドルの流出となった。この背景として、韓国企業の積極的な国際展開に伴い、活発な対外直接投資が行われたことや、米国の量的緩和縮小懸念による対外直接投資の流出がみられたこと等により、上期に大幅な流出超がみられたことが原因との見方がある。直近2014年は、725.1億ドルの流出となっている。

 なお、2006年以降、韓国の製造業による直接投資額のうち、ASEAN向けが急増している。ASEAN各国経済が成長軌道に乗ったことやこれまで直接投資において大きなシェアを占めてきた中国における人件費高騰等が理由として考えられている。

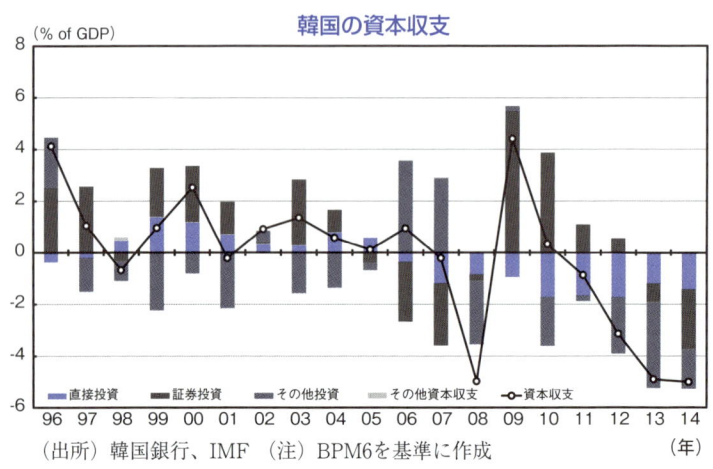

③ 物価動向、金融・為替政策

韓国においては、韓国銀行（総裁：李柱烈）が金融・為替政策を担当しており、物価安定を図ることで、国民経済の健全な発展に寄与することを目的としている。

韓国銀行は、現在（2013～2015年）のインフレ・ターゲットを2.5～3.5%としている。2013年のCPIは1.3%と、1999年（0.8%）以来の低水準となった。韓国銀行は2014年8月、景気の下方リスクが現実化することのないよう、事前に対応するため、2013年5月以降2.5%で据え置いてきた政策金利を15カ月ぶりに引き下げ2.25%とし、さらに2014年10月にも25bp引下げ、2%とした。2014年12月のCPIは、0.8%となっている。韓国銀行は、今後のCPIの見通しについて、原油価格の下落等の影響により当分の間は低い水準が続き、その後、2015年下期より次第に上昇していくとみている。

政策金利の推移

（出所）韓国銀行

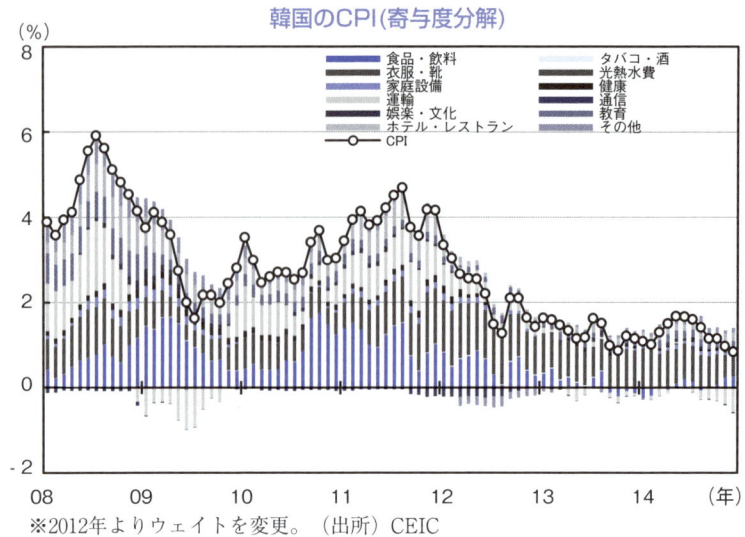

※2012年よりウェイトを変更。（出所）CEIC

④ 為替・外貨準備の動向

　韓国の為替制度は、1974年12月以降、実質的なドルペッグ制（１ドル＝484ウォン）であったが、1980年１月に１ドル＝580ウォンへの切り下げを実施した後、複数通貨バスケット制へ移行した。また、1990年３月には市場平均為替レート制に移行した後、徐々に１日の許容変動幅を緩和した。さらに、1997年の通貨危機を受け、同年11月には変動制限幅を大幅に拡大（2.25％→10％）したものの、ウォンの下落を止めることはできず、同年12月には変動制限幅を撤廃し、変動為替レート制に移行し、現在に至っている。

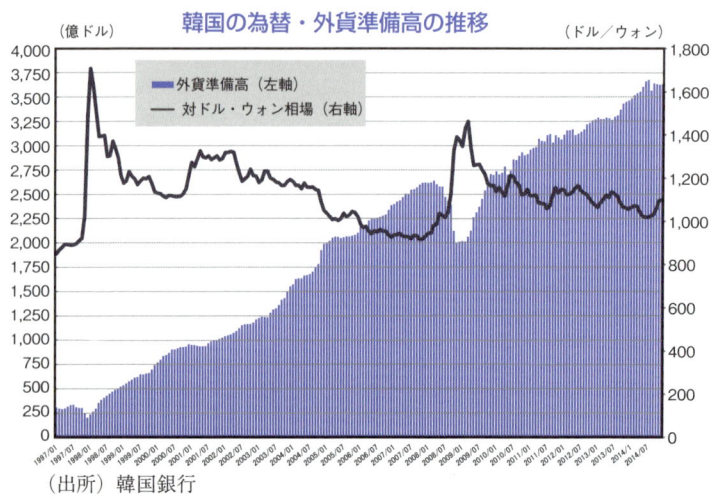

（出所）韓国銀行

ウォンの上昇を牽制するために為替介入をしばしば行っているとの指摘もあるが、介入の実績は非公表。

外貨準備高は、リーマン危機以降、一貫して増加傾向を辿っており、2014年末で3,636億ドルの水準となっている。なお、2005年7月には、海外運用を通じた高い運用収益を追求すべく、韓国投資公社（KIC：Korea Investment Corporation）を設立している。

⑤ 財政政策

韓国は、1997年のアジア通貨危機の発生に伴い、翌1998年にマイナス成長に陥ったが、（IMFの支援を受けて構造改革を進める一方、）財政出動による景気浮揚策を採用したことにより、統合財政収支（中央政府の一般・特別会計、社会保障関連基金の合計）はGDP比約－4％と大幅に悪化した。

その後、景気回復等により、2000年に統合財政収支は黒字化し、しばらくは黒字基調が継続したが、2008年のリーマンショックに伴う世界経済金融危機に対応するため、2009年4月に過去最大規模となる補正予算（28.4兆ウォン）を編成した。その結果、2009年は10年ぶりに赤字となったものの、その後のウォンの大幅な減価により輸出が後押しされ、経済は早期に回復。さらに政策金利の大幅な引下げにより景気が下支えされた結果、統合財政収支は黒字に転じた。

2014年の歳出は2013年度補正後予算比＋2.5％の357.7兆ウォン、歳入は＋2.8％の370.7兆ウォン、財政収支対GDP比は－1.8％、債務残高対GDP比率は36.5％となる見通しである。

朴政権による2014年予算案の基本方針は、①経済活力の回復と成長潜在力の拡充、②雇用創出、③庶民生活の安定と生活の質の向上、④国民の安全確保と強固な政府の実現、⑤健全な財政基盤の拡充と財政運用の改善、となっている。なお、予算案と同時に発表した国家財政運用計画（2013〜2017年度）において、管理対象収支（統合財政収支から社会保障関連基金の黒字等を除いたもの）は2017年度まで赤字が続く、との見通しを示している。

韓国の財政収支(対GDP比)

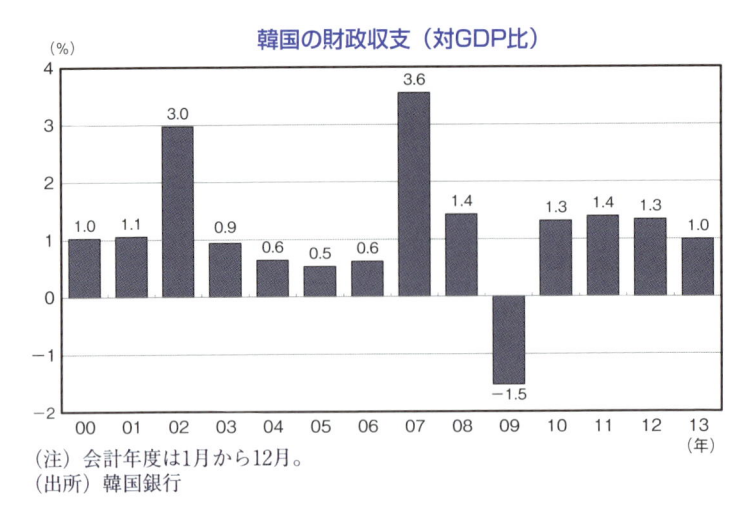

(%)
年	値
00	1.0
01	1.1
02	3.0
03	0.9
04	0.6
05	0.5
06	0.6
07	3.6
08	1.4
09	-1.5
10	1.3
11	1.4
12	1.3
13	1.0

(注)会計年度は1月から12月。
(出所)韓国銀行

2014年度予算案の分野別歳出(注)

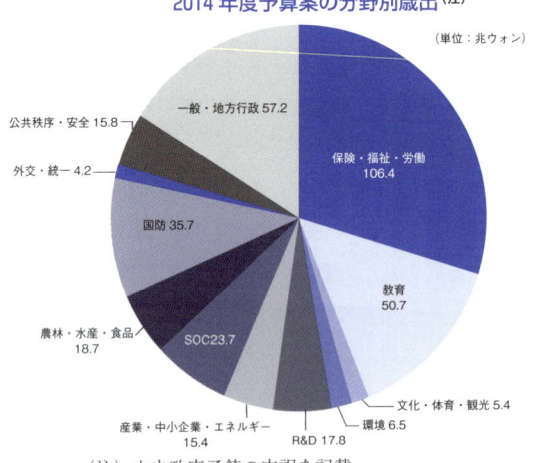

(単位:兆ウォン)

- 保険・福祉・労働 106.4
- 教育 50.7
- 文化・体育・観光 5.4
- 環境 6.5
- R&D 17.8
- 産業・中小企業・エネルギー 15.4
- SOC 23.7
- 農林・水産・食品 18.7
- 国防 35.7
- 外交・統一 4.2
- 公共秩序・安全 15.8
- 一般・地方行政 57.2

(注)中央政府予算の内訳を記載
(出所)韓国企画財政部

3.その他の政策課題等
① 家計債務問題

　韓国の家計債務は、アジア通貨危機発生直後の1998年及びクレジットカード・バブル崩壊後の2004年を除き、一貫して増加傾向にある。2013年末には1,021兆ウォン(対GDP比約70％)に達しており、大規模な債務不履行に伴う金融システムや経済成長への影響が指摘されている。

特に年収3,000万ウォン（約2.8万ドル）以下の低所得者の新規借り入れが増加しており、借り入れが日常生活の収入不足を補うために行われている可能性がある。可処分所得に対する債務の比率も上昇を続けており、2012年には136%に達するなど、OECD諸国の中でもっとも高い水準にある。

また、家計債務に占める銀行融資の比率は低下している一方、非銀行金融機関（ノンバンク）融資の比率が上昇しているという特徴がある。

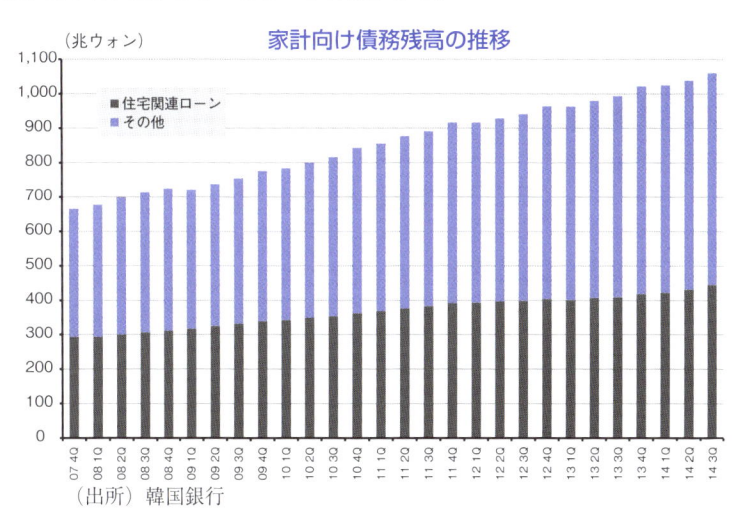

家計向け債務残高の推移

（兆ウォン）／住宅関連ローン／その他
（出所）韓国銀行

2014年2月、政府は、「家計債務構造の改善推進策」を発表。家計債務の可処分所得に対する比率を、2017年末までに500bp引き下げる方針を示している。

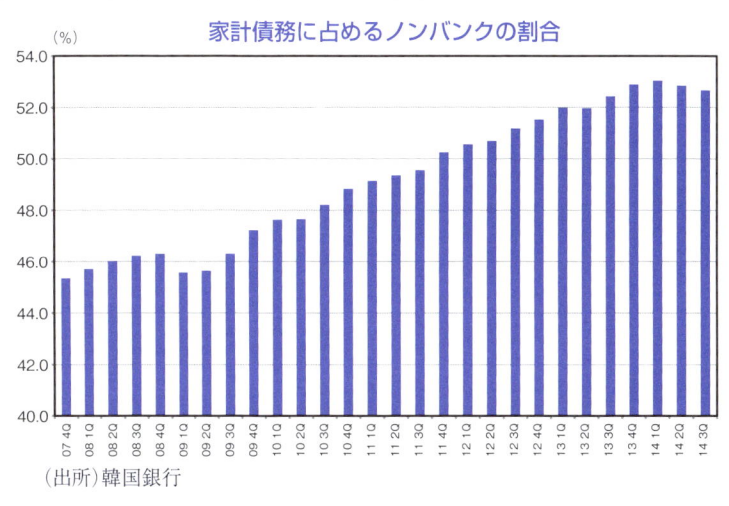

家計債務に占めるノンバンクの割合

（出所）韓国銀行

北東アジア　　アジア経済ハンドブック　29

② 財閥企業の最近の動向

　サムスン電子が2014年10月7日に発表した2014年7－9月期の連結決算によると、売上高は約47兆ウォン（前年同期比－19.7％）、営業利益は約4兆1,000億ウォン（前年同期比－60.0％）となり、営業利益は3四半期連続でマイナスとなった。

　サムスン電子以外の主な財閥企業（現代自動車、SKハイニックス、LG電子）も近年売上高、営業利益ともに伸び悩んでいる。

　こうした背景には、中国の安価な製品の勢力拡大や収益構造の偏り等があるとみられる一方、これまで企業を牽引してきたリーダーシップの高齢化（後継者の企業経営能力の不透明さ）といった課題も指摘されており、今後の対応、動向が注目されるところである。

　こうした財閥企業の業績悪化を伝える報道がある一方で、韓国の輸出産業全体としてみると、輸出全体の約1割を占める対米向け輸出が好調であること等に加え、輸出産業の多様化（輸出構造：電気・電子機器30.6％、化学品11.5％、原料・燃料10.9％、機械・精密機器9.9％、自動車7.9％、金属製品7.8％、その他21.4％）等を背景に、足元の韓国の輸出は依然として底堅い動きとなっている（2014年7－9月期：対前年比＋3.9％）。

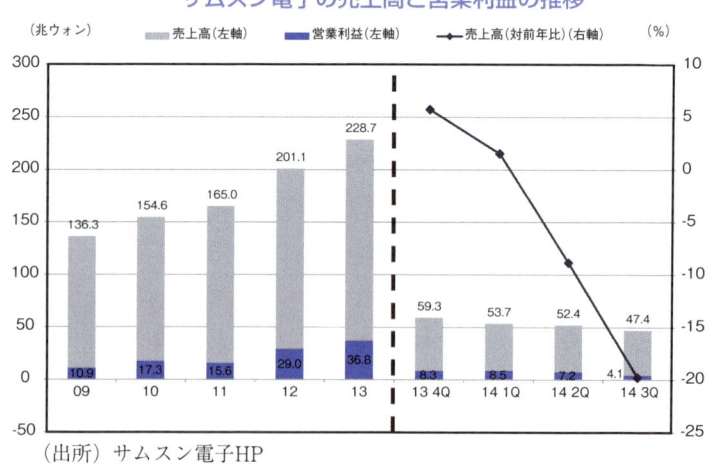

サムスン電子の売上高と営業利益の推移

（出所）サムスン電子HP

4．日本との関係

① 在留邦人数：

　　36,719人（2013年、外務省ホームページ）

② 進出日本企業数：

689社進出（東洋経済新報社　2014年海外進出企業総覧）

日本の対韓国直接投資（国際収支ベース、ネット、フロー）

(億円)

	2009年	2010年	2011年	2012年	2013年
韓国	1,014	936	1,944	3,197	3,220

（出所）財務省国際収支統計

③ 対日輸出、対日輸入

対日輸出額は3兆5,297億円、対日輸入額は5兆4,586億円であり、1兆9,289億円の赤字である（2014年、財務省貿易統計）。韓国からみた国ごとの輸出、輸入に占める割合において、日本はそれぞれ、第3位（第1位は中国、第2位は米国）、第2位（第1位は中国、第3位は米国）である。

④ ODA（円借款、無償資金協力、技術協力）、国際協力銀行出融資承諾状況

対中国援助形態別実績

(億円)

年度	ODA 円借款	無償資金協力	技術協力	国際協力銀行出融資承諾状況
2009年度	−	−	0.04	288
2010年度	−	−	0.03	107
2011年度	−	−	0.07	−
2012年度	−	−	0.06	
2013年度	−	−	0.05	60

(参考) 国際収支マニュアル第6版への移行

　国際収支統計は「IMF国際マニュアル」に沿って各国により作成されている。同マニュアルは、これまで1948年、50年、61年、77年、93年及び2008年に発行されており、最新のマニュアルは第6版である。第6版は、アジア通貨危機等を契機とし、各国バランス・シート分析を重要視したものとなっているほか、第5版発表以降における、世界経済のグローバル化や金融取引の高度化に対応したものとなっている。

　我が国は2014年1月分より第6版に基づく統計の公表を開始した。
　第5版から第6版にかけての主な改訂点は下記のとおり。

○主要項目の組み替え・表記方法等の変更
・「投資収支」と「外貨準備増減」を統合して、「金融収支」とするほか、「その他資本収支」を「資本移転等収支」とする。
・「所得収支」及び「経常移転収支」を、所得の段階に従い「第一次所得収支」及び「第二次所得収支」へ名称変更。

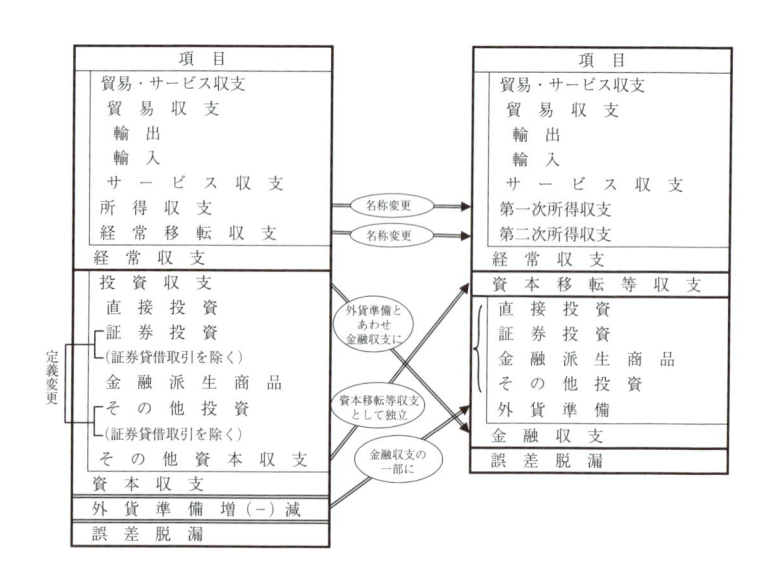

項目		項目
貿易・サービス収支 　貿易収支 　　輸出 　　輸入 　サービス収支 所得収支 経常移転収支 経常収支	名称変更 名称変更	貿易・サービス収支 　貿易収支 　　輸出 　　輸入 　サービス収支 第一次所得収支 第二次所得収支 経常収支
投資収支 　直接投資 　証券投資 　（証券貸借取引を除く） 　金融派生商品 　その他投資 　（証券貸借取引を除く） 　その他資本収支 資本収支 外貨準備増(-)減 誤差脱漏	定義変更 外貨準備とあわせ金融収支に 資本移転等収支として独立 金融収支の一部に	資本移転等収支 直接投資 証券投資 金融派生商品 その他投資 外貨準備 金融収支 誤差脱漏

○符号表示の変更
・第5版の「投資収支」等では、資金の流出入に着目し、流入をプラス（＋）、流出をマイナス（－）としていたが、第6版の「金融収支」では資産・負債の増減に着目し、資産（非居住者に対する債権）・負債（非居住者に対する債務）の増加をプラス（＋）、減少をマイナス（－）としている。この結果、負債（対内投資）側の符号は第5版と第6版で同じであるが、資産（対外投資）側の符号が逆になっている。また金融収支（ネット）は、資産の増減から負債の増減を控除して求める（結果、プラス（＋）なら純資産の増加、マイナス（－）なら純資産の減少と呼称）。

		投資収支 及び外貨準備増減 （第5版準拠）	金融収支 （第6版準拠）
資産側 （対外投資）	資金流出 ＝資産増加	（－）	（＋）
	資金流入 ＝資産減少	（＋）	（－）
負債側 （対内投資）	資金流入 ＝負債増加	（＋）	（＋）
	資金流出 ＝負債減少	（－）	（－）

・上記を受け、恒等式は、「経常収支＋資本収支＋外貨準備増減＋誤差脱漏＝0」から、「経常収支＋資本移転等収支－金融収支＋誤差脱漏＝0」に変更。

○項目の拡充・計上基準等の変更
・部門分類の細分化（現行の3部門から5部門へ細分化）
・「証券投資」の下位項目として「投資ファンド持分」を新設
・「仲介貿易」を「サービス収支」から「貿易収支」に、「加工用財貨」・「財貨の修理」を「貿易収支」から「サービス収支」に計上替え。
・国際収支統計上の「直接投資」の基準を「出資比率10%以上」から「議決権10%以上」に変更、等

（注）本書では、対象とするアジア諸国が必ずしも国際収支マニュアル第6版に移行していない場合もあるため、第5版ベースでの表現を基本としている。

モンゴル

1．概況・基本情報

概要：国土面積は世界で第18位、人口は第138位、名目 GDP は第129位、購買力平価ベースの GDP は第121位に位置する。民族構成はモンゴル人が95％を占め、2004年から2013年の平均的な人口増加率は1.40％。ロシアと中国という二つの大国に挟まれた国で、日本の約4倍の国土面積の中には広大な草原や森林、砂漠が広がり、約300万人の人口を有する。

社会主義国であったが、1990年代に入り民主化、市場経済化を図り、1992年に改正された新憲法の下、4年ごとに複数政党による選挙を実施。また同憲法により任期4年の公選制の大統領が設置され、1993年以降4名の大統領が選出された。

モンゴルは歴史的には遊牧民国家であるが、近年は豊富な鉱物資源を背景とする鉱業が主要産業となっている。輸出入、投資といった経済面でも中国やロシアの影響が強い。1990年代以降、順調な経済成長を続け、2004年には初めて二桁成長を遂げた。2004年から2007年の3年間で1人当たり GDP は約2倍にまで拡大したが、2008 年の世界的な金融危機等によりモンゴル経済は深刻な打撃を受け、2009 年の実質成長率は－1.3％と低迷した。その後の鉱物資源分野の順調な発展や、鉱物資源の国際相場の回復が内需拡大に貢献したことにより、2011年には17.5％と高成長を記録した。しかし、近年は、海外直接投資の激減や、鉱物価格の下落等により、同国を取り巻く経済環境は大幅に悪化している。

2013年3月安倍首相がモンゴルを訪問し、新たな経済協力の枠組みとして「エルチ・イニシアチブ」を提案・賛同された。同年9月にはアルタンホヤグ首相が訪日し、両国の戦略的パートナーシップを一層強化すべく、「中期行動計画」が策定された。また同年12月にはモンゴル政府初のサムライ債が発行された。2014年7月にはエルベグドルジ大統領が訪日し、日本・モンゴル経済連携協定の大筋合意が発表され、両国の関係は強化されている。

① 基本情報

人　口：	285万人（2013年、世銀）
面　積：	156.4万km²（世銀、日本の約4倍）
首　都：	ウランバートル
言　語：	モンゴル語（国家公用語）及びカザフ語
民　族：	モンゴル人、カザフ人他
宗　教：	チベット仏教他
名目GDP：	115億ドル（2013年、IMF（第1次、2次、3次産業の構成比は16.5%：32.6%：50.9%、CIA））
購買力平価ベースのGDP：	268億ドル（2013年、IMF）
1人当たりGDP：	3,996ドル（2013年、IMF）
通　貨：	トグログ（1米ドル＝1,888トグログ　2014年12月末日時点）
為替制度：	変動相場制度（IMFによる為替の分類）
独　立：	1921年7月11日
政　体：	共和制（大統領制と議員内閣制の併用）
元　首：	ツァヒャー・エルベグドルジ大統領

国際機関・国際会議への加盟・参加状況

G20	ASEAN	ASEAN+3	CMIM	AMRO	EAS	APEC	ASEM	TPP	RCEP	ADB	AfDB	EBRD	IADB	IBRD	IMF	OECD	UN	WTO
−	−	−	−	−	−	−	○	−	−	○	−	○	−	○	○	−	○	○

② 政治状況

1990年の民主化後、6度の総選挙が行われ毎回政権が交代している。2012年8月アルタンホヤグ民主党党首を首相とする連立政権（公正選挙連合、国民勇気、緑の党との連立）が発足した。オユ・トルゴイ鉱山の開発の停滞、直接投資の減少等、モンゴル経済は停滞し続けたことからアルタンホヤグ首相は、2014年9月にモンゴル経済活性化のため省庁再編を表明した。10月にはモンゴルの経済開発政策を中心的に担ってきた経済開発省（2012年アルタン

モンゴル政党議席数

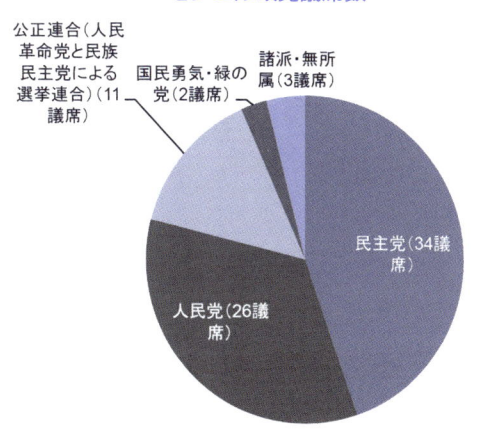

- 民主党（34議席）
- 人民党（26議席）
- 公正連合（人民革命党と民族民主党による選挙連合）（11議席）
- 国民勇気・緑の党（2議席）
- 諸派・無所属（3議席）

ホヤグ内閣誕生時に新設）を解体する等、16省庁を13省庁に統廃合する法改正を実施した。しかし、モンゴル国会にて、省庁再編に伴う内閣改造を審議していたところ、野党及び与党の一部から、アルタンホヤグ首相の経済失政と親族の汚職疑惑を理由とする解任決議が提出され可決。11月5日にアルタンホヤグ内閣は総辞職した。2014年11月21日にサイハンビレグ前官房長官が首相に任命された。最大野党である人民党との大連立政権を組み、12月10日に組閣をし、経済の立て直しを図っている。

2．マクロ経済の概況

① 経済成長率の動向

1990年代はカシミヤや羊毛等農牧業が主体であったが、徐々に鉱業を重視するようになり、2005年以降は鉱業が主要産業になっている。資源開発や都市開発拡大を背景に2011年は景気が過熱していたが（実質GDP成長率17.5％）、輸出全体の9割を占める中国の景気減速の影響により、実質GDP成長率は2012年には12.4％、2013年には11.8％となった。2014年も好転の兆しは弱く、IMFは9.1％と予想している。しかし、モンゴルには世界最大級の埋蔵量を誇る銅のオユ・トルゴイ鉱山、石炭のタバン・トルゴイ鉱山があり、これらが順調に稼働すれば、再び高成長が期待される。

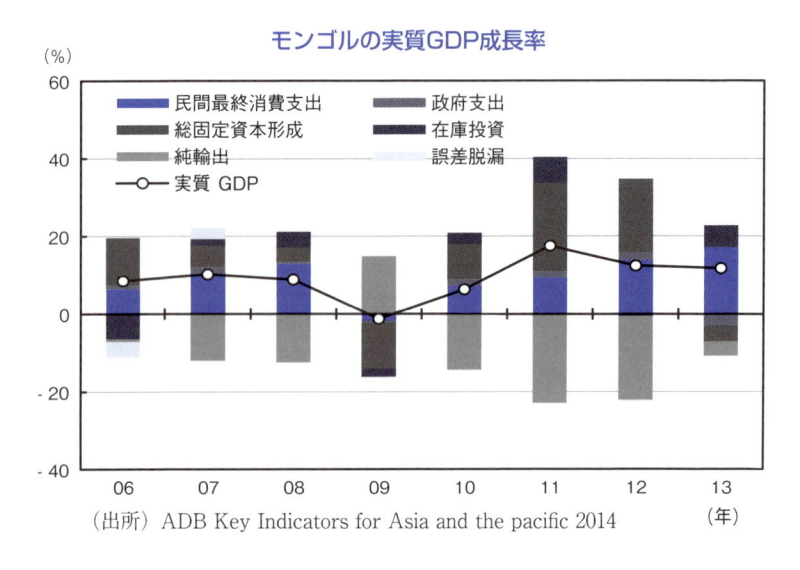

モンゴルの実質GDP成長率

（出所）ADB Key Indicators for Asia and the pacific 2014

② 国際収支

モンゴルは、鉱物（石炭、銅等）を輸出し、石油・機械・食品等を輸入する貿易構造である。輸出は鉱物が約8割を占め、国際的な資源価格の変動及び中国経済の動向（輸出の

大部分は中国）に左右される。貿易収支、サービス収支及び所得収支は恒常的に赤字である。そのため、経常赤字を直接投資で補う構造で経済成長を続けてきたが、2012年5月に施行された「外資規制法」の導入により、直接投資は減少し続け、これに加え、オユ・トルゴイ鉱山開発の遅延は、直接投資のさらなる減少を招いた。今後、オユ・トルゴイ鉱山やタバン・トルゴイ炭田開発が順調にいけば、貿易収支・資本収支ともに回復すると予想される。

モンゴル製品別輸出入額の内訳
〈2013年〉

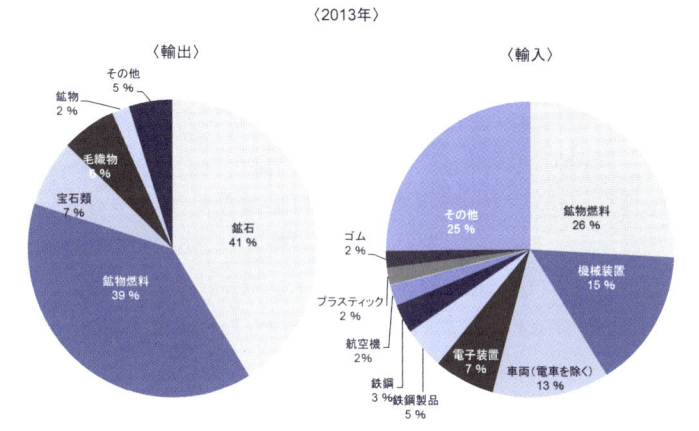

〈輸出〉
- 鉱石 41%
- 鉱物燃料 39%
- 宝石類 7%
- 毛織物 6%
- 鉱物 2%
- その他 5%

〈輸入〉
- 鉱物燃料 26%
- 機械装置 15%
- 車両（電車を除く）13%
- 電子装置 7%
- 鉄鋼製品 5%
- 鉄鋼 3%
- 航空機 2%
- プラスチック 2%
- ゴム 2%
- その他 25%

（出所）International Trade Centre

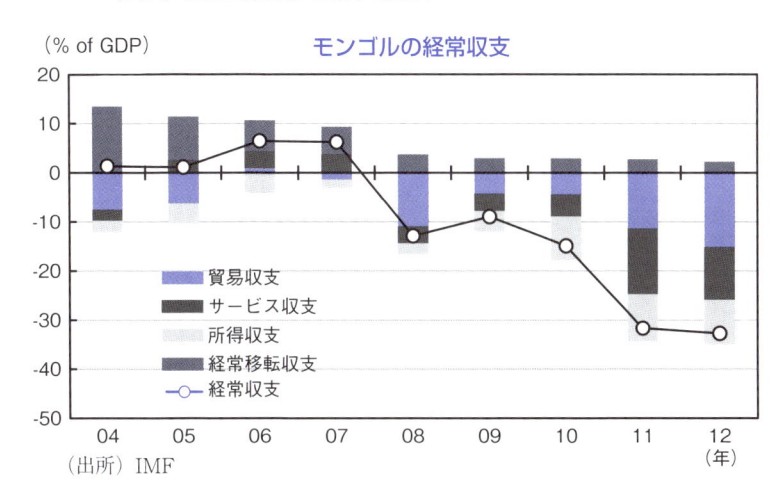

モンゴルの経常収支
（% of GDP）

凡例：貿易収支、サービス収支、所得収支、経常移転収支、経常収支

（出所）IMF

③ 物価動向、金融政策

消費者物価指数（CPI）上昇率は、輸入に依存している燃料、食料品に左右されやすい

特徴がある。2012年は14.2％であったが、2013年は11.2％とインフレ率は低下していた。これは、食料品価格が安定したこと、ガソリンや小麦等の価格を調整するプログラムを実施したことが主たる要因である。しかし、トグログの下落が加速し続けているため、燃料、食料品の価格が上昇し、2014年のインフレ率は、上昇傾向にある。中銀は政策金利を2014年7月に10.5％から12％、2015年1月には12％から13％へと改定する引締め政策を実施した。IMFは、消費者物価指数上昇率を、2014年は15.8％と予想している。

④ 為替、外貨準備の動向

米ドルに対するモンゴル・トグログの為替相場は、2012年は1ドル＝1300トグログ台で推移していたが、海外からの直接投資の減少により2013年は1ドル＝1400～1600トグログと急激にトグログ安にふれた。2014年に入ってもトグログ安の傾向は止まらず、1ドル＝1700～1850トグログ前後で推移している。外貨準備高は、2012年3月に、政府保証付きでモンゴル開発銀行（DBM）が5.8億ドル、同年11月に政府がチンギス債（ドル建て国債）15億ドルを国際債券市場で発行したため、2012年は輸入の6.5カ月相当だった。しかし、輸出不振や直接投資の減少から減少し続け、2013年末は3.4カ月相当まで減少した。2014年に入っても、減少傾向が継続し、13億ドル相当まで減少したが、8月に中国とスワップ協定を締結し、その後は微増傾向にある。

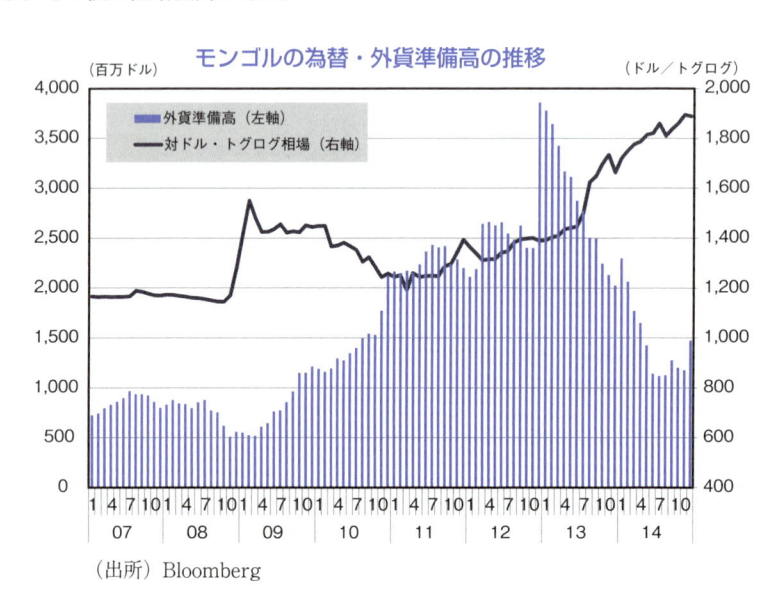

モンゴルの為替・外貨準備高の推移

（出所）Bloomberg

⑤ 財政政策

　財政収支は、2008年以降2010年を除き財政赤字であり、2010年に財政安定化法（財政赤字を、対GDP比2％以内に収めることと規定）を施行し、健全化を進めようとしたが、拡大財政は続いている。2012年には経済開発省を中心として大規模な公共投資により、歳出が膨らみ、2011年の財政赤字対GDP比 −4.8％から −11.9％と拡大した。なお、インフラ整備の費用は、チンギス債[1]や、2013年に発行したサムライ債（300億円）を投入していたが、政府は、それらを予算外とし計上していない。IMFは、これを問題視しており、それらの費用も予算内に含めるべきとしている。

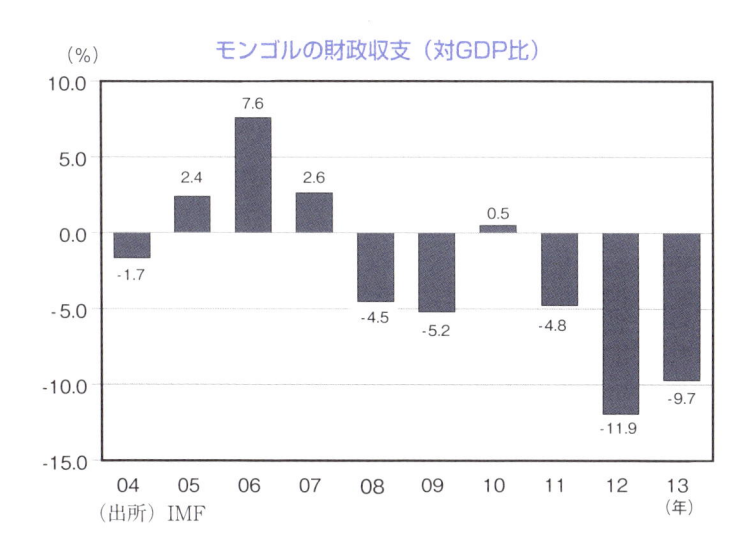

モンゴルの財政収支（対GDP比）

年	04	05	06	07	08	09	10	11	12	13
%	-1.7	2.4	7.6	2.6	-4.5	-5.2	0.5	-4.8	-11.9	-9.7

（出所）IMF

3．その他の政策課題等

　モンゴルは、二つの大きな政策課題を抱えている。一つは、オユ・トルゴイ鉱山開発の遅延である。オユ・トルゴイ鉱山開発は軌道に乗れば、現在の歳入の20％〜40％に相当する収入が見込まれている。モンゴル政府とリオ・ティント社（資源メジャーの大手）で実質開発しているが、費用超過問題等により現在工事が中断しており、早期の再開が望まれている。もう一つは、海外直接投資の急減である。「外資規制法」の導入により、中国からの投資の排除を狙ったが、中国以外の国からの投資も減少してしまった。モンゴル政府は「外資規制法」を廃案にし、「新投資法案」を施行しているが、資源価格の下落やオユ・トルゴイ鉱山の遅延問題が長引いており、海外からの投資を呼び込むのは難しく、未だ外国

---

[1] 2012年11月、国際債券市場にて、モンゴル政府はドル建て国債15億ドルを発行。

直接投資は回復していない。

4．日本との関係
① **在留邦人数：**
420人（2013年、外務省ホームページ）

② **進出日本企業数：**
12社進出（東洋経済新報社　2014年海外進出企業総覧）

日本の対モンゴル直接投資（国際収支ベース、ネット、フロー）

（億円）

	2009年	2010年	2011年	2012年	2013年
モンゴル	－3	－7	－5	－4	－98

（出所）財務省国際収支統計

③ **対日輸出、対日輸入**

対日輸出額が18億円、対日輸入額は346億円であり、328億円の赤字である（2014年、財務省貿易統計）。モンゴルからみた国ごとの輸出、輸入に占める割合において、日本はそれぞれ、第8位（第1位は中国、第2位は英国）、第5位（第1位は中国、第2位はロシア）である（2013年 International Trade Centre ホームページ）。

④ **ODA（円借款、無償資金協力、技術協力）、国際協力銀行出融資承諾状況**

対モンゴル援助形態別実績　　　　　　　　　　　　　　　　（億円）

年度	ODA 円借款	ODA 無償資金協力	ODA 技術協力	国際協力銀行出融資承諾状況
2009年度	29	28	13	－
2010年度	50	48	13	－
2011年度	16	50	18	－
2012年度	－	34	17	－
2013年度	117	32	18	－

⑤ 主な円借款案件

○ ウランバートル第4火力発電所効率化事業（42.01億円、2013年11月交換公文署名）

　モンゴルの首都ウランバートルは、世界で最も寒い首都と呼ばれ、10月から4月の平均気温は氷点下となり、12月から2月は零下20℃を下回る厳寒地である。モンゴルは自国で石炭が採掘されるため、火力発電だけでなく、冬期の暖房にも石炭を用いており、それにより引き起こされる大気汚染は非常に深刻な状態である。

　ウランバートル第4火力発電所は、モンゴル最大の発電所であり、電力の6割を担っているが、稼働から30年以上が経過し、老朽化したタービンやボイラーを更新する必要が生じた。そのため、円借款により資金を提供し、大気汚染対策にも役立つ効率的な発電機材の導入を支援することとなった。

　なお、ウランバートル第4火力発電所には、日本が1992年以降実施した、無償資金協力（灰処理システムの改善等）や円借款（ボイラーの交換等）といった資金協力に加え、日本人専門家やシニア海外ボランティアの派遣等、長年にわたる継続的な支援を行っていることもあり、2011年の東日本大震災の発生に際し、この発電所の従業員全員から1日分の給与を義捐金として日本への寄付が行われた。

台湾

1. 概況・基本情報

概要：面積は世界で第139位相当、人口は第50位相当、名目GDPは第27位、購買力平価ベースのGDPで第21位に相当する。1949年に蒋介石率いる中華民国政府が台湾に移転して以降、これまで実効支配が続いている。現在は、与党・中国国民党（国民党）の馬英九（マーインチウ）氏が総統であるが、2016年の総統選挙の前哨戦となる2014年11月の統一地方選挙では、国民党が大敗する一方、野党・民主進歩党（民進党）が躍進した。台湾経済は、これまで電子産業を中心として輸出が牽引する形で成長を遂げてきたが、リーマンショック後の2009年は世界経済の需要の低迷を受けてマイナス成長（－1.6％）を記録した。翌2010年には10.6％成長とV字回復を果たしたものの、その後は欧米需要の減少や中国経済の減速等を背景に、低調に推移している。

① 基本情報

人　口：	2,337万人（2013年、IMF）
面　積：	約3.6万km²（九州（3.56万km²）とほぼ同じ）
言　語：	中国語（公用語）、台湾語他
民　族：	漢民族、原住民族
宗　教：	道教、キリスト教、仏教他
名目GDP：	4,891億ドル（2013年、第1次、2次、3次産業の構成比は2％：29.4％：68.6％、CIAによる）
購買力平価ベースのGDP：	9,709億ドル（2013年、IMF）
1人当たりGDP：	20,925ドル（2013年、IMF）
通　貨：	新台湾ドル（1米ドル＝31.656新台湾ドル　2014年12月末日現在）
為替制度：	変動相場制度（IMFによる為替の分類）
政　体：	民主共和制
総　統：	馬英九総統

② 政治状況

1949年以降、国民党による一党支配が続いていたが、李登輝総統時代の1996年に総統直接選挙が導入され、2000年には国民党以外の政党からは初となる民進党の陳水扁氏が総統

に選出された。総統の任期は4年で、再任が1回可能である。2008年の総選挙では政権交代が行われ、国民党の馬英九氏が総統に就任した。現在の立法院（国会）は、定数113に対し、国民党が64議席、民進党（主席：蔡英文氏）が40議席を占めている。なお、2016年に予定されている次期総統選挙の前哨戦となる統一地方選挙が2014年11月に行われ、与党・国民党が大敗する一方、民進党は躍進した（22ある首長ポストのうち、国民党15→6、民進党6→13）。これを受け、行政院（内閣）が総辞職するとともに、馬総統は国民党の党主席を辞任し、後任として、朱立倫氏が就任した。今後の経済運営や両岸問題（台中関係）の行方が注目されている。

2．マクロ経済の概況
① 経済成長率の動向

　台湾経済は、電子産業を中心とした輸出主導の経済構造となっている。ITバブルの崩壊に伴い、2001年にマイナス成長（−1.7％）を記録したものの、2002年以降は平均で5％台の成長と堅調に推移した。その後のリーマンショックの発生を受け、2009年に再びマイナス成長（−1.6％）に転じたものの、2010年には10.6％成長とV字回復を遂げた。他方、中国や欧米諸国向け輸出の減少等を背景に、成長率は2012年が2.1％、2013年は2.2％と低調に推移している。なお、2014年に入ってからは、輸出の緩やかな回復と堅調な内需により、経済は回復基調にあり、当局による年率3.2％の経済成長目標の達成も視野に入っている。

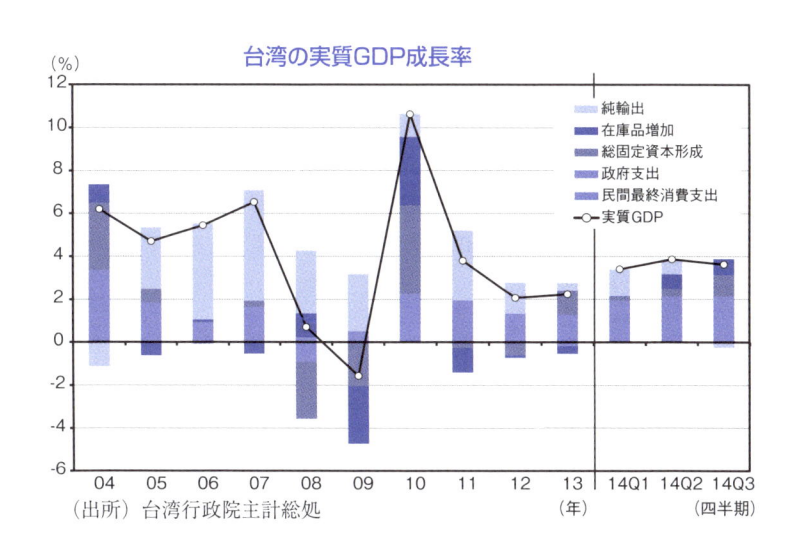

台湾の実質GDP成長率

(出所）台湾行政院主計総処

北東アジア　　　　　　　　　　　　　　　　　　アジア経済ハンドブック　　43

② 国際収支

貿易収支は黒字が継続しており、近年、その黒字幅は拡大傾向にある。主な輸出品目は、電子電機機械、鉄鋼金属製品、精密機器であり、主な輸入品目は、電子電機機械、原油、鉱山物、鉄鋼金属製品である。また、旅行収入の増加等に伴いサービス収支黒字が増加基調であることに加え、海外利息収入の増加等に伴い所得収支も黒字基調にある。

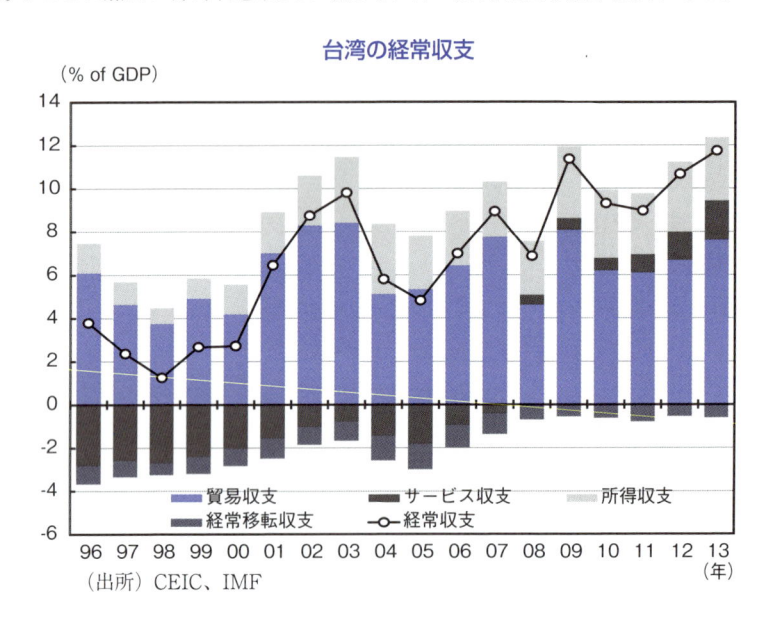

台湾の経常収支

(% of GDP)

(出所) CEIC、IMF

③ 物価動向・金融政策

物価上昇率は2010年以降、0～2％の間で安定的に推移している。政策金利（ベンチマーク割引率）について、台湾中央銀行は、2011年6月に現在の水準（1.875％）に引き上げて以降、3年間以上にわたって据え置いており、2014年12月の声明では、原油価格の下落によりインフレは抑制されており、2015年のインフレ圧力も引き続き控えめなものとなるとの見通しを示している。

CPIと政策金利の推移

(出所) 台湾中央銀行、CEIC

④ 為替・外貨準備の動向

1989年に変動相場制に移行した。非居住者による外為取引には取引金額に応じた申告、許可制が適用されるといった制限が課されている。また、為替の変動に対して、当局はしばしば為替介入を実施してきたと報じられている。

外貨準備高は、2014年12月末で4,190億ドル（輸入の約18カ月分）と世界で第9位に相当する水準となっている。なお、2013年10月、台湾中銀は外貨準備に人民元を組み込んでいることを明らかにしている。

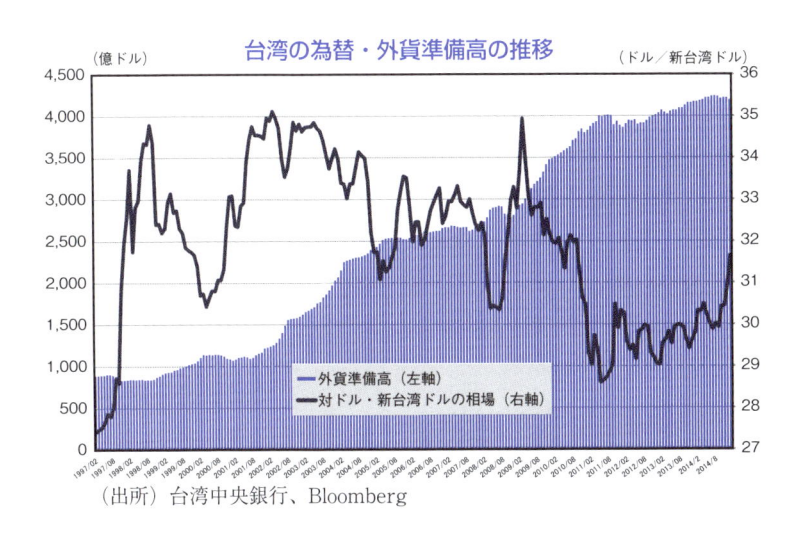

台湾の為替・外貨準備高の推移

(出所) 台湾中央銀行、Bloomberg

⑤ 財政政策

　台湾の財政状況は、2009年以降、金融危機への対処から積極的な財政出動を行ったことで、2009〜2010年の財政赤字（国＋地方）は対GDP比で4〜5％台まで拡大した。その後は、先進国経済の回復に伴う税収の改善等により、財政赤字は低下傾向にある。なお、2013年の国、地方合わせた債務残高対GDP比率は42％となっており、やや増加傾向にある。

　他方、急速に進む高齢化[1]を背景に財政支出に占める社会保障支出は、2009年から2013年の5年間で18％から22％に上昇（うち社会保険支出だけでみると、6.5％から11％に上昇）しており、引き続き増大が見込まれる社会保障費への対応が課題となっている。

台湾（中央＋地方政府）の財政収支（対GDP比）

年	00	01	02	03	04	05	06	07	08	09	10	11	12	13
(%)	-5.4	-5.1	-5.7	-5.2	-4.4	-1.5	-0.2	0.3	-0.7	-5.5	-4.3	-2.6	-3.9	-2.2

（注）会計年度は1月から12月。
（出所）台湾財政部、IMF

3．日本との関係

① 在留邦人数：

　16,797人（平成25年10月1日現在、外務省海外在留邦人数調査統計）

② 進出日本企業数：

　835社進出（2013年10月末時点、海外進出企業総覧）

---

[1] 台湾の65歳以上の人口比率は、1990年の6.2％から2014年には12％に、さらに2060年には40.6％に増加すると予測されている（日本は1990年：12.1％、2014年：26.1％、2060年：39.9％）。

日本の対台湾直接投資（国際収支ベース、ネット、フロー）

（億円）

	2009年	2010年	2011年	2012年	2013年
台湾	327	-101	685	90	319

（出所）財務省国際収支統計

③ 対日輸出、対日輸入

　対日輸出額は2兆5,666億円、対日輸入額は4兆2,323億円であり、1兆6,657億円の赤字である（2014年、財務省貿易統計）。台湾からみた国ごとの輸出、輸入に占める割合において、日本はそれぞれ、第5位（第1位は中国、第2位は香港）、第2位（第1位は中国、第3位は米国）である。

東南アジア

カンボジア

1．概況・基本情報

　概要：国土面積は世界で第89位、人口は第68位、名目GDPは第114位、購買力平価ベースのGDPは第105位に位置する。クメール人が人口の約9割を占めており、2004年から2013年の平均的な人口増加率は1.6％である。インドシナ半島南西部に位置し、国土の約4割はメコン川・トンレサップ川流域の広大な平野からなる。また、カンボジアはタイとベトナムの中間に位置する地理的優位性から、2015年に予定されているASEAN経済統合に向けて新たな物流及び生産拠点として注目されている。

　農業、縫製業、建設業、観光業が産業の4本柱であり、特に基幹産業の農業はGDPの3分の1を占める。1970年からの内戦により経済は壊滅状態となったが、1991年パリ和平協定による内戦終結後は治安情勢が安定し、経済は順調に成長している。外資を中心とした輸出型縫製産業が発展しているほか、世界遺産のアンコール遺跡等の観光産業も重要視されている。

　カンボジアでは、インフラ整備、法の支配の確立、透明性のある行政運営等が課題となっており、カンボジア政府は「グッドガバナンス」（汚職との戦い、司法改革、行政改革、国軍改革と兵員削減）の確立を最優先課題とし、「四辺形戦略」（農業セクターの強化、さらなるインフラの復興と建設、民間セクター開発と雇用創出、キャパシティビルディングと人材開発）を掲げ、国家開発に取り組んでいる。

　2013年12月15日、日・ASEAN特別首脳会議に伴い開催された日・カンボジア首脳会談では、両国関係を従来の「新たなパートナーシップ」から「戦略的パートナーシップ」へ格上げし、地域・国際場裡の課題に関しても一層緊密に連携・協力していくことで一致、また、カンボジアの民主主義と法の支配強化への日本の継続的支援と選挙改革支援のための調査団派遣、人的交流の促進（一般旅券所持者への数次査証発給に続き、外交・公用旅券所持者の査証免除）、直行便開設を念頭においた航空協定交渉の開始でも一致する等の進展があった。

① **基本情報**

人　口：	1,514万人（2013年、世銀）
面　積：	18.1万㎢（世銀、日本の約半分）
首　都：	プノンペン
言　語：	カンボジア（クメール）語（公用語）、チャム語等の少数民族言語
民　族：	カンボジア人（クメール人）
宗　教：	仏教、一部少数民族はイスラム教
名目 GDP：	155億ドル（2013年、IMF（第1次、2次、3次の構成比は34.8%：24.5%：40.7%、CIA))
購買力平価ベースの GDP：	461億1,100万ドル（2013年、IMF）
1人当たり GDP：	1,028ドル（2013年、IMF）
通　貨：	リエル（1米ドル＝4,073.06リエル　2014年12月末日現在）
為替制度：	その他の管理相場制度（IMF による為替の分類）
独　立：	1953年11月9日
政　体：	立憲君主制
元　首：	ノロドム・シハモニ国王

国際機関・国際会議への加盟・参加状況

G20	ASEAN	ASEAN+3	CMIM	AMRO	EAS	APEC	ASEM	TPP	RCEP	ADB	AfDB	EBRD	IADB	IBRD	IMF	OECD	UN	WTO
－	○	○	○	○	○	－	○	－	○	○	－	○	－	○	○	－	○	○

② **政治状況**

　2013年7月に行われた第5回国民議会（下院）選挙において、定数123議席のうち、フン・セン首相（旧プノンペン政権下（1985年1月）以来29年間首相に在職）率いる与党・人民党が過半数（68議席）を獲得したものの、サム・ランシー氏が率いる野党・救国党が55議席を獲得し、前回選挙（2008年7月）で救国党の前身であるサム・ランシー党と人権党が獲得した29議席から大幅に躍進した。

　しかし、救国党は不正投票があったとして選挙結果の受け入れを拒否、再選挙等を求めて国会審議をボイコットし、継続的にデモを実施した。2014年7月22日、政治混乱が長引くなか与野党両党首が会談し、議会の正常化に向けて協議した結果、国家選挙管理委員会の憲法上独立した機関としての位置付け及び委員の選出方法、国民議会における委員のポスト配分、総選挙の実施時期前倒し等選挙制度改革に合意した。同年8月8日、救国党は2013年の選挙後初めて国民議会に参加、国会の正常化が達成された。2018年に予定されている上下院選挙に向けて、人民党が国民の信頼を回復できるか、あるいは救国党が政権を

担えるまで躍進できるかが今後問われることとなる。

2．マクロ経済の概況
① 経済成長率の動向

カンボジアの経済成長はリーマンショックの影響により2009年に鈍化した（成長率0.1％）後、順調に回復し、2010年以降は6～7％台の成長で推移している。欧米向け衣類・靴等の縫製品を中心とした輸出の増加や農業、観光を中心としたサービス業、建設等の主要セクターが堅調に成長を下支えしている。2014年9月に発表された「国家戦略開発計画2014-2018」では、2018年まで年率7％台の成長を維持するとともに、年率1％以上の貧困率削減を目標に掲げている。

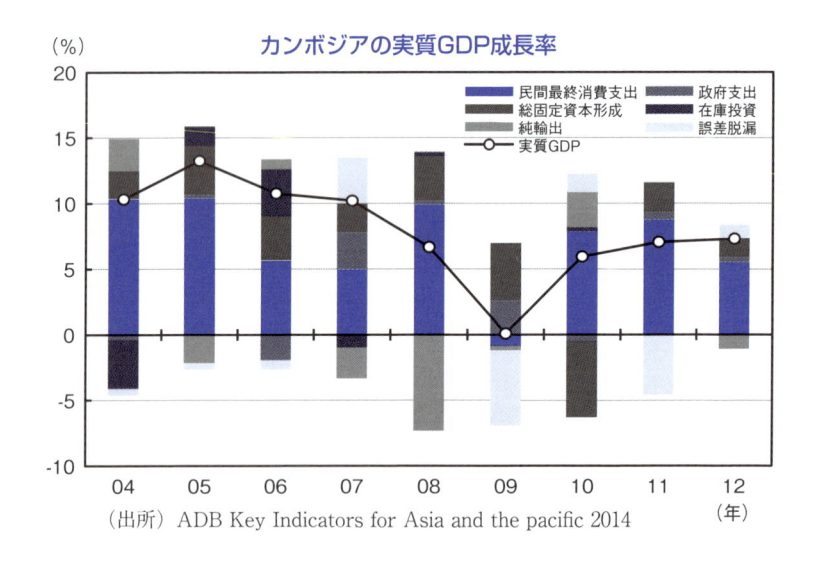

カンボジアの実質GDP成長率

（出所）ADB Key Indicators for Asia and the pacific 2014

② 国際収支

近年、カンボジアでは欧米向けの縫製品等を中心に輸出が増加している。その要因としては、安価な人件費や先進国における特恵関税制度を背景に中国やベトナム等の近隣国との比較におけるコスト面での優位性が挙げられる。他方、外資企業の進出やODA等のインフラプロジェクトに関連し資本財の輸入も大幅に増加していることから、貿易収支の赤字が拡大傾向で推移している。なお、サービス収支と経常移転収支は、それぞれ外国人観光客の増加や海外労働者送金及び先進国や国際機関からの無償援助に下支えされ黒字を維持している。

カンボジア製品別輸出入額の内訳
〈2013年〉

〈輸出〉
- 衣料品 71%
- その他 16%
- 靴 5%
- 米 4%
- ゴム 3%
- 繊維製品 1%
- 木材 1%

〈輸入〉
- その他 39%
- 石油 25%
- 二輪車 16%
- タバコ 5%
- 食品 3%
- 医薬品 3%
- 鉄鋼 2%
- セメント 2%
- 建設機械 2%
- 中古衣料品 1%
- 織物 1%

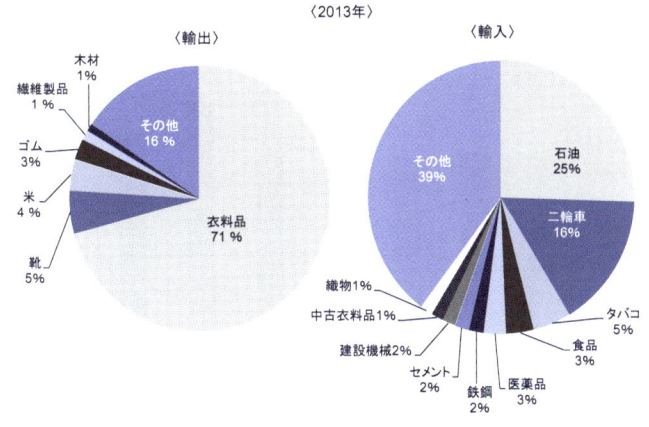

（出所）カンボジア統計局

　カンボジアの経常収支は、慢性的な赤字（2013年度対GDP比−8.5％）である。貿易収支と所得収支の赤字（対内直接投資収益の支払）の拡大幅がサービス収支と経常移転収支の黒字の拡大幅を上回る結果、経常収支の赤字が拡大する傾向で推移している。

カンボジアの経常収支
（% of GDP）

凡例：貿易収支、サービス収支、所得収支、経常移転収支、経常収支

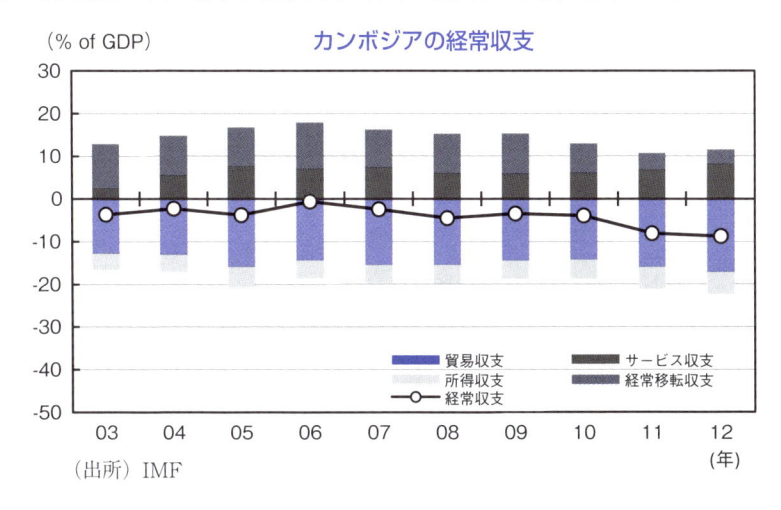

（出所）IMF

　IMFは、競争力の強化や輸出財の多様化により輸出が拡大する一方、輸入の伸びは大規模インフラプロジェクト完成後に緩やかになるとの見通しから、中長期的には経常収支の赤字が対GDP比−5.5％程度まで縮小すると予測している。

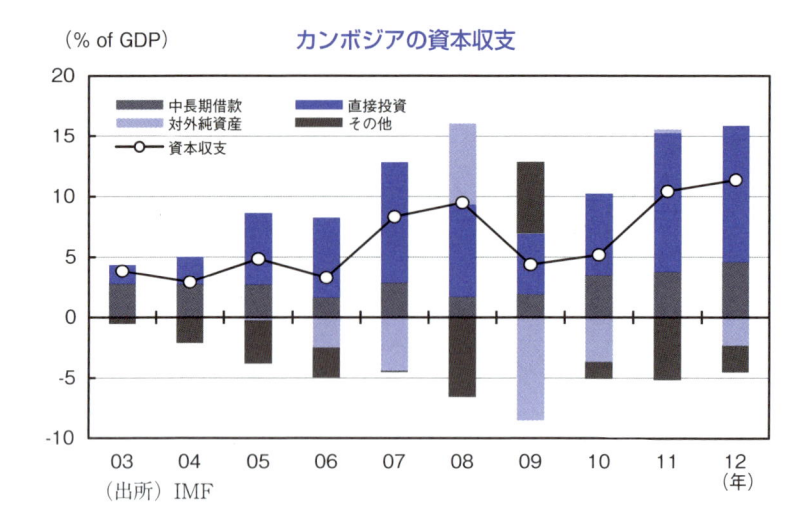

（％ of GDP）　　　　カンボジアの資本収支

凡例：中長期借款／直接投資／対外純資産／その他／資本収支

（出所）IMF

③ 物価動向・金融政策

　消費者物価は2008年にエネルギー価格や食料品の高騰を受けて急上昇した（25％）が、足元の消費者物価上昇率は概ね5％前後で推移しており、IMFの予測では2018年までは3～4％の上昇率にとどまるとの見通しである。

　カンボジア国立銀行（NBC）はインフレ対策としてリエル及び外貨の預金準備率の調整を行っている。2008年にインフレ抑制のために外貨預金準備率を8％から16％へ引き上げ、2009年にはインフレ率の低下と景気悪化を受け12％まで引き下げた後、2012年には与信が急増していることへの沈静化策として12.5％まで再度引上げを実施した。

　カンボジアは高度にドル化した経済であり、現預金に占める米ドル預金の割合が80％を超えるとされている。自国通貨リエルが果たす役割は非常に小さく、リエルが使用されるのは、主に地方の農村部や比較的少額な支払等に限られる。

　このような経済のドル化の下で、政府及び中央銀行であるカンボジア国立銀行（NBC）が独自に実施可能な金融政策は限られており、為替レートの安定が金融政策の主要目的となる。カンボジアは変動相場制（管理フロート制）を採用しているため、NBCは適宜市場介入を実施し為替レートの安定を確保している。

　カンボジア計画省は、「国家戦略開発計画2014－2018」においてリエルの安定性維持及びリエルに対する信頼強化のため管理フロート制の維持を明言するとともに、今後脱ドル化（リエルの利用促進）を目指す方針を打ち出した。具体的には、政府支出の支払通貨を全てリエルに限定したほか、公務員給与をリエル建てで銀行口座へ振り込むといった取組を実施している。

④　為替・外貨準備の動向

　管理フロート制の下、市場介入（NBCと民間銀行間のリエルの売買）を実施することで、2011年以降のリエルの対ドル為替レートは概ね1％以内の変動率で推移させている。2013年12月末の外貨準備高は約40億米ドルで、輸入の約3.6カ月分に相当するが、IMFは経済が高度にドル化しているカンボジアにおいては、より一層の外貨準備高の積み増しが必要である旨を指摘している。

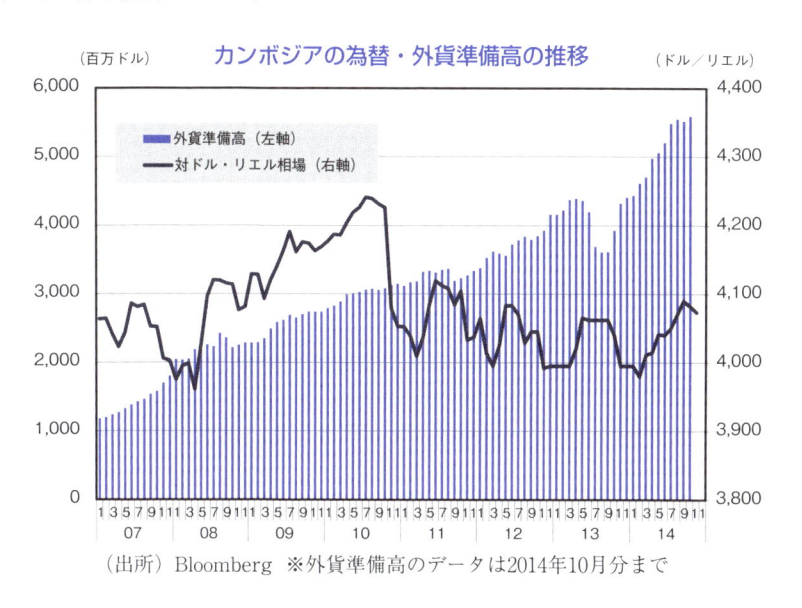

カンボジアの為替・外貨準備高の推移

（出所）Bloomberg　※外貨準備高のデータは2014年10月分まで

⑤　財政政策

　カンボジアの財政収支は、例年赤字が続いている。歳入面では1999年に導入された付加価値税（VAT）等による税収増により2008年まで増加傾向にあったものの、歳出が歳入を上回る勢いで増加したため、財政赤字は拡大を続けた。また、2009年にはリーマンショックの影響による景気悪化を受け、積極的な財政政策を実施したため財政赤字が大幅に拡大した。2010年以降は景気回復後の好調な国内経済を背景に税収が増加する等改善傾向にある（2011年：対GDP比4.1％、2012年：対GDP比3.8％）。しかし、カンボジアのGDPに占める税収割合は10％程度であり、他のASEAN諸国等と比較しても依然として低い水準にある（タイ：16％、ベトナム：14％）。また、2015年に予定されているASEAN経済共同体（AEC）の発足により関税収入が低下することも想定される。カンボジア政府は、2005～15年の「公共財政管理改革プログラム」で各種改革を実施しており、財政健全化の

ためには、税制及び税務行政の改革が不可欠である。包括的な個人所得税の導入等新たな税収源の開拓や国民の納税意識向上、税務職員の能力向上といった課題への取組が求められる。

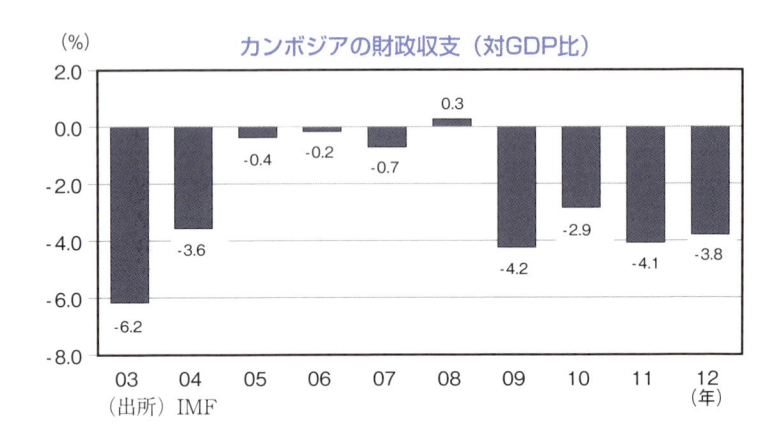

カンボジアの財政収支（対GDP比）

年	03	04	05	06	07	08	09	10	11	12
(%)	-6.2	-3.6	-0.4	-0.2	-0.7	0.3	-4.2	-2.9	-4.1	-3.8

（出所）IMF

3．その他の政策課題等

カンボジアでは、今後のさらなる経済発展に必要な産業化を促進するため金融セクターの発展が求められている。カンボジアの金融セクターは、外資の受け入れ等に伴い近年急速に発展しており、商業銀行33行（うち国内資本23行、外資10行）、専門銀行7行が業務を展開している（いずれも2013年末現在）。他方、地方の農村等では、零細な金融サービス需要に応える存在として、中央銀行の免許を受けたマイクロファイナンス37業者が業務を展開している（2013年末）。中央銀行は、国内金融セクターの発展を促進する措置として銀行間決済制度を整備するとともに、カンボジア銀行協会、カンボジア・マイクロファイナンス協会等と共同して信用情報機関を設立させ、与信顧客の信用情報をセクター内で共有する仕組みを整備する等の取組を行っている。

4．日本との関係
① 在留邦人数：
　　1,793人（2013年、外務省ホームページ）

② **進出日本企業数：**

39社進出（東洋経済新報社　2014年海外進出企業総覧）

日本の対カンボジア直接投資（国際収支ベース、ネット、フロー）

（億円）

	2009年	2010年	2011年	2012年	2013年
カンボジア	－4	－12	－71	－78	－137

（出所）財務省国際収支統計

③ **対日輸出、対日輸入**

対日輸出額が816億円、対日輸入額は271億円であり、545億円の黒字である（2014年、財務省貿易統計）。カンボジアからみた国ごとの輸出、輸入に占める割合において、日本はそれぞれ、第7位（第1位は米国、第2位は香港）、第10位（第1位は中国、第2位は米国）である（2013年 International Trade Centre ホームページ）。

④ **ODA（円借款、無償資金協力、技術協力）、国際協力銀行出融資承諾状況**

対カンボジア援助形態別実績　　　　　　　　　　　　　　（億円）

年度	ODA 円借款	ODA 無償資金協力	ODA 技術協力	国際協力銀行出融資承諾状況
2009年度	72	107	44	－
2010年度	－	108	39	－
2011年度	114	65	43	－
2012年度	－	67	37	－
2013年度	89	75	39	－

　日本はこれまでカンボジア政府の厳しい財政状況を踏まえ、無償資金協力を中心に支援してきた。同国は依然として後発開発途上国（LDC：Least Developed Country）であり、社会開発の観点から無償資金協力に加えて、経済・財政状況の改善や、日本の民間企業の投資が近年急速に増加していることから、今後はさらに円借款を活用し、インフラ整備等の経済基盤強化に向けた開発努力を支援していく必要がある。

⑤ 主な円借款案件
○ プノンペン首都圏送配電網拡張整備計画（64.8億円、2014年6月交換公文署名）

　カンボジア経済の安定した成長に伴い、電力需要は急速に拡大しており、特に首都プノンペンは人口約150万人を抱え国内電力需要の約7割を消費している。同地区では送変電・配電設備の容量の限界や系統制御システムの未整備から、停電発生時に停電エリアが大きくなり、また、復旧に長時間を要する状況である。本計画は、このような状況を改善するため、同地区において変電所の新増設、送電線・配電線の建設及び系統安定化装置等を導入することにより、首都圏の電力供給の安定化を図るものである。

○ 国道5号線改修計画（プレッククダム－スレアマアム間）（16.99億円、2014年6月交換公文署名）

　カンボジアでは道路輸送が国内輸送の中心的役割を果たしており、同国の運輸インフラは1991年の内戦終了から日本をはじめ国際社会の支援により修復が進められている。しかし、内戦後の応急修復箇所の劣化や幅員不足等スペック不足の箇所があるため、今後のカンボジアの経済発展に伴う物流増加に対応するためには引き続き既存道路の改修が課題となっている。本計画は、プノンペンとタイ国境を結ぶ国道5号線のプレッククダム－スレアマアム間において、既存の本線道路の改修等を行うことにより、対象地域における輸送能力増強及び輸送効率の改善を図るものである。

○ プノンペン南西部灌漑・排水施設改修・改良計画（56.06億円、2014年6月交換公文署名）

　カンボジアにおいて農業は経済の中心であり、GDPの3分の1を占め、就業人口の7割が農業に従事している。また、同国の人口の8割、貧困層の9割以上が農村部に居住しており、貧困削減の観点からも農業は重要なセクターである。しかし、全国の水田面積約296万haのうち、灌漑可能面積は雨季で約77万haと全国の水田面積の3割以下に過ぎず、生産性の向上が農業開発の課題となっている。本計画は、プノンペン南西部の農村部貧困地域において灌漑排水施設等を改修・整備することにより、対象地域の農業生産性向上並びに農民の生計向上を図るものである。

ブルネイ・ダルサラーム国

1．概況・基本情報

　概要：国土面積は世界で第168位、人口は第172位、名目 GDP は第112位、購買力平価ベースの GDP で第116位に位置する。2004年から2013年までの年平均の人口増加率は1.7％である。南シナ海に面したボルネオ島の北部に位置し、マレーシアと隣接している。平均年齢は29.3歳であり、25～54歳の人口が約47％を占めている。「マレー主義、イスラム国教、王制擁護」を掲げる立憲君主制。豊富な石油・天然ガス収入に支えられた裕福な国であり、経済規模は小さいものの1人当たり GDP が ASEAN ではシンガポールに次ぐ第2位となっている。名目 GDP の約6割が石油・天然ガス関連であり、輸出額の約9割、財政収入の約9割を構成している。輸出額の約半分が日本向けであり、貿易収支は恒常的に黒字となっている。豊富な石油・天然ガスによる政府収入を背景に、財政黒字は恒常化しており、社会福祉も充実しているのが特徴。原油価格の変動の影響が経済に与える影響は大きいものの、十分に積み上がった財政余剰が危機への備えとなっている。近年は、過度な資源依存からの脱却を目指し、石油・天然ガスを原料とした製品の製造等の川下産業の育成を図っており、産業の多様化に取り組んでいる。日本とはエネルギーを基盤とした良好な関係が築かれており、2013年には日・ブルネイ首脳会談が実施され、2014年には日・ブルネイ外交関係樹立30周年を契機とした様々な事業が実施された。

① 基本情報

人　口：	42万人（2013年、世銀）
面　積：	5,770㎢（世銀、三重県と同程度）
首　都：	バンダルスリブガワン
言　語：	マレー語
民　族：	マレー系、中華系他
宗　教：	イスラム教〔国教〕、仏教、キリスト教
名目GDP：	161億ドル（2013年、IMF（第1次、2次、3次産業の構成比は0.7％：70.9％：28.4％、CIA））
購買力平価ベースのGDP：	300億ドル（2013年、IMF）
1人当たりGDP：	39,659ドル（2013年、IMF）
通　貨：	ブルネイ・ドル（1米ドル=1.3255ブルネイ・ドル　2014年12月末日現在）
為替制度：	ペッグ制度（IMFによる為替の分類）
独　立：	1984年1月1日
政　体：	立憲君主制
元　首：	ハサナル・ボルキア国王（第29代スルタン）

国際機関・国際会議への加盟・参加状況

G20	ASEAN	ASEAN+3	CMIM	AMRO	EAS	APEC	ASEM	TPP	RCEP	ADB	AfDB	EBRD	IADB	IBRD	IMF	OECD	UN	WTO
−	○	○	○	○	○	○	○	○	○	○	−	−	−	○	○	−	○	○

② 政治状況

　国王は宗教的権威であると共に、首相・国防相・財務相・ブルネイ国軍最高司令官を兼務しており、国政全般を掌握している。成文憲法により統治されており、国王は5つの憲法機関（王位継承評議会、枢密院、閣僚会議、宗教評議会、立法評議会）の補佐と助言を受ける。立法評議会は1984年の独立直後から停止されていたものの、2004年に再開されて以降、毎年開催されている。

2．マクロ経済の概況
① 経済成長率の動向

　ブルネイ経済は、GDPの約6割を石油・天然ガス関連部門に依存しているため、原油価格動向に大きな影響を受ける。2000年代後半は、将来の資源枯渇を見据えた減産を行っていたところに2009年からの原油価格の下落が重なり、実質GDP成長率はマイナスとなった。2010年は主に原油価格の上昇が寄与して実質GDP成長率は2.6％に回復し、2011年

は3.4％となった。2012年から2013年にかけては、生産設備のメンテナンスのための減産を強いられ、輸出が落ち込んだ結果、2012年は0.9％、2013年は－1.8％と実質GDP成長率は低迷。IMFは2014年の成長率が5％超へと反発すると見ている。

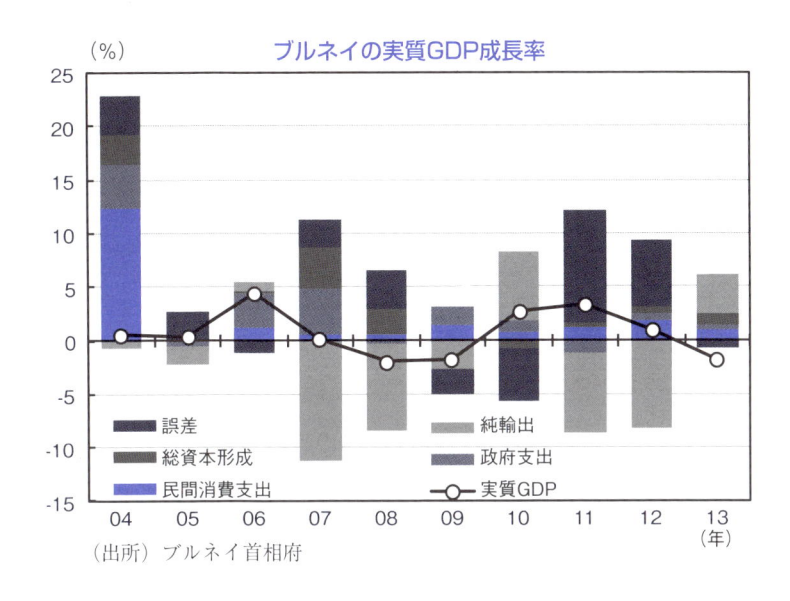

ブルネイの実質GDP成長率

（出所）ブルネイ首相府

② 国際収支

貿易収支の大幅な黒字により、経常収支も恒常的に黒字となっている。輸出額の約9割を石油・天然ガスが占めているため、輸出額は原油価格の動向に大きく左右される。2009年に貿易収支の黒字幅が縮小した後、2010年以降は原油価格の再上昇が寄与し輸出額も持ち直しているものの、昨今の原油価格低迷の影響により輸出動向は不透明となっている。

輸出先は日本が約5割を占めており首位、韓国と豪州がこれに続いている。日本は2011年の東日本大震災の際に天然ガス輸入を増加させ、それに伴ってブルネイから日本への輸出額も増加した。

輸入は、ブルネイ国内に製造拠点がないため資本財や食料品が主となっており、相手国はシンガポールや中国等となっている。

ブルネイの貿易収支の推移

(百万ブルネイドル)

凡例：貿易収支、輸出、輸入

(出所) ブルネイ首相府

ブルネイ製品別輸出入額内訳 〈2013年〉

〈輸出〉
- 石油 45%
- LNG 52%
- その他 3%

〈輸入〉
- 輸送用機器 45%
- 製造製品 25%
- 食品・動物 17%
- その他製品 13%

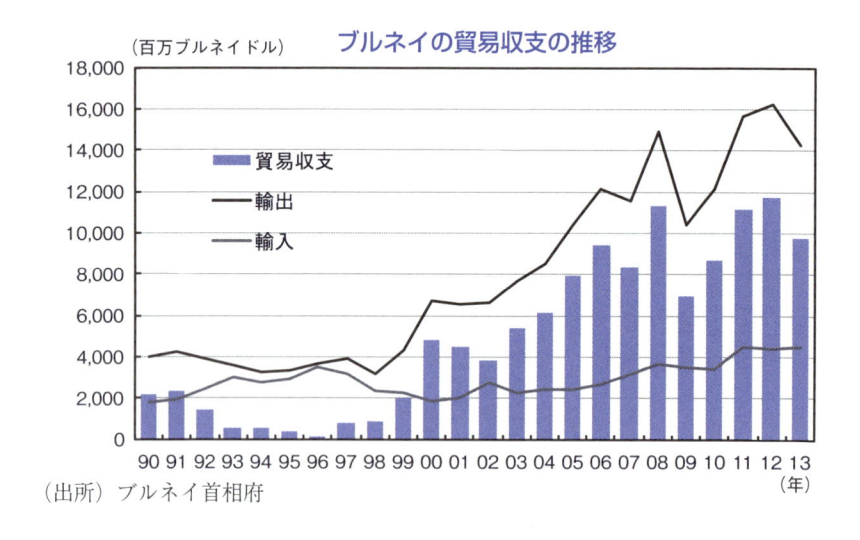

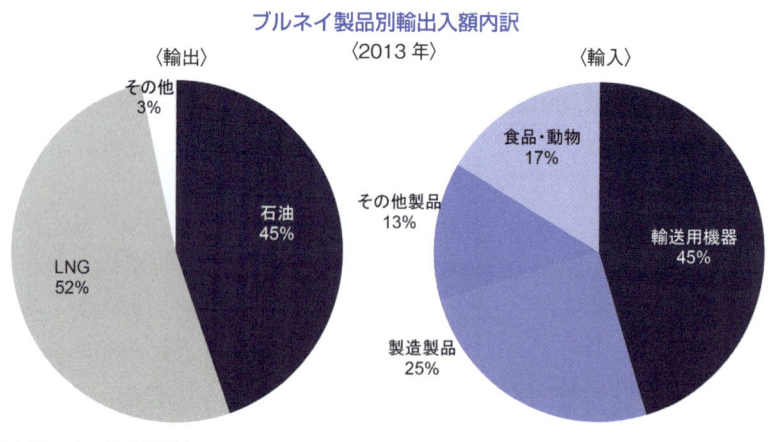

(出所) ブルネイ首相府

③ 物価動向・金融政策

　国内物価の安定は、2011年に財務省から分離して発足したブルネイ通貨金融庁が担っている。長年にわたってシンガポールからの輸入額が大きいことから、ブルネイでは自国通貨ブルネイ・ドルをシンガポール・ドルに等価でペッグさせており、また食料品に対する補助金支給等の価格統制の貢献もあり、インフレ上昇率は安定している。

④ 為替・外貨準備の動向

ブルネイ・ドルの対米ドル為替レートはシンガポール・ドルに連動し、2014年半ばから対米ドルでブルネイ・ドルは減価傾向にある。

外貨準備高は、2006年の約500億米ドルから2012年の3,000億ドル超へ増加しており、順調に積み上がっている。

⑤ 財政状況

豊富な石油・天然ガス生産により長期にわたって概ね財政黒字を維持している。2009年度は、石油・天然ガス収入の大幅な減少により歳入が減少し、財政収支は赤字となったものの、2010年度以降は黒字に戻っている。

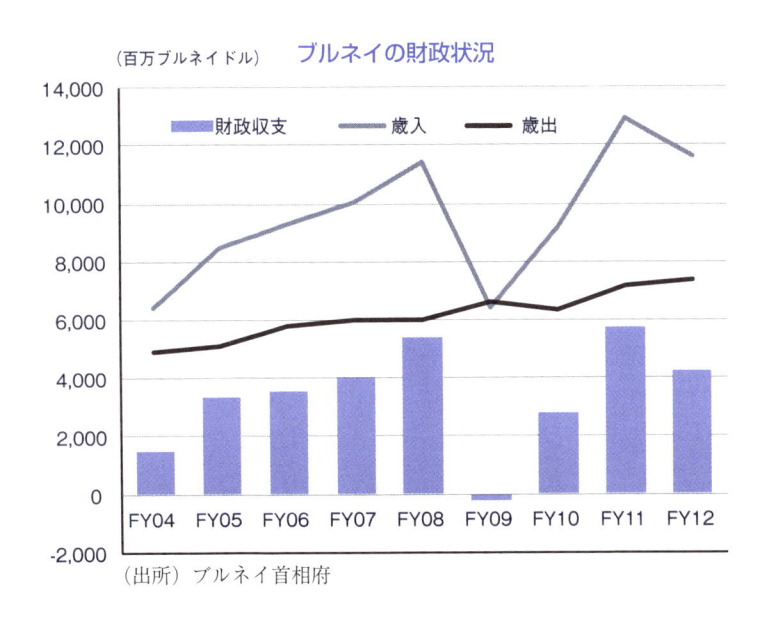

ブルネイの財政状況

(出所) ブルネイ首相府

3. その他の政策課題等

ブルネイが抱えている最大の課題は、石油・天然ガス資源への過度の依存から脱却するための産業の多様化である。数次にわたる「国家5カ年開発計画」の下、産業の多角化の観点から、製造業分野では、天然ガスを原料としたメタノールやアンモニアの製造等の石油川下産業の振興に力を入れている。また、非製造業分野では、観光・運輸・金融サービ

ス等の産業振興を目指しており、特に観光業では豊富な自然資源を強みとし、2004年から積極的に国際観光誘致活動を進めている。

また、石油・天然ガス産業以外に大規模な産業や企業が存在しないため、産業の育成と共に雇用創出も課題となっている。

4．日本との関係

① **在留邦人数：**

146人（2013年、外務省ホームページ）

② **海外進出企業数：**

5社進出（東洋経済新報社　2014年海外進出企業総覧）

日本の対ブルネイ直接投資（国際収支ベース、ネット、フロー）

(億円)

	2009年	2010年	2011年	2012年	2013年
ブルネイ	14	13	7	22	48

（出所）財務省国際収支統計

③ **対日輸出、対日輸入**

対日輸出額は4,249億円、対日輸入額は113億円であり、4,136億円の黒字である（2014年、財務省貿易統計）。ブルネイからみた国ごとの輸出、輸入に占める割合において、日本はそれぞれ、第1位（第2位は韓国、第3位は豪州）、第7位（第1位はシンガポール、第2位は中国）である。

④ **ODA（円借款、無償資金協力、技術協力）、国際協力銀行出融資承諾状況**

我が国からのODAは技術協力を中心に実施してきたものの、1996年に卒業国となり、1998年度に終了した。国際協力銀行による出融資は、直近5年間実績がない。

インドネシア

1．概況・基本情報

概要：国土面積は世界で第14位、人口は第4位、名目GDPは第16位、購買力平価ベースのGDPで第9位に位置する。世界最多の約1万8千の大小様々の島からなる群島国家である。多くの民族が住み、その9割弱がイスラム教徒。2004年から2013年の平均人口増加率は1.4％。アジア通貨危機では大きな影響を受けたが、政治体制から始まり、財政・金融・通貨から構造問題に至るまで多岐にわたる改革を進めてきた。最近5年間の平均経済成長率は5.9％、GDPに占める国内の消費・投資の割合が大きいことが特徴であり、リーマンショック後の世界経済の低迷による下押しの影響は軽微なものにとどまった。他方で鉱物資源の輸出が多く、その価格変動や需要動向が経済に与える影響は大きい。2014年の選挙では改革派のジョコ・ウィドド氏が大統領に選出され、燃料補助金削減による財政余剰を利用したインフラ整備や貧困層対策等を掲げているところ、その政策に世界中の投資家から大きな注目が集まっている。直近では2014年11月に日・インドネシア首脳会談を実施。

① **基本情報**

人　口：	2億4,987万人（2013年、世銀）
面　積：	191.1万㎢（世銀、日本の約5倍）
首　都：	ジャカルタ
言　語：	インドネシア語（公用語）、他に250以上の地方語
民　族：	マレー系を主体とする300以上の部族
宗　教：	イスラム教他
名目GDP：	8,703億ドル（2013年、IMF（第1次、2次、3次産業の構成比は14.3％：46.6％：39.1％、CIA））
購買力平価ベースのGDP：	2兆3890億ドル（2013年、IMF）
1人当たりGDP：	3,510ドル（2013年、IMF）
通　貨：	ルピア（1米ドル＝11,862ルピア　2014年12月末現在）
為替制度：	変動相場制度（IMFによる為替の分類）
独　立：	1945年8月17日
政　体：	共和制
元　首：	ジョコ・ウィドド大統領

国際機関・国際会議への加盟・参加状況

G20	ASEAN	ASEAN+3	CMIM	AMRO	EAS	APEC	ASEM	TPP	RCEP	ADB	AfDB	EBRD	IADB	IBRD	IMF	OECD	UN	WTO
○	○	○	○	○	○	○	○	－	○	○	－	－	－	○	○	－	○	○

② 政治状況

2004年に建国史上初めての大統領直接選挙でスシロ・バンバン・ユドヨノ大統領（民主党）が選ばれ、2009年に再任されて10年間ユドヨノ政権が続いた。3選を禁止する憲法の規定により2014年の選挙にユドヨノ氏は不出馬。元ジャカルタ首都特別州知事のジョコ・ウィドド氏（元大統領メガワティ氏率いる闘争民主党所属）が、グリンドラ党の元陸軍司令官プラボウォ氏を僅差で破り、2014年10月に大統領に就任した。

大統領選挙に先立ち、2014年4月に実施された5年に1度の国会議員選挙では、ジョコ大統領の闘争民主党が第1党となったものの、ジョコ政権の連立与党への参加を表明している全政党の議席数は43.9％と過半数に満たず、国会議長・副議長職等の主要ポストを野党側が占めていることから、新政権は厳しい国会運営を強いられるとみられている。

インドネシア国会の議席率（2014年10月現在）

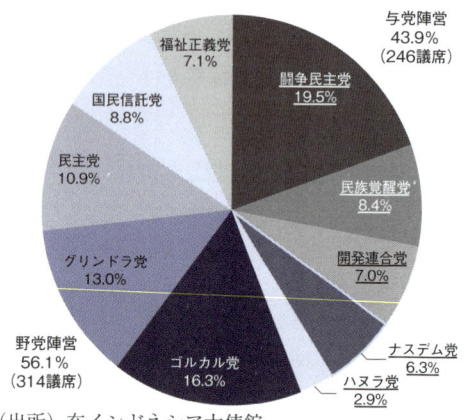

与党陣営 43.9%（246議席）
- 闘争民主党 19.5%
- 民族覚醒党 8.4%
- 開発連合党 7.0%
- ナスデム党 6.3%
- ハヌラ党 2.9%

野党陣営 56.1%（314議席）
- ゴルカル党 16.3%
- グリンドラ党 13.0%
- 民主党 10.9%
- 国民信託党 8.8%
- 福祉正義党 7.1%

（出所）在インドネシア大使館

2．マクロ経済の概況
① 経済成長率の動向

インドネシア経済は民間消費がGDPの約5割、総固定資本形成がGDPの約2割を占める内需主導の経済構造。外需依存度が低く、GDPに占める輸出の比率は約3割となっている。

経済成長率は1990年代後半のアジア通貨危機時に低迷した後、最近では内需に牽引され、2011年、2012年の実質GDP成長率はそれぞれ、6.5％、6.3％と、高成長を維持した。2013年は、個人消費は堅調だったものの投資が減速したため、実質GDP成長率は5.8％にとどまった（成長率が6％を下回ったのは2009年以来、4年ぶり）。2014年の四半期ごとの成長率は5％台前半で推移しており、通年でも同程度となる見込み。

インドネシアの実質GDP成長率

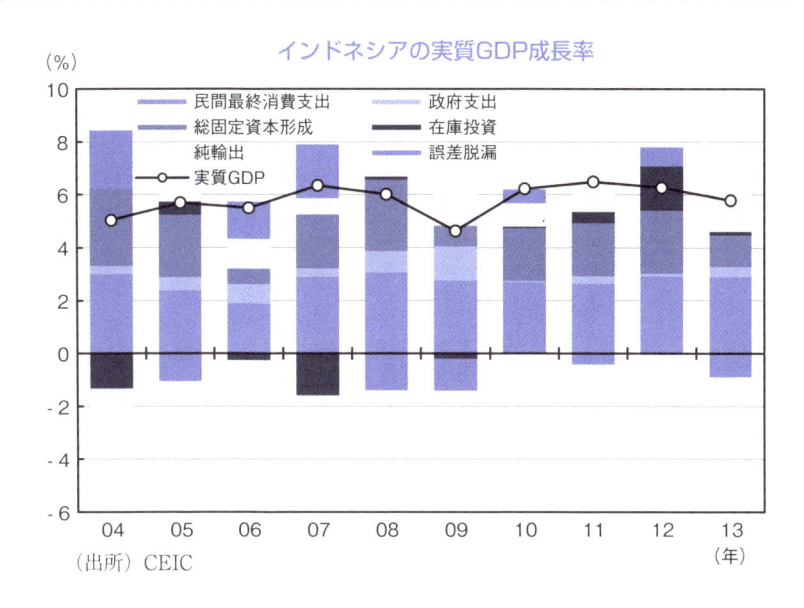

(出所) CEIC

② 国際収支

インドネシアの貿易収支は世界経済の減速等を受け、2011年第4四半期から黒字が縮小に転じ、2012年4月には2010年7月以来の赤字に転落。2013年に入ってからも、中国経済の減速や石油等の資源価格下落により輸出が減少する一方、堅調な内需により輸入は減少せず、貿易赤字は継続。ルピアの下落により同年後半には改善の兆しがみられたものの、通年の貿易収支は赤字となった。2014年に入ってからも、1月から未加工鉱石の輸出禁止措置が実施されるなどの要因も加わり、輸出が伸び悩んでいる。

インドネシア製品別輸出入額の内訳

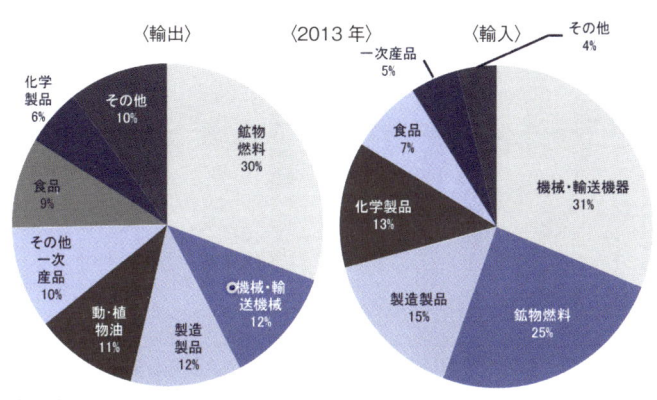

〈2013年〉

〈輸出〉
- 鉱物燃料 30%
- 機械・輸送機械 12%
- 製造製品 12%
- 動・植物油 11%
- その他一次産品 10%
- 食品 9%
- 化学製品 6%
- その他 10%

〈輸入〉
- 機械・輸送機器 31%
- 鉱物燃料 25%
- 製造製品 15%
- 化学製品 13%
- 食品 7%
- 一次産品 5%
- その他 4%

(出所) CEIC

経常収支は、アジア通貨危機以降は黒字傾向となり、概ね貿易収支と経常移転収支の黒字が、サービス収支と所得収支の赤字を上回る構造が続いた。2010年に入ってから世界経済減速に伴い輸出が伸び悩み、2011年第4四半期に赤字に転落、2012年、2013年も経常収支の赤字は継続している。

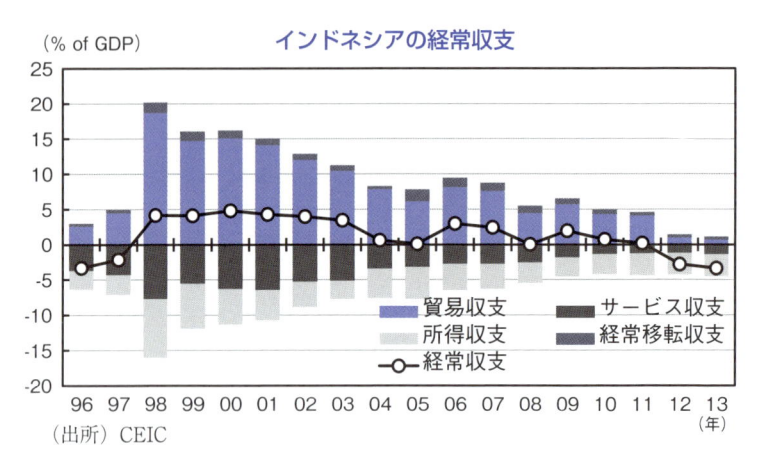

インドネシアの経常収支

(出所) CEIC

資本収支は、世界金融危機の影響で一時は資本流出超となったものの、その後は資金流入は回復、拡大し、2009年後半から2010年初めにかけて証券投資の流入が増加。2010年には欧州債務危機の勃発、2011年の第3四半期にはその深刻化に伴う海外投資家のリスク回避の動きにより、証券投資が流出超となる局面があったものの、2012年には直接投資の流入が堅調となり、2013年についても2012年と同様、直接投資・証券投資が流入超となって、資本収支は流入超となった。

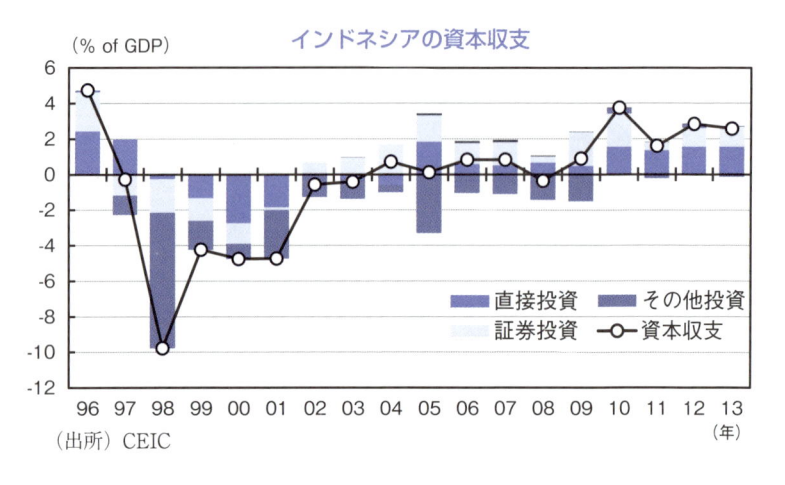

インドネシアの資本収支

(出所) CEIC

68　インドネシア　　　　　　　　　　　　　　　　　　　東南アジア

③ 物価動向・金融政策

インドネシアのCPIは、光熱費、食料品（含む加工食品）、及び交通・通信のウェイトが高く、価格動向の影響が大きい。また、食料品の一部や燃料等は補助金により価格規制されているため、政策の影響も大きく受ける。2013年後半は、6月に実施されたガソリン等に対する燃料補助金の削減による燃料価格の上昇や輸入規制に伴うによる食料品価格の上昇等を受け、インフレ上昇が進行し、CPIは2014年前半まで7〜8％台で推移したものの、燃料補助金削減効果が落ち着いたことや中銀の金融引締め政策により、2014年7月のCPIは前年同月比4％前後となった。直近2014年末のCPIは、11月に実施された燃料価格の引き上げの影響により、前年同月比約8％にまで上昇している。

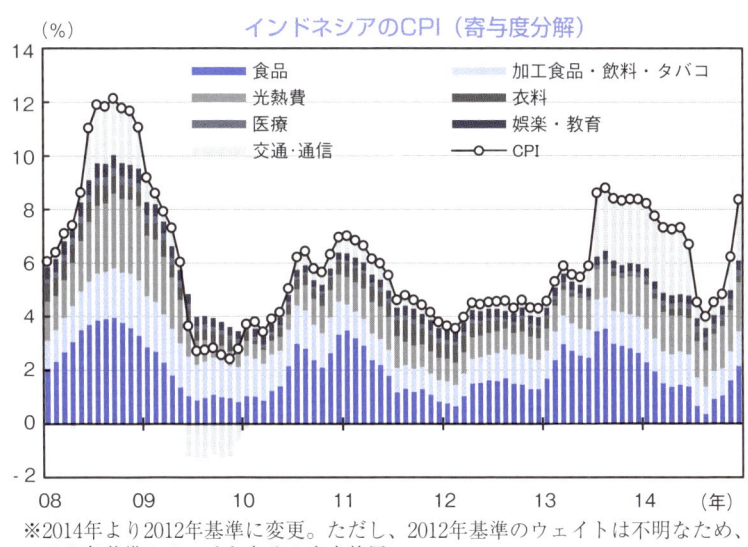

インドネシアのCPI（寄与度分解）

※2014年より2012年基準に変更。ただし、2012年基準のウェイトは不明なため、2007年基準のウェイトをそのまま使用。
（出所）CEIC

中銀は2005年7月よりインフレターゲット制を導入しており、2015年のインフレ目標は4.0±1.0％。中銀は毎月の理事会において、政策金利である「BIレート（銀行間の翌日物金利）」を決定し、金融政策の姿勢を市場に伝達している。2013年には、上述のインフレ上昇や米国のテーパリング観測を背景とした通貨安を受けて、中銀は政策金利の引上げを実施し、2013年6月に5.75％であったBIレートは、2013年11月までに7.50％まで段階的に引き上げられた。2014年11月に実施された補助金付燃料価格の値上げを受けて、中銀は臨時理事会を開催し、一時的なインフレ上昇圧力を抑制し、2015年のターゲットレンジである4.0±1.0％に収めることを目標として、政策金利を7.50％から7.75％へ引き上げた。

④ 為替・外貨準備の動向

アジア通貨危機を契機に、1997年8月より変動相場制度（IMFの分類はFloating）を採用している。

2009年以降、世界経済の回復やインドネシアの堅調な経済成長を受け、ルピアは上昇傾向にあったが、2011年後半からは欧州債務危機による投資家のリスク回避や経常収支の赤字転落を受け、対ドルでルピア安が進行した。さらに、2013年には、米国のテーパリング観測や持続する経常赤字を受け、急激にルピア売り基調が強まりルピア安が加速。2014年に入ってからも、大統領選挙による政治情勢の不透明さや米国の金融引締縮小観測を受け、ルピア安傾向が続いている。

外貨準備高は、堅調な経済成長を背景として2009年から2011年にかけて急増した。2013年年央には一時期減少したものの、2013年後半には貿易収支の黒字により経常収支の赤字が縮小したことを受け、外貨準備高も回復。2014年に入ってからは、貿易収支の改善見込みの不透明さや政権交代にかかる国内政治動向を受け、乱高下している。

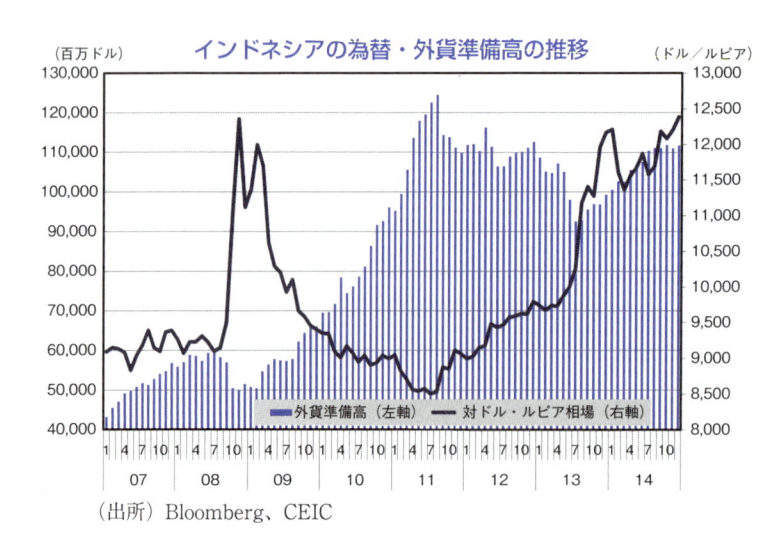

インドネシアの為替・外貨準備高の推移

（出所）Bloomberg、CEIC

⑤ 財政政策

インドネシアの財政収支は恒常的な赤字。国家財政法の定める財政赤字の上限（対GDP比3％以内）は下回っているものの、2013年は同2.3％の赤字となり、2014年にも同程度になるとみられている。貧困対策として導入されている燃料・電力等の補助金が財政を圧迫しており、その中でも特に燃料補助金の割合が6割超を占めている。

財政事情を勘案すると、これ以上の財政赤字の拡大が困難である中、ジョコ政権は燃料

補助金削減によって生まれる財政余剰を活用し、選挙キャンペーンにて訴えたインフラ投資の拡大、医療・教育プログラムの拡充、農村支援等のアジェンダを実行しているところ。前ユドヨノ政権下で2014年9月に成立した2015年予算案では、対GDP比2.2％の財政赤字が見込まれており、ジョコ大統領が進めたいとしているアジェンダ向けの予算手当は盛り込まれていないため、同政権が新たな政策を実行するためには補正予算の編成が必要な状況であったが、補正予算案は2015年1月に国会に提出され、2月に国会で承認されたところ。

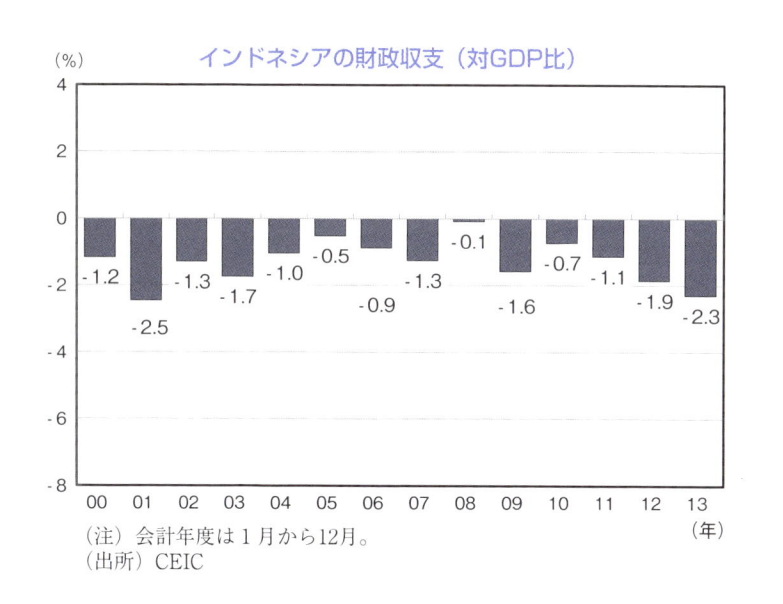

インドネシアの財政収支（対GDP比）

年	00	01	02	03	04	05	06	07	08	09	10	11	12	13
(%)	-1.2	-2.5	-1.3	-1.7	-1.0	-0.5	-0.9	-1.3	-0.1	-1.6	-0.7	-1.1	-1.9	-2.3

（注）会計年度は1月から12月。
（出所）CEIC

3．その他の政策課題等

インドネシアが抱える問題としては、インフラ整備の遅れが挙げられる。前ユドヨノ政権下では、2011年に社会基盤整備に重点を置いた総合的な国土開発計画である「経済開発加速・拡大マスタープラン2011〜2025年」が策定され、インフラ整備が取り組むべき優先課題とされた。ジョコ政権下でも、2015年1月に「国家中期開発計画2015〜2019」が策定され、その中で、インフラ整備の推進が掲げられている。

これまで、燃料補助金をはじめとする多額の補助金支出が、インフラ投資等の経済成長につながる支出を抑制しているとの指摘がなされてきた。前ユドヨノ政権は、燃料補助金の削減を2013年6月に実施したものの、削減分の多くは翌年に控えた選挙を念頭に置いた貧困層への補助金に回された。ジョコ大統領は、就任前から燃料補助金を削減する方針を

示しており、就任から間もない11月にガソリン価格の31％の引き上げ、及び商用車向け軽油価格の36％の引き上げを実施。また、2015年１月にガソリン向け補助金を撤廃し、軽油価格向け補助金の固定化（１リットル＝1,000ルピア）を実施。これらの燃料補助金改革により、2015年予算において約200兆ルピアの燃料補助金削減が可能となった。

　もう一つの課題は、金融市場を発展させることである。インドネシア経済は現在急速に発展しているフェーズにあり、港湾や道路、発電所などのインフラ投資には多額の資金需要が見込まれている。これに加えて、将来の発展を支えるセーフティネットとしての教育や社会保障、さらに、企業自身が競争力強化のために行う投資にも多額の資金が必要となる。しかし、インドネシアは他のASEAN諸国より金融セクターの規模が小さい。また、債券市場・証券市場も発展途上であり機関投資家等の安定的な長期投資家の育成が不十分である。このような課題を克服する観点からの金融市場の発展が求められる。

４．日本との関係

① 在留邦人数：

16,296人（2013年、外務省ホームページ）

② 進出日本企業数：

774社進出（東洋経済新報社　2014年海外進出企業総覧）

日本の対インドネシア直接投資（国際収支ベース、ネット、フロー）

（億円）

	2009年	2010年	2011年	2012年	2013年
インドネシア	459	409	2,876	3,039	3,821

（出所）財務省国際収支統計

③ 対日輸出、対日輸入

　対日輸出額が２兆8,130億円、対日輸入額は１兆6,618億円であり、１兆1,512億円の黒字である（2014年、財務省貿易統計）。インドネシアからみた国ごとの輸出、輸入に占める割合において、日本はそれぞれ、第１位（第２位は中国、第３位はシンガポール）、第３位（第１位は中国、第２位はシンガポール）である。

④ ODA（円借款、無償資金協力、技術協力）、国際協力銀行出融資承諾状況

対インドネシア援助形態別実績　　　　　　　　　　　　　　　（億円）

年度	ODA 円借款	無償資金協力	技術協力	国際協力銀行出融資承諾状況
2009年度	1,140	33	81	3,062
2010年度	439	37	86	137
2011年度	739	10	92	596
2012年度	155	61	62	1,337
2013年度	823	11	60	709

⑤ 主な円借款案件

インドネシアでは、道路、港湾、上下水道、電力等のインフラが十分に整備されておらず、特にジャカルタ首都圏では、深刻な渋滞や逼迫する電力供給の改善等が重要な開発課題となっている。このような開発課題を受けて、下記の支援を実施している。

○ジャカルタ首都圏鉄道輸送能力増強事業（I）
（163.22億円、2014年2月交換公文署名）

ジャカルタ首都圏では、堅調な経済成長に伴い、車両登録台数が過去10年間で約3.6倍に急増している。また、郊外を中心に人口も過去10年間で約1.3倍に増加しており、ジャカルタ郊外から中心部への通勤者数も2002年から2010年の間に約1.5倍に伸びている。一方、ジャカルタ首都圏の交通は、旅客・貨物輸送の98パーセントを道路交通が占めているため、慢性的に渋滞が発生し、排気ガス等を原因とする大気汚染が深刻な問題となっている。こうした状況にもかかわらず、主要な公共交通機関の1つであるジャカルタ首都圏鉄道は、車両不足や遅延・事故の発生等がボトルネックとなって今後増加が見込まれる需要に対応するための十分な輸送能力を備えていない。

本事業は、ジャカルタ首都圏鉄道の車輌検査・整備場の拡張等により、旅客輸送能力の増強、同首都圏の交通渋滞の緩和を目的とするものである。これにより、ジャカルタ首都圏の投資環境改善および都市環境改善が期待される。

○ジャワ・スマトラ連系送電線計画（第一期）
（369.94億円、2010年3月交換公文署名）

首都ジャカルタが位置するジャワ島の電力不足は深刻であり、ジャカルタ首都圏では電

力不足、送電系統の不備に伴う計画停電を余儀なくされている。他方、ジャワ島の西に位置するスマトラ島は、豊富な石炭を利用した石炭火力発電所があることから、電源設備には比較的余裕がある。

　本事業では、スマトラ島の余剰電力をジャワ島に送電するための海底・架空送電線及び直流を交流に変換する変換所の新設等を行う。スマトラ系統から電力需給が逼迫したジャワ・バリ系統に送電することで、両系統の電力需給逼迫状況の改善及び供給の信頼性向上を図り、ジャワ・スマトラ両地域の投資環境改善、経済発展に寄与することが見込まれる。

(参考) ASEAN 各国との二国間金融協力

　我が国は、中国や韓国との間で継続的に実施してきた政策対話や二国間金融協力の枠組みを、アジア域内の他の重点国との間にも広げるため、2013年5月に、「日－ASEAN財務大臣・中央銀行総裁会議」をインド・デリーで開催するとともに、ASEAN 5カ国（インドネシア、マレーシア、フィリピン、シンガポール、タイ）との間で二国間金融協力を推進することで合意した。これに基づき、財務省、中央銀行等の関係機関が参加する二国間の合同作業部会を各国との間で立ち上げ、継続的に議論を実施してきている。

　2014年5月には、各国との間での二国間金融協力の過去1年間の主な取組状況を発表した。ASEAN各国に進出する日系企業の現地通貨建て資金調達を円滑化する枠組みの構築、金融セーフティネットの強化を目的とした二国間通貨スワップ取極の拡充・再締結、インフラ開発の加速化のための技術支援等、各国の事情に応じて取組内容は多岐にわたっている。

　また、二国間通貨スワップ取極（BSA: Bilateral Swap Arrangement）についても二国間金融協力の一環として進められてきており、CMIMを補完する位置付けである。直近の取組としては、2013年12月にはインドネシアとの通貨スワップにおける上限を227.6億ドルに拡充し、加えて、2014年10月に日比間の通貨スワップの上限を120億ドルに拡充した。

　今後も我が国は、ASEAN各国との二国間金融協力を推進していくことで合意しており、前記の取組に加え、各国の金融・資本市場の発展促進、災害リスク・ファイナンス、中小企業の育成支援等の取組について、引き続き議論していく予定である。

日本とASEAN5カ国との二国間金融協力に関するこれまでの主な取組状況

項目	成果の内容	対象国及び状況
現地通貨建て資金調達の円滑化	日系企業への現地通貨建て貸出の原資調達のために邦銀等が行った通貨スワップ等について、インドネシア中央銀行が邦銀の為替リスクをヘッジ（3年以内）する制度を新設	インドネシア
	邦銀＝現地民間銀行の通貨スワップにかかる現地民間銀行の信用リスクに対するJBICの保証の供与についてMOUを締結	インドネシア
	日系企業による現地通貨建て資金調達を容易にする観点から、邦銀が地場銀行と日系企業との間の貸出等の代理または媒介をする場合の現地規制上の取扱いを確認	インドネシア、タイ、フィリピン、マレーシア
	プロ投資家を対象とした域内のプロボンド市場における債券上場申請時の書類及び手続の共通化に向けた取組であるAMBIF（ASEAN+3 Multi-currency Bond Issuance Framework）を検討する作業部会に参加し、作業部会内の二国間で、共通書類の作成に向けた検討を開始	シンガポール、タイ、マレーシア
	東京において、機関投資家や金融機関等を対象とした、スクークへの投資促進等に関するイスラム金融ワークショップを開催	マレーシア
	邦銀その他現地金融機関が日本国債を担保として現地通貨建て資金を調達できる取極の枠組みを日本銀行が相手中銀と構築	シンガポール、タイ（タイとは2011年に構築済み）インドネシア（基本合意）
金融セーフティネットの強化	二国間通貨スワップ取極の拡充・再締結	インドネシア、フィリピン（拡充契約締結）シンガポール（再締結合意）
	「災害復旧スタンドバイ借款」（供与限度額500億円）の供与契約の締結	フィリピン
ASEANへの日本の知見共有	CRD協会主催の日本の中小企業信用リスク情報データベースシステムに関するセミナーの開催	タイ
	タイの中小企業による第三国への投資促進を目的としたJETROによるセミナーの開催	タイ
	両国の知見を活用し、マレーシアに拠点を置くASEAN保険教育調査機関（AITRI）との協力を通じたASEAN地域における能力開発支援	マレーシア
ASEANのインフラ整備支援	日・インドネシア両国政府によるインフラ開発「ジャカルタ首都圏投資促進特別地域（MPA）」において、JICAによる官民パートナーシップ事業の形成促進のための「MPAサポートファシリティ」の立ち上げ	インドネシア
	フィリピンのインフラ開発にかかる官民パートナーシップ事業の制度設計において、JICAによる技術的な能力強化支援を実施	フィリピン

（出所）日本財務省。詳細については下記財務省ホームページを参照されたい。http://www.mof.go.jp/international_policy/financial_cooperation_in_asia/bilateral_financial_cooperation/20130503_asean_countries.htm

ラオス

1．概況・基本情報

　概要：国土面積は世界で第83位、人口は第104位、名目GDPは第132位、購買力平価ベースのGDPは第115位に位置する。ラオ民族が人口の50％以上を占め、2004年から2013年の平均的な人口増加率は1.9％である。インドシナ半島のほぼ中央に位置し、周囲をカンボジア、中国、ミャンマー、タイ及びベトナムの5カ国に囲まれるASEAN唯一の内陸国家である。近年、鉱山開発や水力発電分野の大型プロジェクトにかかる投資が高い経済成長を牽引してきた。ミレニアム開発目標（MDGs: Millennium Development Goals）の達成及び2020年までの後発開発途上国（LDC: Least Developed Country）からの脱却を国家目標としている。

　2013年11月17日、安倍総理はラオスを公式訪問し、トンシン首相と首脳会談を行った。両国首脳は、「包括的パートナーシップ」を一層強化するために様々な分野で協力を進めていくとの認識で一致し、経済協力の分野では、安倍総理よりインフラ整備等ラオスの経済・社会発展に対する取組への支援を継続する旨が述べられ、総額95億円の新規円借款2件（ビエンチャン国際空港ターミナル拡張、貧困削減支援オペレーション）を供与することが表明された。また、同年12月15日、日・ASEAN特別首脳会議に伴い開催された日・ラオス首脳会談では、外交関係樹立60周年の節目の年となる2015年を見据え、緊密に協力していくことで一致し、首脳会談後には両国首脳の立ち会いの下、上記円借款2件及び無償資金協力2件（セコン橋建設、不発弾除去）に関する交換公文への署名が行われた。

① 基本情報

人　口：	677万人（2013年、世銀）
面　積：	約23.7万km²（世銀、日本の本州の面積とほぼ同じ）
首　都：	ビエンチャン
言　語：	ラオス語
民　族：	ラオ民族（全人口の半数以上）を含む計49民族
宗　教：	仏教
名目GDP：	108億ドル（2013年、第1次、2次、3次産業の構成比は24.8%：32%：37.5%、CIA）
購買力平価ベースのGDP：	315億8,600万ドル（2013年、IMF）
1人当たりGDP：	1,477ドル（2013年、IMF）
通　貨：	キープ（1米ドル＝8,099.05キープ　2014年12月末日現在）
為替制度：	ペッグ制度（IMFによる為替の分類）
独　立：	1953年10月22日
政　体：	人民民主共和制
元　首：	チュンマリー・シャイナソーン国家主席

国際機関・国際会議への加盟・参加状況

G20	ASEAN	ASEAN+3	CMIM	AMRO	EAS	APEC	ASEM	TPP	RCEP	ADB	AfDB	EBRD	IADB	IBRD	IMF	OECD	UN	WTO
−	○	○	○	○	○	−	○	−	○	○	−	−	−	○	○	−	○	○

② 政治状況

　1953年10月の独立後、長らく内戦状態が続いていたが、1975年12月に左派（ラオス愛国戦線）は王政の廃止を宣言し、社会主義のラオス人民民主共和国が成立した。以降、ラオス人民革命党の一党独裁体制が続いている。

　1986年以降は、「新思考政策」の下、経済開放化と市場経済の導入を進めており、国営企業の民営化、銀行制度や税制の改革、法整備等を進め、外国企業の誘致に取り組んでいる。

　2011年4月に第7期国民議会総選挙が行われた後、同年6月に初回会議が開かれ新政府が成立し、トンシン首相ほか主要メンバーの続投が決定された。

　外交においては社会主義国家と関係を推進しつつ、近隣友好諸国との関係を重視している。ベトナムとは「特別な友好・団結及び全面的な協力関係」で、党・政府レベルでの交流が活発である。中国とは「包括的かつ戦略的パートナーシップ」に基づき、政治・経済両面での影響を強く受けている。タイとは水力発電による電力を輸出し、輸入物資の大半が通過する等関係が深い。また、西側諸国とは1980年代末より関係を構築してきている。

日本とは1955年に外交関係を樹立、2015年3月には60周年を迎える。

2．マクロ経済の概況
① 経済成長率の動向

　第9回ラオス人民革命党大会（2011年3月）において、1986年からの改革・開放路線の維持が確認され、年率8％以上の実質GDP成長等、経済運営に関して高い数値目標が掲げられた。ラオス政府は、第7次国家社会経済開発計画（2011-2015年）において、安定的な経済成長の維持（年率8％以上の実質経済成長率）、2015年までにMDGsの達成とASEAN経済共同体への参加を実現し、2020年までにLDCから脱却するための経済基盤をつくることを目指している。さらに、ラオス政府は社会・環境に配慮した経済成長による持続的な開発を進め、政治的安定性、公正性、社会秩序を維持し、国際・地域統合を促進することも目指している。

　ラオス経済は、エネルギー開発や鉱山への投資により外国直接投資と輸入が促進されたほか、サービス部門が好調であること等により、近年8％台とメコン地域で最も高い実質経済成長率を記録している。2013年度は水力発電、インフラ、不動産への投資により建設事業が拡大、鉱業や衣料が輸出を牽引し、観光業（世界遺産ルアンパバン等の観光資源を有する）等のサービス部門の好調も反映され、実質経済成長率は8％となっている。同年度中の外国直接投資は、中国やタイ等周辺国からの水力発電や鉱業等の分野への投資が中心となっている。

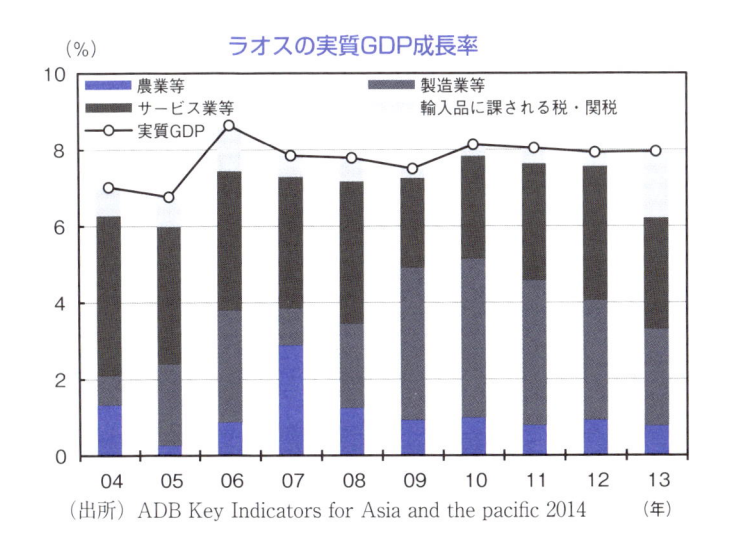

ラオスの実質GDP成長率

（出所）ADB Key Indicators for Asia and the pacific 2014

② 国際収支

ラオスの経常収支は大幅な赤字が続いている。経常収支赤字は2000年度に対 GDP 比10％を超えた後も拡大を続け、2012年度には約28％に達した。経常収支赤字拡大の要因は、旺盛な国内需要により非資源分野の輸入が拡大していることに加え、発電所建設等の大規模インフラプロジェクトに伴い資本財の輸入も拡大し、手芸品や電力等の輸出の伸びを超過して推移したことが挙げられる。ただ一方で、2015年に大規模水力発電所が稼働し、タイ等への電力輸出が増加するとの見通しから、ラオスの経常収支赤字は緩やかに縮小するとIMFは予測している。資本収支は GDP 比で二桁の黒字基調で推移している。

ラオス製品別輸出入額の内訳
〈2013年〉

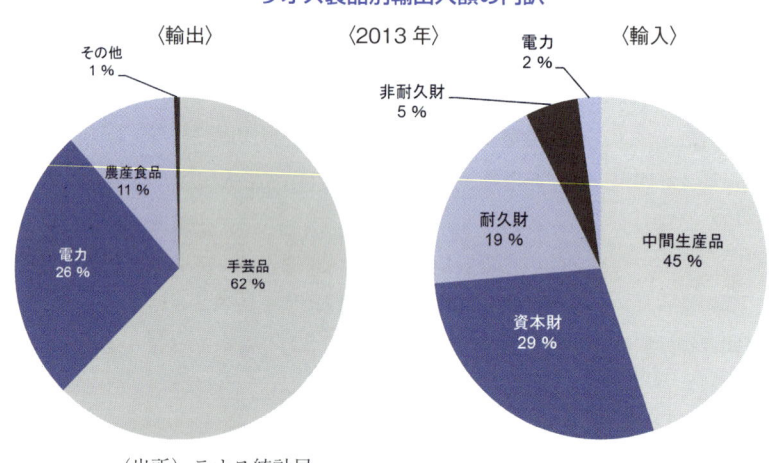

〈輸出〉
- その他 1％
- 農産食品 11％
- 電力 26％
- 手芸品 62％

〈輸入〉
- 電力 2％
- 非耐久財 5％
- 耐久財 19％
- 資本財 29％
- 中間生産品 45％

（出所）ラオス統計局

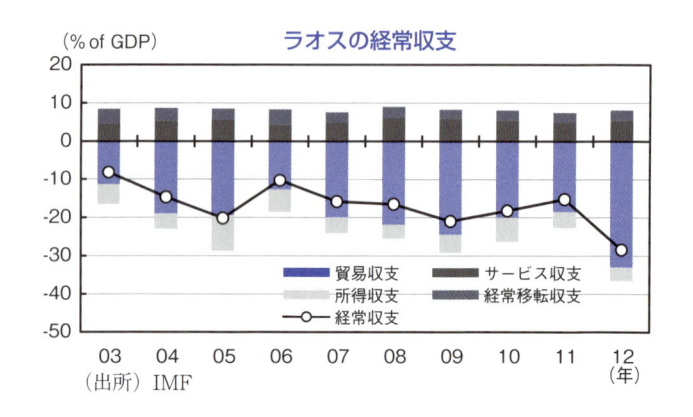

ラオスの経常収支

（出所）IMF

(% of GDP) ラオスの資本収支

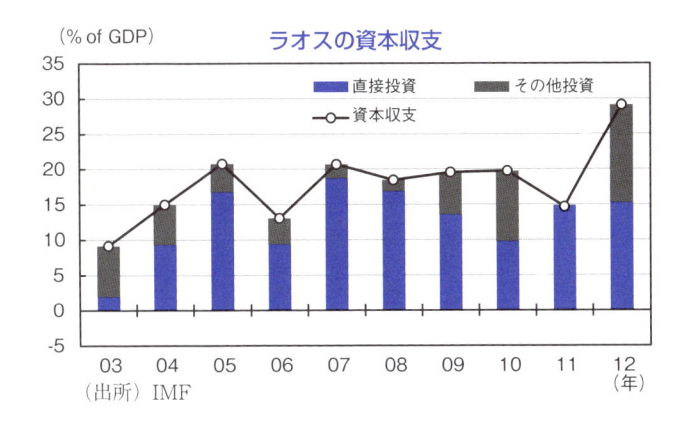

凡例: 直接投資 / その他投資 / 資本収支

（出所）IMF

③ 物価動向・金融政策

ラオスの消費者物価は、食糧や燃料価格が下落した2012年度（4.3％）を除き、近年概ね6〜7％で推移している。2014年度は食料品や燃料価格の低下により、前年度の6.5％から4％台へ低下するとの見通しである。政策金利は2010年9月より5％で据え置かれている。

④ 為替・外貨準備の動向

ラオスは1995年から管理フロート制を採用している。ラオス政府は、自国通貨（キープ）への信頼を高め、ドル化した経済を是正するために、主要通貨に対するキープの為替レート変動率を年間5％以内に抑えることを目標としている。

ラオスの外貨準備高は近年7億米ドル前後で推移している。これは輸入額の約1.5カ月分に相当する低い水準であり、IMFは対外的なショックを吸収するためには不十分であると指摘し、ラオス中央銀行が外貨準備高を積み上げるためにも、為替変動の自由化を進めるとともに、金融の引締めに取り組むべきであるとしている。

ラオスの為替・外貨準備高の推移

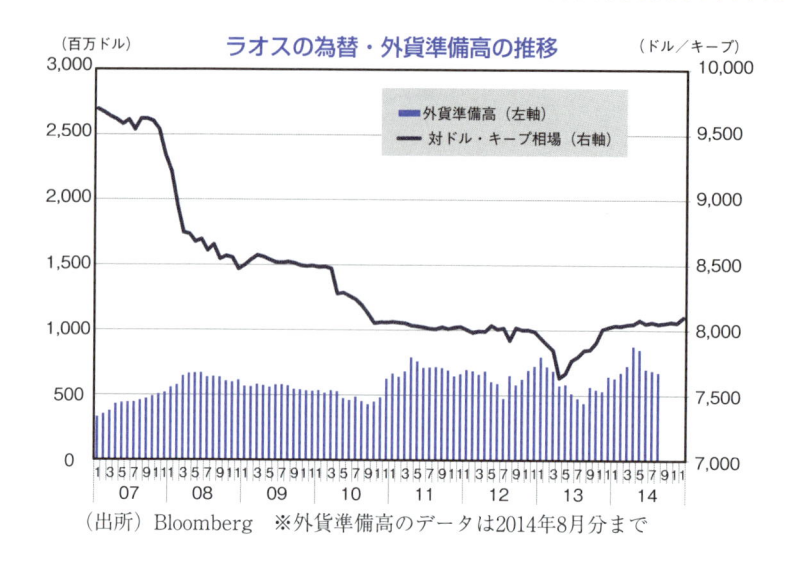

（出所）Bloomberg ※外貨準備高のデータは2014年8月分まで

⑤ 財政政策

　ラオスの財政収支は恒常的に赤字である。IMFは財政再建の強化が、過剰な内需、与信（銀行融資）、経常収支赤字を減らすために重要であるとしたうえで、税制改革や課税ベースの拡大、公務員改革や資本支出の削減、予算外支出の削減を提言している。ラオス政府は財政健全化への取組として、関税や付加価値税（VAT）及び内国消費税等の課税標準の見直し等による徴税強化や公務員給与の抑制、公共投資事業の削減といった施策を実行している。

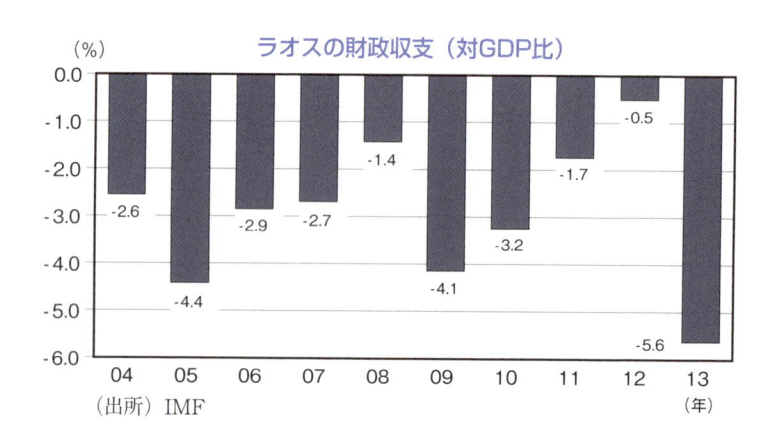

ラオスの財政収支（対GDP比）

年	04	05	06	07	08	09	10	11	12	13
%	-2.6	-4.4	-2.9	-2.7	-1.4	-4.1	-3.2	-1.7	-0.5	-5.6

（出所）IMF

3．その他の政策課題等

　ラオスは ASEAN 唯一の内陸国という地理的制約に加え、近隣国との交通インフラも脆弱であったため、これまで外国からの直接投資は鉱業や発電等資源開発分野へのものが中心であった。しかし、近年では日本やアジア開発銀行（ADB）等の支援によるラオスと隣接国を結ぶ幹線道路の整備やタイ国境を流れるメコン河を跨ぐ橋梁の建設が進み、物流が改善されたため、日本をはじめとする外国企業から製造業の生産拠点としても注目され始めている。他方、ラオスは人口が700万人弱と他の ASEAN 諸国に比べて少なく労働供給力が限られていること、義務教育や職業訓練制度が発達しておらず労働生産性の面でも不安があること等の理由により、今後もタイでの生産工程の一部のみを移管する「タイ・プラス・ワン」としての位置付けにとどまるとの見方もある。

　このように、一部の労働集約型産業のみが成長し、産業構造の多様化が進まずに一律化した場合には、原材料や部品を自国で調達することが困難なラオスでは高付加価値の製品を生産することは容易ではない。工業化による産業振興のためには、産業人材の育成につながる基礎教育の充実、中小企業による資金調達環境の改善、法整備の進展及び運用面での透明性等投資環境の一層の改善が求められる。

4．日本との関係

① **在留邦人数**：

636人（2013年、外務省ホームページ）

② **進出日本企業数**：

12社進出（東洋経済新報社　2014年海外進出企業総覧）

日本の対ラオス直接投資（国際収支ベース、ネット、フロー）

（億円）

	2009年	2010年	2011年	2012年	2013年
ラオス	－0	－4	－6	－11	－3

（出所）財務省国際収支統計

③ **対日輸出、対日輸入**

　対日輸出額が122億円、対日輸入額は147億円であり、25億円の赤字である（2014年、財務省貿易統計）。ラオスからみた国ごとの輸出、輸入に占める割合において、日本はそれぞれ、第2位（第1位はタイ、第3位は韓国）、第3位（第1位はタイ、第2位は韓国）である（2014年 International Trade Centre ホームページ）。

④ ODA（円借款、無償資金協力、技術協力）、国際協力銀行出融資承諾状況

対ラオス援助形態別実績　　　　　　　　　　　　　　　　　（億円）

年度	ODA 円借款	無償資金協力	技術協力	国際協力銀行 出融資承諾状況
2009年度	15	39	32	—
2010年度	—	31	28	—
2011年度	42	42	34	—
2012年度	—	47	33	—
2013年度	151	62	31	—

⑤ 主なJBIC融資案件
○ ナムニアップ１水力発電プロジェクト

　ラオスは、タイとの国境を流れるメコン川とその支流によってもたらされる豊富な水力資源を擁している。一方、隣国のタイは経済成長に伴い電力需要が拡大している。そのため、大需要地であるタイへの売電を目的にした水力発電開発が活発化している。

　本プロジェクトは、メコン川の支流であるナムニアップ川に、高さ148m、堤頂長530mのダムと、総発電容量約290MWの発電所をBOT（Build, Operate and Transfer）方式（事業会社が施設を建設し、一定期間自ら管理・運営を行った後、政府機関等に施設を譲渡する方式）で建設・操業し、タイ及びラオス国内に売電するもの（その大半はタイに売電される予定）。事業を行うナムニアップ１電力会社（Nam Ngiep 1 Power Company Limited：NNP１）には、タイ電力公社の関連企業（EGAT International：EGATi）、ラオス政府の国営企業（Lao Holding State Enterprise：LHSE）と共に、関西電力株式会社が出資している。

　国際協力銀行（JBIC）は、NNP１に対し、アジア開発銀行、民間金融機関等とともに643百万米ドル相当を協調融資（JBIC分は200百万米ドル）しているが、これに加え、民間金融機関等と協調して、ラオス政府に対して、同国政府がLHSEを通じてNNP１に出資するための資金として103.5百万米ドル（JBIC分は34.5百万米ドル）を融資している。

　本プロジェクトにおいては、関西電力がこれまで国内の電気事業等を通して培ってきた経験を活かして、設計及び工事全体の工程・品質管理を行っており、本邦企業の海外事業進出を促進するプロジェクトとなっている。

　今後、本プロジェクトを通じて、ラオス及びタイ王国において低廉かつ長期安定的な電力を供給していくことにより、両国の経済発展に寄与していくことが期待されている。

マレーシア

1. 概況・基本情報

概要：国土面積は世界で第68位、人口は第44位、名目GDPは第35位、購買力平価ベースのGDPで第28位に位置する。国土はマレー半島南部（国土の4割）とボルネオ島北部（同6割）で構成されている。マレー系、中国系、インド系等から成る多民族国家であるが、民族の融和と国民統合が主要課題となっている。2004年から2013年の平均人口増加率は1.8％。最近5年間の平均経済成長率は4.3％。2009年に成立したナジブ政権は2011-2015年の開発予算や、政策方針等を提示した「第10次マレーシア計画」を発表する等2020年までの先進国入りを国是としており、年率6.0％成長の継続を目指している。マレーシア政府は中所得国の罠から脱却すべく、経済成長の軸として民間投資の拡大を掲げている。多角的な外交を積極的に進めており、日本とは、東方政策を提唱したマハティール政権時より、頻繁な要人往来や直接投資や貿易、技術協力を通じた良好な経済関係等、緊密な友好関係を築いてきている。直近では2014年11月に日・マレーシア首脳会談を実施。

① 基本情報

人　口：	2,972万人（2013年、世銀）
面　積：	33.1万㎢（世銀、日本の約0.9倍）
首　都：	クアラルンプール
言　語：	国語はマレー語。公用語はマレー語、中国語、英語、タミル語
民　族：	マレー系、中国系、インド系
宗　教：	イスラム教
名目GDP：	3,132億ドル（2013年、IMF（第1次、2次、3次産業の構成比は11.2％：40.6％：48.1％、CIA））
購買力平価ベースのGDP：	6,936億ドル（2013年、IMF）
1人当たりGDP：	10,457ドル（2013年、IMF）
通　貨：	リンギ（1米ドル＝3.4973リンギ　2014年12月末日現在）
為替制度：	その他の管理相場制度（IMFによる為替の分類）
独　立：	1957年8月31日
政　体：	立憲君主制（議会制民主主義）
元　首：	アブドゥル・ハリム・ムアザム・シャー第14代国王

国際機関・国際会議への加盟・参加状況

G20	ASEAN	ASEAN+3	CMIM	AMRO	EAS	APEC	ASEM	TPP	RCEP	ADB	AfDB	EBRD	IADB	IBRD	IMF	OECD	UN	WTO
−	○	○	○	○	○	○	○	○	○	○	−	−	−	○	○	−	○	○

② 政治状況

　国会は上院（70議席、任期3年）・下院（222議席、任期5年）により構成。下院に先議権があり、上院は下院提出の法案に拒否権がない。2009年3月の統一マレー国民組織（UMNO）党大会でナジブ副首相・UMNO副総裁（第2代首相でブミプトラ政策を導入したトゥン・ラザク氏の長男）が党総裁となり、同年4月に第6代首相に就任。マレーシアでは1957年の独立以来、与党連合「国民戦線（BN）[1]」が政権を担っている。

2．マクロ経済の概況
① 経済成長率の動向

　マレーシア経済は輸出の対名目GDP比が82％（2013年）と、ASEAN主要国の中ではシンガポールに次いで外需依存度が高く、世界経済の影響を受けやすい経済構造。

　2013年の実質GDP成長率は4.7％と、前年の5.6％から鈍化。個人消費は引き続き堅調に推移したが、2013年5月に行われた下院総選挙後に政府が財政健全化に乗り出し支出を絞ったことから、内需全体では伸びがやや鈍化。一方、年後半にかけて先進国経済が復調したこともあり、前年割れが続いた輸出は改善した。2014年の四半期ごとのGDP成長率は6％前後で推移している。2015年1月20日に発表された2015年度修正予算案では、民間消費・投資が全体を牽引する構図は継続するものの、通貨安や原油価格の下落といったマクロ経済の状況を踏まえ同年のGDP成長率は4.5％から5.5％となると見込んでいる。

---

[1]　BNは、1974年に統一マレー国民組織（UMNO）、マレーシア華人協会（MCA）、マレーシア・インド人会議（MIC）による「連合党」の流れを汲み、主要野党であったマレーシア人民運動党（GERAKAN）を取り込み勢力を拡大し、結成された。

マレーシアの実質GDP成長率

凡例：民間最終消費支出、政府支出、総固定資本形成、在庫投資、純輸出、実質GDP

(出所) CEIC

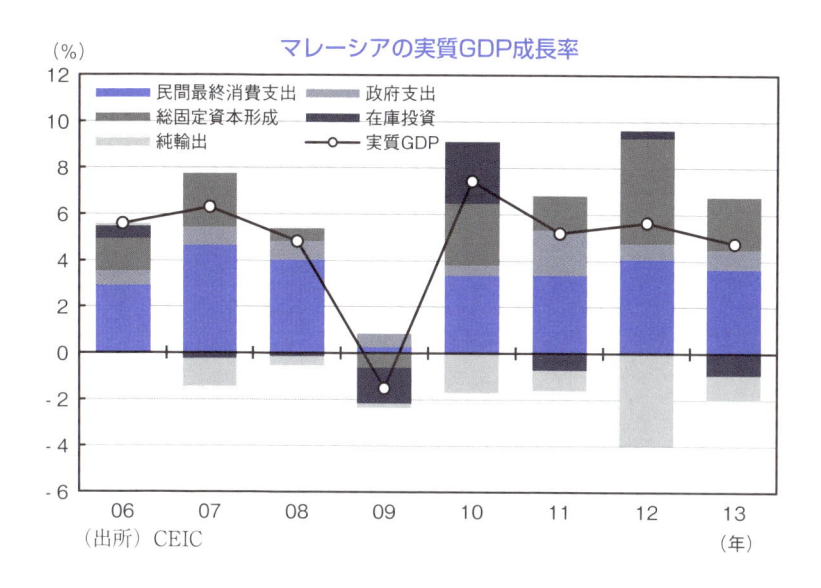

② 国際収支

　マレーシアの貿易収支については、2005年に対名目GDP比で20％強あった黒字が輸出の停滞と輸入の増加を背景として徐々に縮小し、2014には同10.3％まで縮小した。輸出停滞の要因としては、(1)賃金の上昇等に伴う輸出競争力の低下、(2)電子機器（HDD等）の需要伸び悩みが挙げられる。一方、輸入増加の要因については、(1)燃料需要の増加（原油の国内生産の減少・消費増加に伴う原油輸入の増加）、(2)政府による投資・消費刺激策に伴う資本財・消費財輸入の増加等が挙げられる。

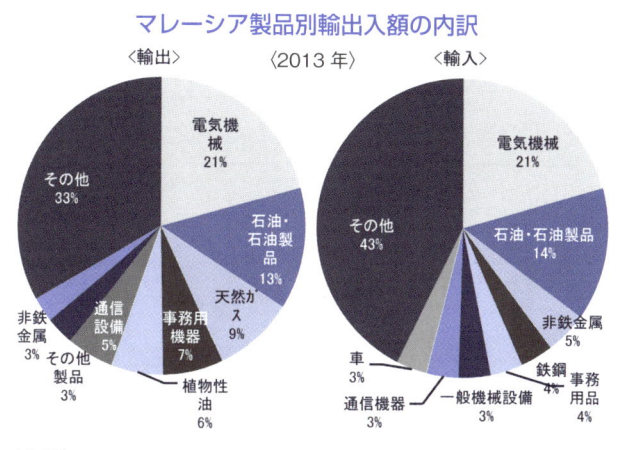

マレーシア製品別輸出入額の内訳 〈2013年〉

〈輸出〉
- 電気機械 21%
- 石油・石油製品 13%
- 天然ガス 9%
- 植物性油 6%
- 事務用機器 7%
- 通信設備 5%
- その他製品 3%
- 非鉄金属 3%
- その他 33%

〈輸入〉
- 電気機械 21%
- 石油・石油製品 14%
- 非鉄金属 5%
- 鉄鋼 4%
- 事務用品 4%
- 一般機械設備 3%
- 通信機器 3%
- 車 3%
- その他 43%

(出所) CEIC

経常収支については、1998年以降継続的に経常黒字を計上。要因は、(1)電気・電子製品を中心とする輸出産業の成長を背景とした貿易黒字の拡大、(2)マレーシアへの旅行客の増加を反映したサービス収支の赤字幅の縮小、(3)対外金融債権の増加による配当金等の増加に起因する所得収支赤字幅の縮小。しかし、2012年以降は、貿易黒字の縮小が経常黒字の縮小をもたらしており、2013年の経常黒字対GDP比は5％を下回った。

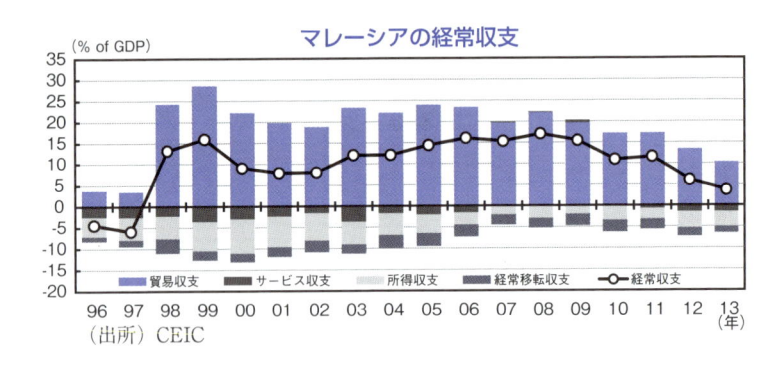

マレーシアの経常収支

（出所）CEIC

　資本収支は、2008年のリーマン・ショックを受け、銀行セクターが海外の短期資産を清算し、マレーシア国内に資金を戻したことにより、その他投資の流出幅が大きく縮小したが、外資系金融機関がマレーシア国内の証券投資を引き揚げたことで、証券投資が大幅流出超となった。2010年には、内需の回復等により債券市場等を中心に資金が流入し、証券投資が流入超となり、資本収支の流出超は大幅に縮小。2011年は、証券投資の流入超が続き、2004年以来の資本収支流入超に転じた。2012年は、引き続き証券投資が流入超となる一方、その他投資が流出超となり、資本収支は再び流出超に転じた。2013年も前年に続いて資本流出超となった。

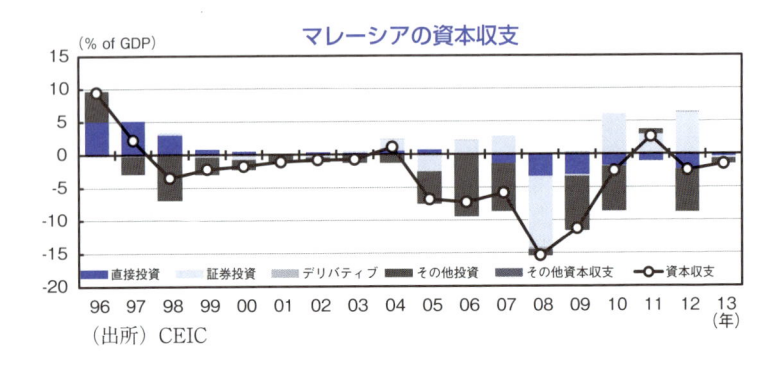

マレーシアの資本収支

（出所）CEIC

③ 物価動向・金融政策

マレーシア中銀は、政策金利を銀行間の翌日物金利（OPR：Overnight Policy Rate）としており、OPR の操作により物価の安定を目的として金融調節を行っている。マレーシアでは、政府が補助金を通じ、食品等の生活必需品の価格を抑えており、2012年以降の CPI 上昇率（前年同月比）は 1 ～ 2 ％程度と、低位で推移した。しかし、2013年 9 月に実施されたレギュラーガソリン等に対する補助金削減等の影響を受け、同月以降、インフレ圧力が高まり、直近2014年12月の CPI 上昇率は同2.7％となっている。

インフレ圧力の強まりや家計債務の増加に対する懸念等を背景に2014年 7 月の金融政策委員会（MPC）において、マレーシア中銀は2011年 5 月以来となる0.25％の利上げを決定。2015年度修正予算案では、2014年のインフレ率は2.5～3.5％の低位で推移するものと見込まれている。

④ 為替・外貨準備の動向

アジア通貨危機の際、変動相場制を採用していたが、マレーシア・リンギが対ドルで大幅に下落したため、マレーシア中銀は1998年に固定相場制（3.8リンギ／ドル）を採用。2005年 7 月には、マレーシアの主要な貿易相手国の通貨に対して、為替の安定性を高めるため、中国の管理変動相場制移行と同時期に複数通貨バスケット方式による管理相場制へ移行した。2009年以降、高い成長率が期待されるアジアへの資本流入が要因となり、リンギ高となったものの、欧州の債務危機や米国の景気減速懸念等を背景に2011年 9 月には大幅に下落。2013年 5 月、米国 FRB による量的緩和縮小観測が流れると、新興国から資金が流出。マレーシアでも同様の動きがみられ、リンギは大きく売られた。

外貨準備高は、2009年 9 月以降、900億ドル後半で推移し、2010年 9 月には1,000億ドル、2011年 4 月には1,200億ドルを突破した。しかし、2011年 9 月に欧州の債務危機の影響で新興国通貨が大幅に下落し、マレーシアの外貨準備高も一旦減少した。その後は安定した推移を見せており、2013年 1 月には1,400億ドルを突破したものの、対米ドルでのリンギ安が進んだこともあり、2014年12月末時点では1,160億ドルとなっている。

輸入額に対する外貨準備の割合は、2009年上半期には、資本財や中間財を中心に輸入が急減したことを背景に大きく上昇したが、概ね 9 カ月分から10カ月分の範囲で推移している。2014年11月末時点の対外短期債務残高に対する外貨準備の割合は1.1倍。

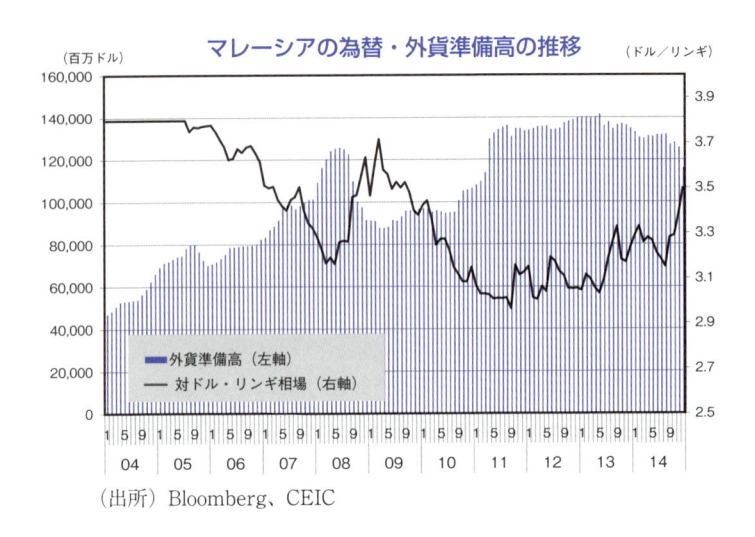

マレーシアの為替・外貨準備高の推移

(出所) Bloomberg、CEIC

⑤ 財政政策

2013年末の政府債務残高対 GDP 比は54.7％と、前年の53.3％から上昇。政府の法定上限である55％は下回っているものの、依然として高い水準にある。2013年の財政収支は対 GDP 比 -3.9％と前年の -4.5％から改善した。政府が2014年10月に発表した2015年度の予算案によると、財政収支赤字は、2014年は GDP 比3.5％、2015年は物品・サービス税（GST:Goods and Services Tax）導入による歳入増と補助金改革等による歳出削減により、3.0％まで改善すると予想されていたが、世界的な原油価格の下落とリンギ安を踏まえ、2015年1月に政府は2015年度予算案の見直しを発表。2015年の経済成長率の見通しを実質 GDP 成長率4.5％〜5.5％と前回発表より0.5％下方修正し、それにともない財政赤字対 GDP 比も3.2％と0.2％下方修正した。

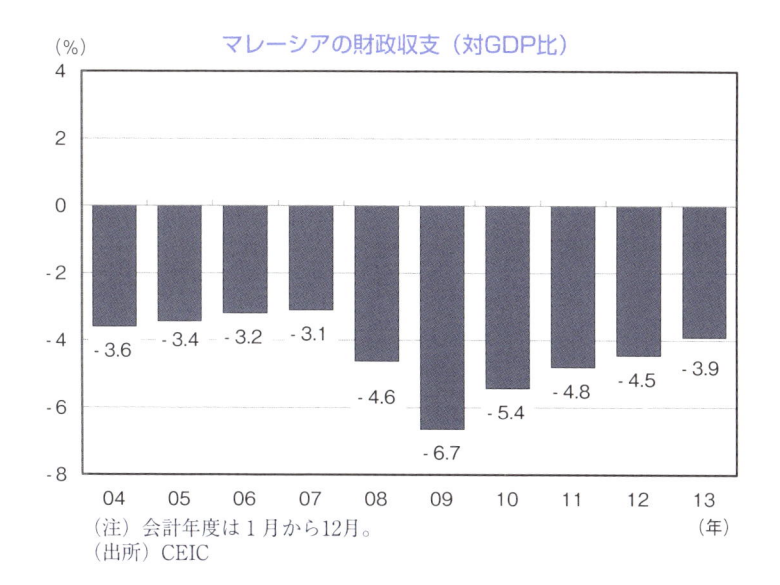

マレーシアの財政収支（対GDP比）

年	財政収支(%)
04	-3.6
05	-3.4
06	-3.2
07	-3.1
08	-4.6
09	-6.7
10	-5.4
11	-4.8
12	-4.5
13	-3.9

（注）会計年度は1月から12月。
（出所）CEIC

3．その他の政策課題等

　イスラム教徒は今や全世界で16億人以上、将来的には4人に1人の割合を超えると予想される。そのような中、存在感を強めているのがイスラム金融である。イスラム金融は、中東湾岸諸国及びマレーシアを中心に発展しており、近年は欧州（英）、東南アジア（尼、星）、アフリカ諸国へも拡大傾向。今後は特に、「QISMUT」（カタール、尼、サウジアラビア、馬、UAE、トルコ）がイスラム金融をリードする原動力になるとする見方もある（E&Yレポート）。一方で、マレーシアは、スクーク（イスラム債）の発行国別シェアでは他国を圧倒。背景には、⑴イスラム金融のハブになることを目標とした政府による後押し（制度・インフラの整備、税制優遇、人材育成機関の設置）、⑵銀行・タカフル（イスラム保険会社）・ファンドマネジメント会社等、各種プレーヤーが充実（日系金融機関も専門部署を設置）、⑶周辺国への働きかけにも積極的であること等が挙げられる。

　イスラム金融の世界全体の市場規模（金融資産額）は、2013年に1.7兆ドルに達し、過去4年間で年率17.6％の伸びを記録。今後、2018年まで年率21％程度の伸びが見込まれ、イスラム金融機関の顧客数は現在の3,800万人から7,000万人に増加する見通し（同レポート）。マレーシアのイスラム金融資産は、2012年時点の1,200億米ドルから2018年には3,920億米ドルへと増大する見通しであり、引き続き世界市場における存在感を維持していくとみられる。

4．日本との関係

① 在留邦人数：

21,385人（2013年、外務省ホームページ）

② 進出日本企業数：

638社進出（東洋経済新報社　2014年海外進出企業総覧）

日本の対マレーシア直接投資（国際収支ベース、ネット、フロー）

(億円)

	2009年	2010年	2011年	2012年	2013年
マレーシア	578	906	1,148	1,052	1,233

（出所）財務省国際収支統計

③ 対日輸出、対日輸入

対日輸出額が3兆857億円、対日輸入額は1兆4,966億円であり、1兆5,891億円の黒字である（2014年、財務省貿易統計）。マレーシアからみた国ごとの輸出、輸入に占める割合において、日本はそれぞれ、第3位（第1位はシンガポール、第2位は中国）、第3位（第1位は中国、第2位はシンガポール）である。

④ ODA（円借款、無償資金協力、技術協力）、国際協力銀行出融資承諾状況

対マレーシア援助形態別実績　(億円)

年度	ODA 円借款	無償資金協力	技術協力	国際協力銀行出融資承諾状況
2009年度	—	0	11	909
2010年度	—	0	10	13
2011年度	67	0	13	23
2012年度	—	0	9	139
2013年度	—	0	7	14

⑤ 主な円借款案件

○ マレーシア日本国際工科院（MJIIT）整備計画（66.97億円、2011年12月交換公文署名）

1981年、マレーシアのマハティール元首相は、日本及び韓国の労働倫理、学習・勤労意欲、道徳、経営能力等を学ぶことにより、マレーシアの経済社会の発展と産業基盤の確立

に寄与させようとする「東方政策（Look East Policy）」構想を発表した。

　これを受けて、1982年以来、マレーシア政府から派遣された約1万4千人の留学生や研修員が日本の大学や企業等で学んできた。これらの留学・研修経験者は、マレーシア経済の発展に貢献しているだけでなく、在マレーシア日系企業等で活躍するほか、日本関連イベントやセミナーを主催する等、両国の相互理解や、友好促進にも大きな役割を果たしている。

　2011年には、これまでの東方政策の一つの集大成として、マレーシアにおいて日本型の工学系教育を行う学術機関である「マレーシア日本国際工科院（MJIIT）」が、マレーシア工科大学（UTM）国際キャンパス内に開校した。日本は、円借款（約67億円）による「マレーシア日本国際工科院整備事業」を通じて研究活動に必要な機材や教育カリキュラムの整備を支援していることに加え、大学運営や産学連携を支援するため、大学運営管理等に携わるJICA専門家を派遣したり、日本の24の大学がコンソーシアムを設置し、教員を派遣したりする等、様々な協力を行っている。マレーシア政府は、「第10次5カ年計画」（2011-2015）において、優れた人材基盤の構築・維持を重点施策の一つと位置付けているところ、上記事業はこの方針に沿ったものである。

　今後、MJIITが日本の技術力や職業倫理を習得した人材を輩出することで、日本とマレーシアの産業界の連携が一層深まり、マレーシアのみならずASEANの工学教育のハブとして、地域全体の発展に貢献することが期待されている。

ミャンマー

1．概況・基本情報

概要：国土面積は世界で第39位、人口は第24位、名目GDPは第75位、購買力平価ベースのGDPは第59位に位置する。130以上の民族からなる多民族国家であり、人口の約70％をビルマ族が占める。地方行政区分は7管区と7州に区分されおり、ビルマ族が多く居住する地域を管区、ビルマ族以外の少数民族が中心の居住地域を州としている。インドシナ半島の西部を占め、中国、インドの間に位置し、5,000万人を超える人口を抱える。2004年から2013年の平均的な人口増加率は0.72％である。主要産業は、稲作等農業であるが、豊富な労働力、天然ガス等の豊富な天然資源、教育水準の高さ等、発展への潜在能力の高さから「アジア最後のフロンティア」と称され、2011年の民政移管後、急速な経済発展と外国資本の進出が進んでいる。

2014年11月12日、安倍総理はミャンマーにてテイン・セイン大統領との首脳会談を行った。会談では、安倍総理よりミャンマーにおける諸改革の進展に向けて日本は今後も支援していく旨が表明され、総額260億円の新規円借款3件（ティラワ地区インフラ整備、ヤンゴン配電網改善、中小企業金融強化）を供与することが伝えられた。また、2014年10月に邦銀3行がミャンマーへの参入を認められたことに関連し、ミャンマーの金融部門全体の発展に日本は貢献していくとともに、日本からの投資拡大のため租税条約の早期締結を目指したいとの認識が述べられた。

① 基本情報

人　口：	5,326万人（2013年、世銀）
面　積：	67.7万㎢（世銀、日本の約1.8倍）
首　都：	ネーピードー
言　語：	ミャンマー語（公用語）
民　族：	ビルマ族、その他多くの少数民族
宗　教：	仏教、キリスト教、イスラム教
名目 GDP：	568億ドル（2013年、IMF（第１次、２次、３次産業の構成比は38.0%：20.3%：41.7%、CIA))
購買力平価ベースのGDP：	2,214億7,900万ドル（2013年、IMF）
1人当たり GDP：	1,113ドル（2013年、IMF）
通　貨：	チャット（1米ドル＝1,032.70チャット　2014年12月末日現在）
為替制度：	その他の管理相場制度（IMF による為替の分類）
独　立：	1948年1月4日
政　体：	大統領制、共和制
元　首：	テイン・セイン大統領

国際機関・国際会議への加盟・参加状況

G20	ASEAN	ASEAN+3	CMIM	AMRO	EAS	APEC	ASEM	TPP	RCEP	ADB	AfDB	EBRD	IADB	IBRD	IMF	OECD	UN	WTO
−	○	○	○	○	○	−	○	−	○	○	−	−	−	○	○	−	○	○

② 政治状況

　ミャンマーは、1988年以降長らく軍事政権による統治が続いていた。軍事政権下の1990年に実施された総選挙ではアウン・サン・スー・チー氏率いる国民民主連盟（NLD）が大勝したものの、軍事政権は議会を招集せず、民政移管のためには憲法が必要であるとして、1993年より憲法の基本原則を審議する国民会議を開催した。その後、軍事政権は、2003年にミャンマーの民主化実現に向けた7段階の「ロードマップ」を発表。2008年には、国民会議を経て起草された新憲法草案採択のための国民投票が実施され、9割以上の賛成により新憲法案が承認された。

　2010年11月に新憲法に基づく20年ぶりの総選挙が実施され、2011年3月にテイン・セイン大統領による新政権が発足し、民政移管が実現した。

　ミャンマーには、軍事政権の流れを汲む現与党の連邦連帯開発党（USDP）とNLDの2大政党があるが、2015年秋に総選挙及び大統領選が実施される予定であり、その結果が注目されている。

2．マクロ経済の概況
① 経済成長率の動向

ミャンマーの1人当たりGDPは1,113ドル（2013年IMF推計）であり、貧困国かつLDC（後発開発途上国）に分類され、ASEAN域内で最低水準にある。しかしながら、経済改革の進展に伴い、近年のミャンマー経済は概ね安定しており、実質GDP成長率は5～7％程度で推移している。IMFは、天然ガス等天然資源の輸出増加や海外からの投資に牽引され、中期的に年平均7～8％程度の成長を継続すると予測しており、今後の経済の見通しも良好である。

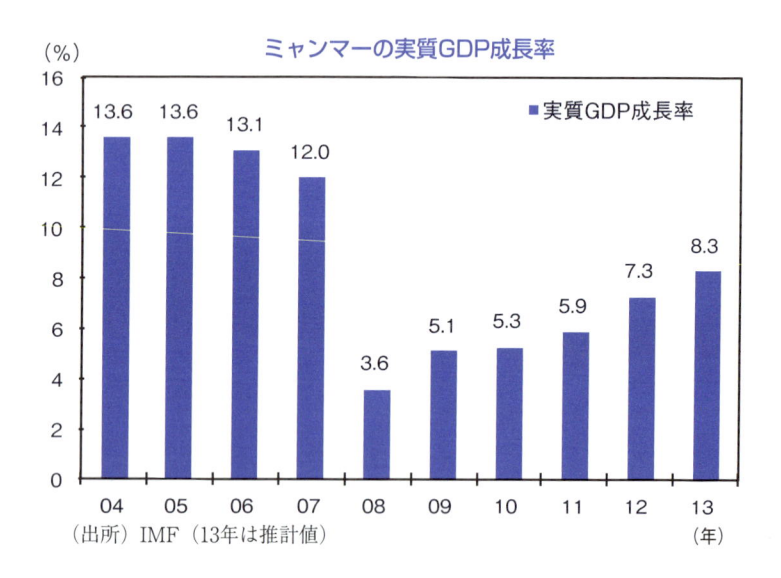

ミャンマーの実質GDP成長率

年	04	05	06	07	08	09	10	11	12	13
実質GDP成長率(%)	13.6	13.6	13.1	12.0	3.6	5.1	5.3	5.9	7.3	8.3

（出所）IMF（13年は推計値）

② 国際収支

貿易収支は、天然ガス等の輸出が拡大基調にあり、2001年以降黒字で推移していたが、輸出第一原則（輸出で得られた外貨の範囲内でのみ輸入を許可する貿易管理政策）の廃止（2012年）、自動車輸入規制の大幅緩和（2012年）、インフラ整備に伴う資本財の輸入増等の影響により輸入が大幅に拡大したことから、2011年度以降赤字となっている。経常収支は対GDP比5.5％程度まで赤字が拡大する見込みであり、それらの経常赤字は海外からの投資や借入によって補填されている。

ミャンマー製品別輸出入額の内訳

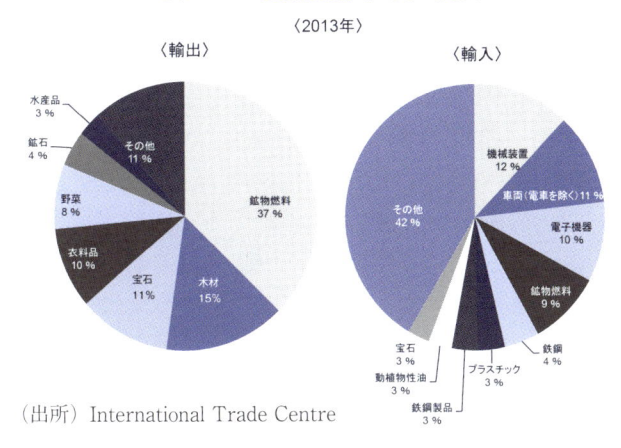

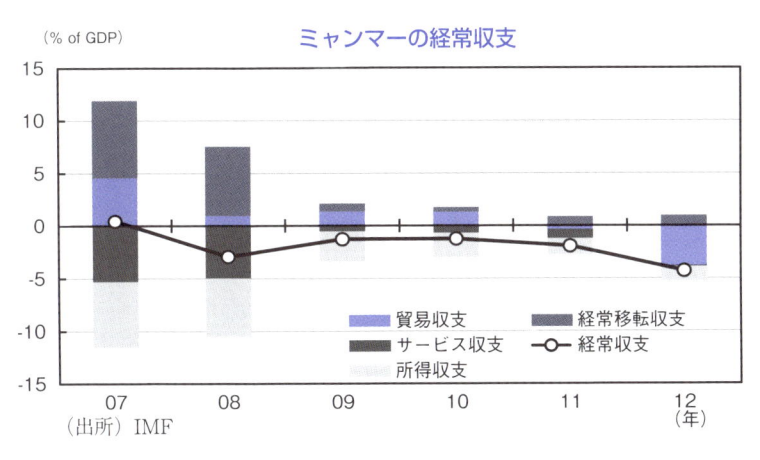

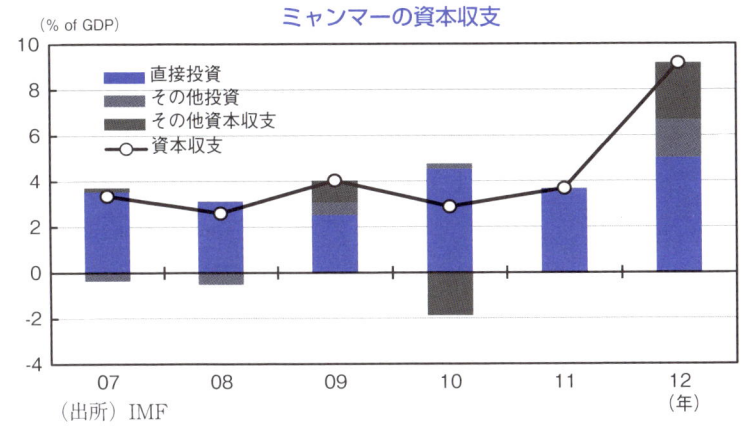

〈2013年〉

〈輸出〉
- 鉱物燃料 37%
- 木材 15%
- 宝石 11%
- 衣料品 10%
- 野菜 8%
- 鉱石 4%
- 水産品 3%
- その他 11%

〈輸入〉
- その他 42%
- 機械装置 12%
- 車両（電車を除く）11%
- 電子機器 10%
- 鉱物燃料 9%
- 鉄鋼 4%
- プラスチック 3%
- 鉄鋼製品 3%
- 動植物性油 3%
- 宝石 3%

（出所）International Trade Centre

ミャンマーの経常収支

（% of GDP）

凡例：貿易収支／経常移転収支／サービス収支／経常収支／所得収支

（出所）IMF

ミャンマーの資本収支

（% of GDP）

凡例：直接投資／その他投資／その他資本収支／資本収支

（出所）IMF

東南アジア　　アジア経済ハンドブック　97

③ 物価動向・金融政策

インフレの指標である消費者物価上昇率は、2002年に年率58％を記録する等、2000年代には高水準で推移していた。これは財政赤字補填のための国債を引き受けるために、中央銀行が大量に紙幣を発行したことや燃料価格の引上げが要因とされている。近年では、商品価格の低下や中央銀行による国債の引き受けが減少したことにより、消費者物価上昇率は2～8％台で推移している。2013年に新中央銀行法が施行され、中央銀行は政府から独立した機関となった。今後独自の金融政策を立案し、具体的に実行する体制を作る必要がある。政策金利をはじめとする金融政策の導入、短期金融市場の形成等を実施するためには、金融分野の人材育成が急務である。

④ 為替・外貨準備の動向

ミャンマーでは、自国通貨（チャット）に公定為替レートと市場レートが併存し、それらのレートに大幅な乖離が存在する状態が長らく続き、不透明な為替制度となっていたが、2012年4月より公定為替レートが廃止され、管理フロート制へ移行した。管理フロート制の下では、中央銀行が独自に日々の「Reference Rate（参考レート）」を決定しており、国内の民間銀行はこのレートの±0.8％以内で為替業務を行うことが義務付けられている。同制度への移行後、参考レートと市場レートとの乖離は急速に縮小し、海外企業によるミャンマーでのビジネス・投資を促進する環境整備が進められた。

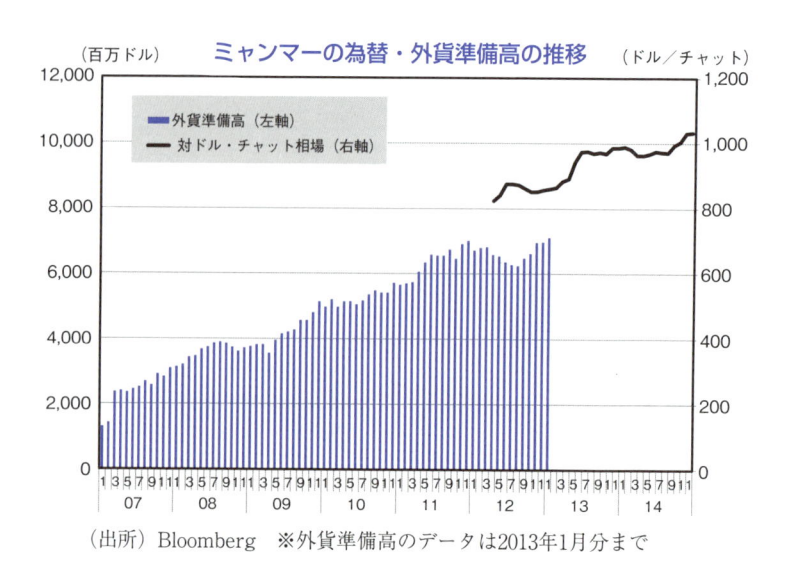

ミャンマーの為替・外貨準備高の推移

（出所）Bloomberg　※外貨準備高のデータは2013年1月分まで

外貨準備高は2013年度には55億ドル程度（対輸入月数比で約3.4カ月分）を確保しているとみられ、今後も順調に拡大することが見込まれている（輸入増加に伴い対輸入月数比は概ね横ばい）。ミャンマーでは、外貨準備高は中央銀行と複数の公営銀行の双方が保有している。IMFは、外貨準備を中央銀行に集中させるためには、国営銀行が随時個別に中央銀行に外貨を移転させる現状のシステムを改め、自動的に中央銀行に外貨が移転するシステムを策定する必要があると指摘している。

⑤　財政政策

　財政収支は、国営企業の非効率な経営や極端に少ない租税収入（対GDP比4％前後）等の要因により恒常的に赤字である。IMFによる中期的な見通しでは、天然ガス関連の開発や税制改革により歳入の増加が見込まれる一方、大規模なインフラ等開発ニーズも強く歳出も増加することから、対GDP比4％台の財政赤字が継続すると予測されており、ミャンマー政府もIMFからの指摘に沿って、財政赤字を対GDP比5％以内に抑えることを目標としている。

　財政健全化への課題として、歳入面では税制改革が急務である。これまでにミャンマー政府は、2012年に商業税を大幅に簡素化し、一部の奢侈品を除き税率を5％に統一したほか、2014年にはこれまで個別に列挙していた課税対象品目を原則として全ての物品販売やサービスの提供を課税対象とする改正を行った。中期的には現在の商業税を付加価値税（VAT）と個別間接税に区分することも検討されている。また、所得税では2014年に最高税率を引き上げ、法人税では2015年1月より高額納税者向けに大規模納税者税務署（Large Taxpayer Office：LTO）を稼働し、申告納税方式を導入するなど徴税強化への取組を実施している。歳出面では、貧困の削減、重要セクターへの優先的な資源配分、恒常的に赤字を計上している国有企業の再編・民営化等が重要課題となっている。

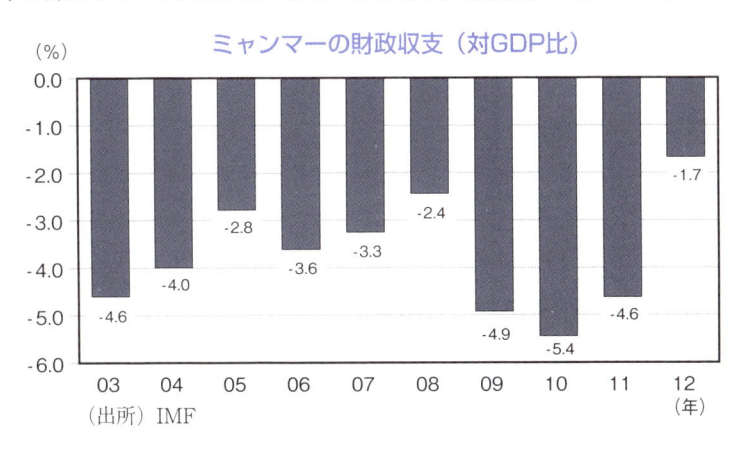

ミャンマーの財政収支（対GDP比）

年	03	04	05	06	07	08	09	10	11	12
(%)	-4.6	-4.0	-2.8	-3.6	-3.3	-2.4	-4.9	-5.4	-4.6	-1.7

（出所）IMF

3．その他の政策課題等

　2014年にミャンマー政府が民政化後初めて外国銀行に対し銀行業務を解放すると公表したことを受け、12カ国・地域から25行（うち邦銀3行）がミャンマーへの参入を申請し、同年10月に邦銀3行（三菱東京UFJ銀行、三井住友銀行、みずほ銀行）を含む9行が認められた。邦銀3行は、ミャンマー地場銀行と提携しミャンマーにおける銀行サービスを充実させることが期待されている。外国銀行の参入に当たっては、法に基づいた透明性の高い規制環境の策定が重要である。IMFは、外国銀行が操業を開始するまでに規制体制を整備し、銀行監督機能を強化することが急務であると指摘している。日本は、銀行監督業務を所掌する中央銀行の監督及び分析能力の向上や国営銀行に対する監督体制の強化といった銀行監督の専門化・近代化に関する技術支援を実施しているほか、無償資金協力にて中央銀行への情報通信技術（ICT）システムの導入を支援する等、ミャンマーの銀行分野に積極的に支援を行っている。

4．日本との関係

① 在留邦人数：

　891人（2013年、外務省ホームページ）

② 進出日本企業数：

　35社（東洋経済新報社　2014年海外進出企業数総覧）

　日本の対ミャンマー直接投資（国際収支ベース、ネット、フロー）

（億円）

	2009年	2010年	2011年	2012年	2013年
ミャンマー	1	5	−0	−3	−27

（出所）財務省国際収支統計

③ 対日輸出、対日輸入

　対日輸出額が910億円、対日輸入額は1,259億円であり、349億円の赤字である（2014年、財務省貿易統計）。ミャンマーからみた国ごとの輸出、輸入に占める割合において、日本はそれぞれ、第6位（第1位はタイ、第2位は香港）、第5位（第1位は中国、第2位はシンガポール）である（2010年 International Trade Centre ホームページ）。

④ ODA（円借款、無償資金協力、技術協力）、国際協力銀行出融資承諾状況

対ミャンマー援助形態別実績　　　　　　　　　　　　（億円）

年度	ODA 円借款	無償資金協力	技術協力	国際協力銀行出融資承諾状況
2009年度	－	23	18	－
2010年度	－	13	17	－
2011年度	－	45	17	－
2012年度	1,989	277	38	832
2013年度	511	197	62	－

⑤ 主な円借款案件

　ミャンマーは日本や世界銀行等主要ドナーとの間で延滞債務問題を抱えていた。2011年の民政移管とその後のミャンマー政府の取組を踏まえ、日本が主導する形で、主要ドナーとの延滞債務解消に向けた話し合いが行われた。その結果、2013年1月にアジア開発銀行、世界銀行、日本の延滞債務が解消され、パリクラブ（主要債権国会合）でも債務繰延・削減措置についてミャンマーとの合意が成立した。

　日本は、延滞債務が解消されたミャンマーに対し、2013年5月に安倍総理が日本の総理大臣として36年ぶりにミャンマーを公式訪問し、510億円の新規円借款を含む合計910億円の経済協力を表明している。

○ ティラワ経済特別区開発

　ティラワ経済特別区（SEZ：Special Economic Zone）は、ミャンマー政府が指定する三つのSEZ（ティラワ・ダウェー・チャオピュー）の一つであり、ヤンゴンの南約20kmに位置している。ミャンマー官民と共に、日本の官民が49％の割合で出資し、ティラワ開発会社を設立し、2015年夏頃の開業を目指している。ティラワは総合開発面積約2,400ha（山手線の約40％）のうち約400haが早期開発区域であり、環境評価や住民移転、汚職防止等の国際基準に基づき、外資企業の直接投資先としての整備が進められている。日本は、民間企業によるティラワ開発支援に加え、有償資金協力・無償資金協力・技術協力の公的支援により電力・港湾といった基礎インフラ整備等を実施している。ティラワSEZは、ミャンマーにおける雇用創出と経済発展の原動力として大きな期待が寄せられている。

フィリピン

1. 概況・基本情報

概要：国土面積は世界で第73位、人口は第12位、名目GDPは第40位、購買力平価ベースのGDPで第30位に位置する。首都マニラのあるルソン島を北端として散在する約7千の島々からなる群島国家。人口は2014年7月に1億人を突破しており、ASEANの中でインドネシアに次ぎ2番目に多い。2004年から2013年の平均人口増加率は1.7%であり、平均年齢が23歳と若いため、今後30〜40年間は人口ボーナス期が続く見込み。また、国外へ出稼ぎに出て仕送りを行う国民が多く、海外フィリピン人労働者の送金によって、国内消費が支えられる経済構造なっている。また、第3次産業の割合が約6割と高いのが特徴である。2010年に成立したアキノ政権は安定した政権運営を行っており、最近5年間の平均経済成長率は5.3%、2013年は7.2%とASEAN主要国の中で最も高い成長率となった。フィリピン国債の格付は、政府の汚職撲滅に向けた取組や財政赤字の縮小が評価され、2013年10月には大手格付3社全てから投資適格級を付与されることになった。2013年7月以降、5回の首脳会談が実施されている（2015年2月現在）。

① **基本情報**

人　口：	9,839万人（2013年、世銀）
面　積：	30.0万㎢（世銀、本州と北海道を合わせた大きさ）
首　都：	マニラ
言　語：	フィリピノ語及び英語（公用語）
民　族：	マレー系、中国系他
宗　教：	キリスト教（カトリック、その他）、イスラム教
名目 GDP：	2,721億ドル（2013年、IMF（第１次、２次、３次産業の構成比は11.2%：31.6%：57.2%、CIA））
購買力平価ベースのGDP：	6,431億ドル（2013年、IMF）
1人当たり GDP：	2,791ドル（2013年、IMF）
通　貨：	フィリピン・ペソ（１米ドル＝44.40ペソ　2014年12月末日現在）
為替制度：	変動相場制度（IMFによる為替の分類）
独　立：	1946年7月4日
政　体：	立憲共和制
元　首：	ベニグノ・アキノ３世大統領

国際機関・国際会議への加盟・参加状況

G20	ASEAN	ASEAN+3	CMIM	AMRO	EAS	APEC	ASEM	TPP	RCEP	ADB	AfDB	EBRD	IADB	IBRD	IMF	OECD	UN	WTO
−	○	○	○	○	○	○	○	−	○	○	−	−	○	○	○	−	○	○

② **政治状況**

　2010年6月、コラソン・アキノ元大統領（大統領在任期間：1986年～1992年）の息子であるベニグノ・アキノ３世が大統領に就任し、以来、同国において長年の課題である汚職の撲滅、雇用創出や所得格差是正、財政の健全化、インフラ開発等に取り組んでいる。イスラム教徒が多く居住しているミンダナオ島において、武力衝突を繰り返してきたモロ・イスラム解放戦線との和平問題にも積極的に取り組み、日本政府の仲介等もあり、2014年3月に歴史的な包括的和平合意の調印に至った。また、アキノ政権は、財政健全化でも後述のとおり成果を挙げていること、汚職撲滅への取組が評価されていることからも、安定した高い支持率を維持している。

2．マクロ経済の概況
① 経済成長率の動向

フィリピン経済は、民間消費の割合が高く、内需中心の経済構造。名目GDPの約1割に上る海外フィリピン人労働者（OFW：Overseas Filipino Worker）からの送金が旺盛な民間消費を支えており、2000年以降の平均経済成長率は5.0％。2011年は世界経済低迷による輸出の落ち込み、政府支出の削減により、実質GDP成長率は3.7％と成長が鈍化したものの、堅調な内需を背景に2012年は6.8％、2013年は7.2％と高成長を続けている。

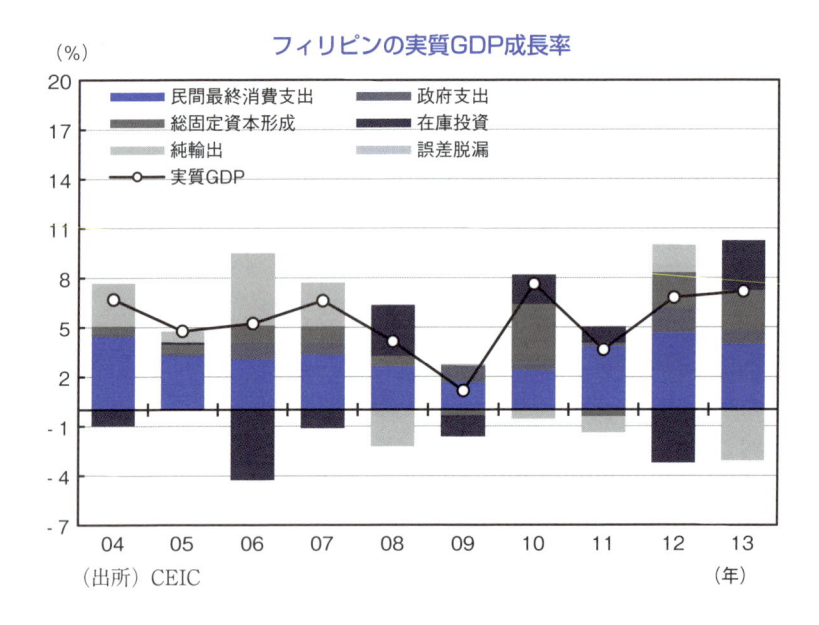

フィリピンの実質GDP成長率

（出所）CEIC

他方、OFW送金に依存した民間消費比率の高さは、裏を返せば投資水準の低さゆえであり、背景には投資環境整備の遅れが存在する。製造業の対GDP比は1990年代から低水準で推移しており、国内で十分な雇用を創出できていない状況にある。外需依存度は低いものの、主な輸出品が先進国向けの半導体関連の電子部品であるため、世界経済の変動により影響を受けやすい。

OFW 送金額の推移

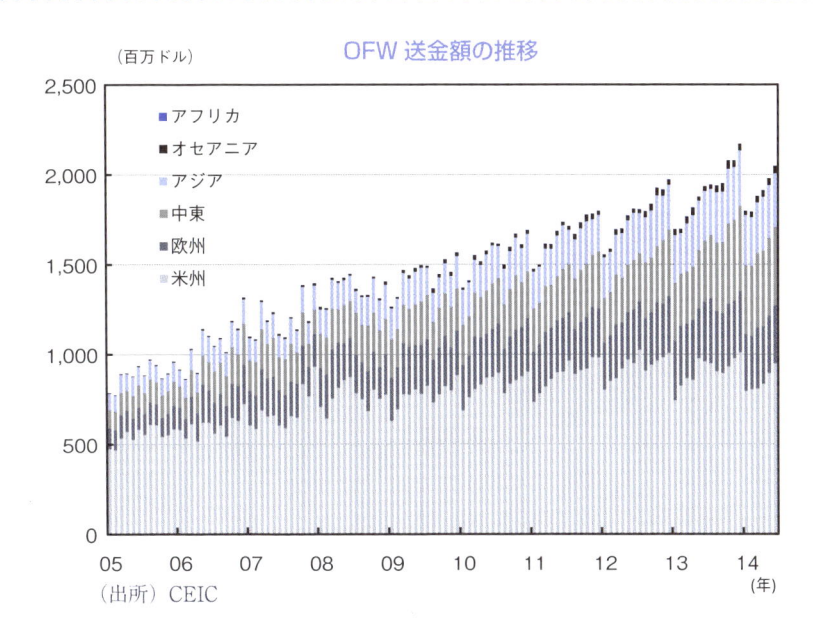

(百万ドル)

凡例: アフリカ / オセアニア / アジア / 中東 / 欧州 / 米州

(出所) CEIC

② 国際収支

　フィリピンの貿易収支は恒常的に赤字であり、国内産業の発展の遅れから多くを輸入に頼っていること、及び旺盛な内需に基づく輸入増に起因する。輸入品は、電子機器が25％、石油等の鉱物燃料が全体の約20％を占めている。2013年の輸入相手国は、米国を抜いて中国が全体の13％と第１位となった。輸出は、2000年以前の衣料を中心とした軽工業品から、電子機器・部品へとシフトしており、2013年の同部門の輸出に占める割合は４割強であった。主な輸出先は、日本（全体の21％）と米国（同15％）となっている。

フィリピン製品別輸出入額の内訳
〈2013年〉

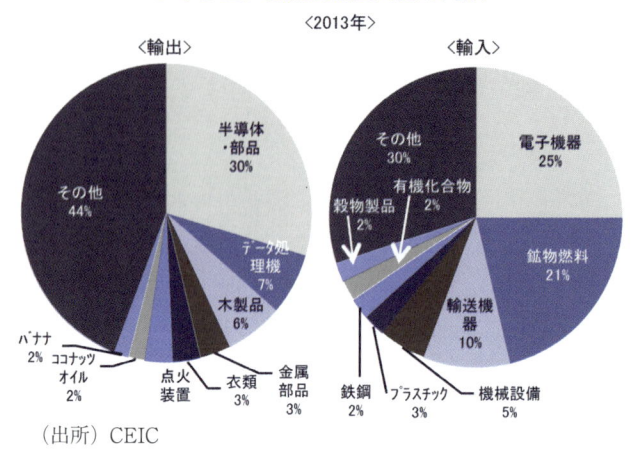

〈輸出〉
- 半導体・部品 30%
- その他 44%
- データ処理機 7%
- 木製品 6%
- バナナ 2%
- ココナッツオイル 2%
- 点火装置 2%
- 衣類 3%
- 金属部品 3%

〈輸入〉
- 電子機器 25%
- その他 30%
- 有機化合物 2%
- 穀物製品 2%
- 鉱物燃料 21%
- 輸送機器 10%
- 鉄鋼 2%
- プラスチック 3%
- 機械設備 5%

(出所) CEIC

　経常収支は、OFW送金を主とした経常移転収支の大幅黒字と、ビジネス・プロセス・アウトソーシング（BPO）等の好調なサービス産業を背景としたサービス収支の黒字とが、恒常的かつ大幅な貿易赤字を補填する構造となっており、2003年より経常収支は黒字を維持している。2011年は世界経済の低迷により貿易赤字は拡大し、経常収支の黒字幅が減少したものの、2012年以降は貿易赤字の縮小により経常収支の黒字幅が拡大している。

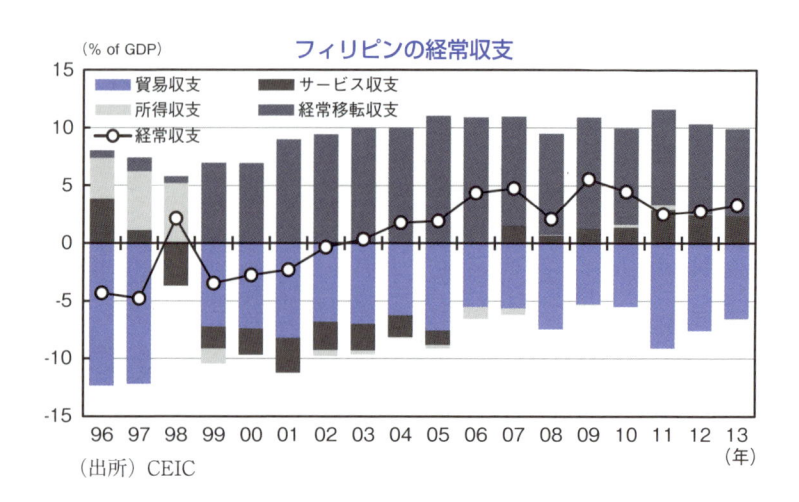

フィリピンの経常収支
(% of GDP)

凡例: 貿易収支、サービス収支、所得収支、経常移転収支、経常収支

(出所) CEIC

資本収支は、2009年からは世界金融危機の影響で、一時は資本流出超となったものの、その後は資金流入は回復、拡大し、また2010年には政府が海外での積極的な債券発行を行ったことに加え、その他収支が大幅な流入超に転じたことから流入超となった。2013年は、米国の金融緩和政策の縮小観測により投資資金が流出する動きがみられたことや、その他投資が流出超に転じたことで、資本収支は流出超に転じた。

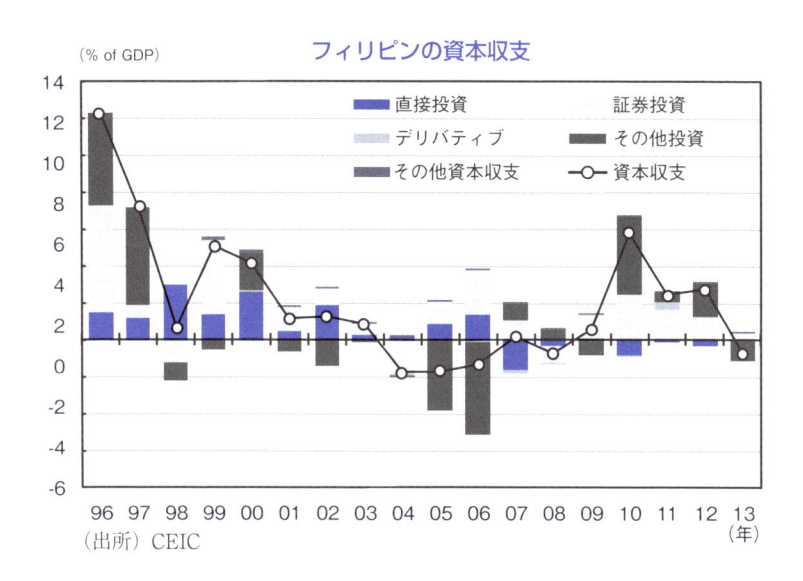

フィリピンの資本収支

(% of GDP)

凡例：直接投資、証券投資、デリバティブ、その他投資、その他資本収支、資本収支

（出所）CEIC

③ 物価動向・金融政策

原油等の燃料や食料品の輸入比率が高いことから、フィリピンの物価は原油価格等の国際商品価格の動向に左右される。2009年以降のCPIは、2％台〜4％台で推移。2013年11月に中部を直撃した台風ヨランダにより農産物が影響を受けたほか、流通網が寸断されたことから、商品価格を中心に物価上昇圧力が強まり、2014年10月まではCPIは4％台で推移していたが、世界的な原油価格の下落等を受け、同年12月には2.7％まで減少している。

フィリピンのCPI(寄与度分解)

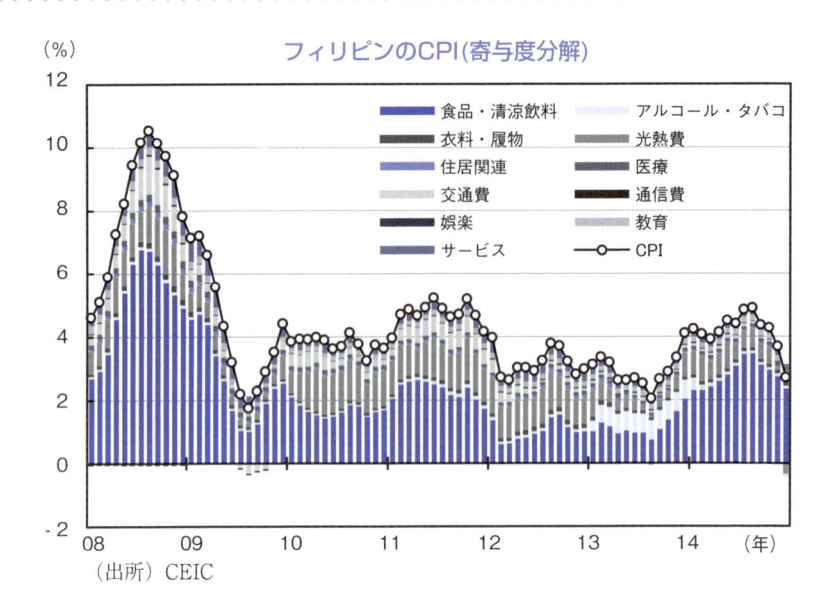

凡例: 食品・清涼飲料、アルコール・タバコ、衣料・履物、光熱費、住居関連、医療、交通費、通信費、娯楽、教育、サービス、CPI

（出所）CEIC

　フィリピン中央銀行は、インフレ・ターゲティング政策を採用しており、2014年のターゲット・レンジは4.0±1％（2015-2016年は3.0±1％）。2012年10月から政策金利を3.5％に据え置いてきたものの、2014年に入ってインフレ圧力が高まり、CPIが4％台となったことから、7月に政策金利を3.75％へ引き上げた。さらに、9月には4.0％へと追加利上げを実施。これにより、2014年通年を通したCPIは4.1％となり、ターゲット・レンジ内に収まった。

④　為替・外貨準備の動向

　1984年10月より変動相場制度を採用。2008年9月に世界金融危機が発生して以降、ペソ高傾向で推移してきたものの、2013年5月の米国の金融緩和縮小観測により相場は反転し、他の新興国通貨と同様にペソ安が進んだ。2014年前半は、5月の大手格付会社によるフィリピン国債の格付の引き上げ等の好材料から、ペソ買い基調を取り戻している。

　外貨準備高は2009年以降急増したが、2011年から2013年にかけても増加。2014年に入ってからは、輸入月数の約10ヵ月分超の水準で推移している。

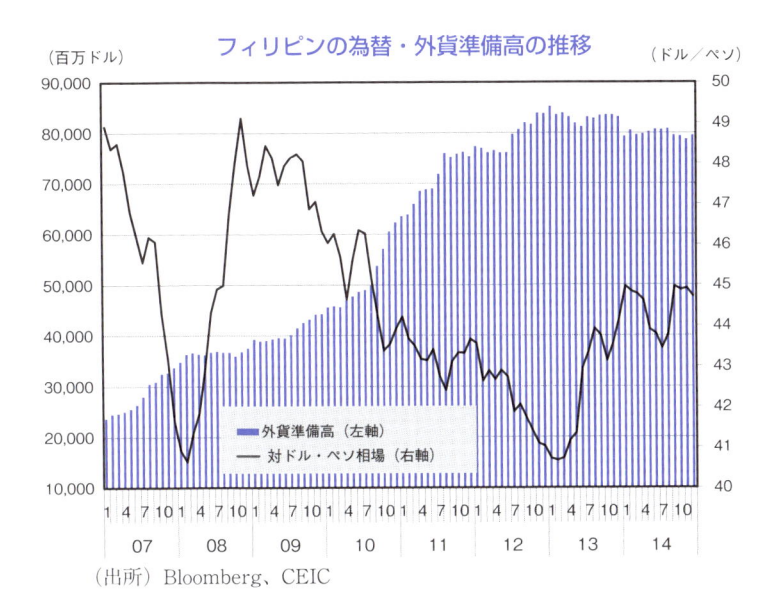

フィリピンの為替・外貨準備高の推移

(出所) Bloomberg、CEIC

⑤ 財政政策

　フィリピンでは恒常的に財政赤字が続いている。アキノ大統領は2010年6月の就任演説で、2013年までに財政赤字を対GDP比2.0％まで削減する方針を宣言。政府支出の見直しにより歳出を抑制しつつ、徴税強化に取り組んだ結果、2011年度（会計年度は1月-12月）の財政赤字は1,977億ペソ（対GDP比-2.0％）となり、目標を達成した。2012年度はインフラ開発向けの支出が拡大した結果、財政赤字は拡大し対GDP比では-2.3％となったものの、2013年度は同-1.4％と財政赤字は縮小している。

フィリピンの財政収支（対GDP比）

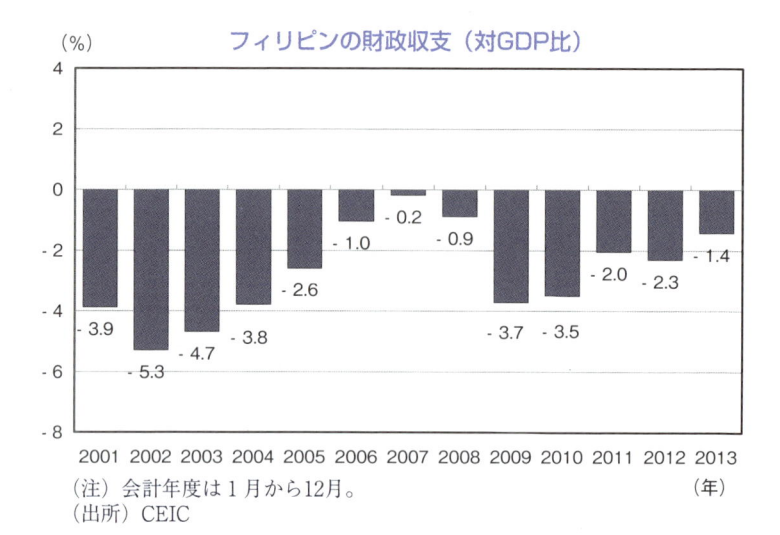

年	値
2001	-3.9
2002	-5.3
2003	-4.7
2004	-3.8
2005	-2.6
2006	-1.0
2007	-0.2
2008	-0.9
2009	-3.7
2010	-3.5
2011	-2.0
2012	-2.3
2013	-1.4

（注）会計年度は1月から12月。
（出所）CEIC

　歳出が抑制されている背景には、政府のキャパシティ不足のため、必要なインフラ開発向け予算の執行率が低いことが挙げられる。アキノ大統領は、2014年度予算でインフラ関連投資を前年比で約4割増額し、インフラ整備を積極化させる姿勢を示している。なお、2014年度の財政赤字は、対GDP比2.1％に抑制することとされている。

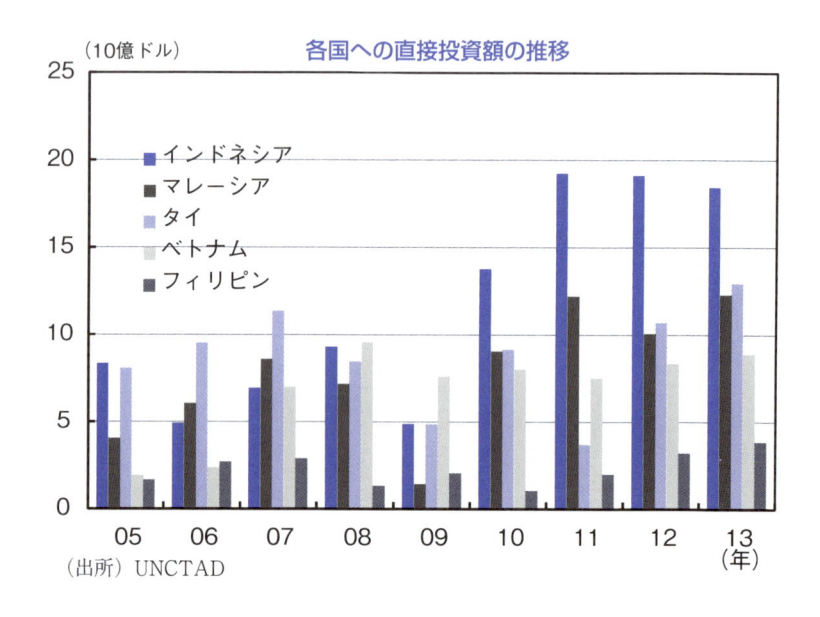

各国への直接投資額の推移（10億ドル）

凡例：インドネシア、マレーシア、タイ、ベトナム、フィリピン

（出所）UNCTAD

110　フィリピン　　　　　　　　　　　　　　　　　　　　東南アジア

3．その他の政策課題等

　OFW 送金で潤う好調なフィリピン経済ではあるものの、海外へ出稼ぎに出る国民が多いのは、国内に十分な雇用の受け皿がないことの裏返しでもある。国内で雇用を生み出す産業、特に製造業を発展させることが、フィリピン経済の大きな課題の一つである。

　フィリピン政府は、外貨獲得と雇用拡大の両面から、コールセンター業務をはじめとした BPO 産業を重要な産業と位置付けている。フィリピン IT ビジネスプロセス協会によると、BPO 産業における新規雇用者数は、2004年時点の10万人から、2013年には96万人にまで拡大したとされている。しかし、学歴や語学力等のスキルが求められることから、中間所得層の就労が増えている一方で、貧困層の雇用の受け皿になりきれていない現実がある。

　貧困層の雇用を吸収できる製造業は、未整備なインフラ等の投資環境がボトルネックとなり、発展が遅れている。フィリピンにおける鉱業・製造業比率は、GDP 構成比で31％、産業別雇用者比率では15％と、他の ASEAN 諸国と比較して低水準となっている。

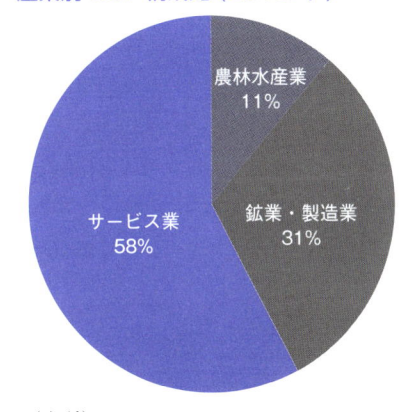

産業別 GDP 構成比 (2013年)
- サービス業 58%
- 鉱業・製造業 31%
- 農林水産業 11%

産業別雇用者数構成比 (2013年)
- サービス業 53%
- 農林水産業 32%
- 鉱業・製造業 15%

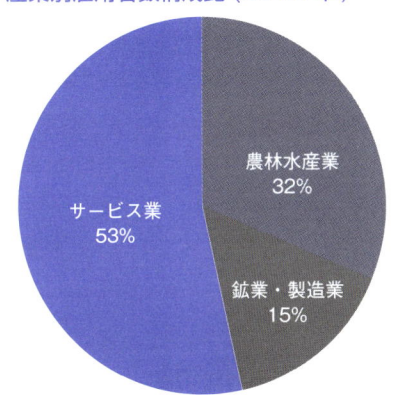

（出所）CEIC

　製造業発展の鍵となる海外からの直接投資は、ASEAN 主要5カ国の中で圧倒的に小さい。その他、過去に累次の電力供給難があり、電力料金が ASEAN 5カ国の中で最も高く、かつ供給も不安定であること、また、道路や港湾等の輸送インフラの整備の遅れも大きな課題とされている。さらに、不透明な税務行政や煩雑な許認可手続等の問題も、直接投資を阻害する要因となっている。

4．日本との関係
① 在留邦人数：
17,822人（2013年、外務省ホームページ）

在日フィリピン人は約21万人と、国籍別で中国・韓国に次ぐ第3位（2013年末、法務省）。

② 進出日本企業数：
361社進出（東洋経済新報社　2014年海外進出企業総覧）

日本の対フィリピン直接投資（国際収支ベース、ネット、フロー）

（億円）

	2009年	2010年	2011年	2012年	2013年
フィリピン	773	433	807	584	1,202

（出所）財務省国際収支統計

2015年にもモータリゼーションが始まる1人当たりGDP水準（3,000ドル）に達する見込みから自動車産業の現地生産拡大の動きがみられ、また国内市場を狙っての小売・卸売、アパレル、飲食業等の進出や事業拡大も目立つ。2014年10月、フィリピン財務省は日本からの投資拡大を目的としたセミナー「Philippine Economic Briefing in Japan」を主催。日本財務省、JBIC、JICA、JETRO及び民間金融機関8社が後援し、日本の金融機関・機関投資家関係者320名以上が参加した。フィリピン側からはプリシマ財務大臣をはじめ複数の閣僚が来日する大イベントとなり、日本からの投資呼び込みに力を入れる姿勢が示された。

③ 対日輸出、対日輸入
対日輸出額が1兆756億円、対日輸入額は1兆467億円であり、289億円の黒字であった（2014年、財務省貿易統計）。フィリピンからみた国ごとの輸出、輸入に占める割合において、日本はそれぞれ、第1位（第2位は米国、第3位は中国）、第3位（第1位は中国、第2位は米国）。

④ ODA（円借款・無償資金協力・技術協力）、国際協力銀行出融資承諾状況

対フィリピン援助形態別実績　　　　　　　　　　　　　　　（億円）

年度	ODA 円借款	無償資金協力	技術協力	国際協力銀行出融資承諾状況
2009年度	680	56	50	－
2010年度	508	20	44	－
2011年度	683	58	58	606
2012年度	618	36	45	163
2013年度	687	11	52	58

⑤ 主な円借款案件
○ フィリピン沿岸警備隊海上安全対応能力強化事業（187.32億円、2013年12月交換公文署名）
○ 災害復旧スタンド・バイ借款（500億円、2013年12月交換公文署名）

　近年フィリピン経済は高成長を続けているものの、今後も持続的かつ力強い成長を続けていくためには、(1) 運輸・交通整備網、エネルギー、水環境等のインフラ整備、海上安全の確保等を通じて海外からの直接投資を促進、(2) 自然災害のリスクに対して脆弱なインフラや社会システムを改善、(3) ミンダナオ地域の開発による和平プロセス促進等の開発課題に取り組んでいく必要がある。

　上記の開発課題に応えるべく、2013年には、フィリピンの海上安全の向上を目的として、同国沿岸警備隊に巡視船10隻を提供するための円借款「フィリピン沿岸警備隊海上安全対応能力強化事業」（約187億円）を供与した。この円借款は、日本の技術を活用した案件となるため、「本邦技術活用条件（STEP）」の対象である。STEPは2013年4月に金利の引き下げ等の制度改善を実施してさらに利便性を高めており、本借款も制度改善後の供与条件が適用されている。

　また、自然災害への備えとして、災害発生時に速やかに資金を供給できるよう、予め融資枠等を設定する「災害復旧スタンド・バイ借款」（500億円）を供与した。災害復旧スタンド・バイ借款は、新制度として2013年4月に導入され、11月の台風ヨランダによる被害に伴い、12月の日・フィリピン首脳会談時、同借款の第一号案件として交換公文（E/N）への署名が行われたものである。

　ミンダナオ地域に対しては、2013年に供与された技術協力「バンサモロ包括的能力向上プロジェクト」により、組織・制度作り、行政人材育成、地域開発計画策定等を通じて、新自治政府への移行プロセスを促進する等の支援を実施している。

シンガポール

1．概況・基本情報

概要：国土面積は世界で第184位、人口は第115位、名目 GDP は第36位、購買力平価ベースの GDP で第40位に位置する。シンガポールの2013年の1人当たり名目 GDP は54,776ドルと、アジア首位。国土は本島であるシンガポール島を始めとした60以上の小規模な島々で構成されている。多民族、多言語、多宗教国家であり、2004年から2013年の平均人口増加率は2.7％。小国解放経済であり外需に大きく依存する経済構造のため、世界経済の動向に大きく影響を受ける。最近5年間の平均経済成長率は5.4％。リーマン・ショックによる世界金融危機の影響を受け、成長率は大幅に低下したが、先進国をはじめ世界経済が回復し始めるとシンガポール経済も劇的に改善し、2010年は15.2％と過去最高の成長率を記録した。世界最大級の金融センター、港湾を有し、世界有数の商業の中枢となっている。対日関係では要人の往来も活発であり、二国間関係は極めて良好。直近では2014年11月に日・シンガポール首脳会談を実施。

① 基本情報

人 口：	540万人（2013年、世銀）
面 積：	716km²（世銀、東京都23区と同程度）
首 都：	シンガポール
言 語：	英語、中国語、マレー語、タミル語
民 族：	中華系、マレー系、インド系他
宗 教：	仏教、道教、キリスト教、イスラム教、ヒンドゥー教他
名目GDP：	2,979億ドル（2013年、IMF（第1次、2次、3次産業の構成比は0％：29.4％：70.6％、CIA）)
購買力平価ベースのGDP：	4,253億ドル（2013年、IMF）
1人当たりGDP：	55,182ドル（2013年、IMF）
通 貨：	シンガポール・ドル（1米ドル＝1.3255シンガポールドル　2014年12月末日現在）
為替制度：	ペッグ制度（IMFによる為替の分類）
独 立：	1965年8月9日
政 体：	立憲共和制
元 首：	トニー・タン大統領

国際機関・国際会議への加盟・参加状況

G20	ASEAN	ASEAN+3	CMIM	AMRO	EAS	APEC	ASEM	TPP	RCEP	ADB	AfDB	EBRD	IADB	IBRD	IMF	OECD	UN	WTO
−	○	○	○	○	○	○	○	○	○	−	−	−	−	○	○	−	○	○

② 政治状況

リー首相は、14年間首相を務めたゴー・チョクトン前首相（現名誉上級相）から2004年に政権を継承。建国以来、与党人民行動党（PAP）が圧倒的多数を維持しており（2011年5月の総選挙においては、87議席中、81議席を獲得、任期は2016年10月まで）、内政は安定している。

2．マクロ経済の概況
① 経済成長率の動向

シンガポールの産業構造は、製造業や建設業といった第2次産業がGDPの約3割を占め、残りの約7割を、運輸・通信・金融・サービス産業が占める。製造業は外資系企業を積極に誘致し輸出産業の振興政策により成長。主要分野はエレクトロニクス、化学、バイオメディカル産業である。金融分野では、オフショア市場の育成、外資系企業の地域統括本部に対する税制優遇等により、域内の金融センターとしての地位を確立した。

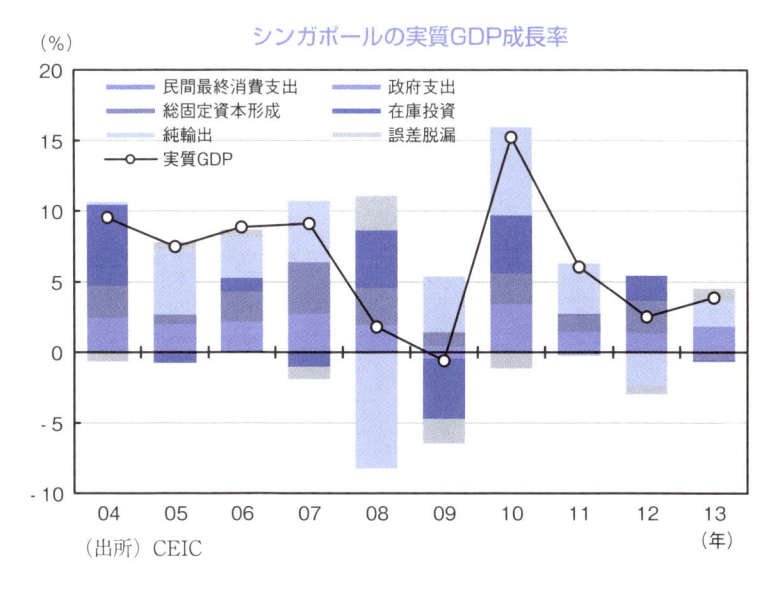

シンガポールの実質GDP成長率

（出所）CEIC

製造業とりわけバイオメディカルを中心に広範な産業で伸びを記録したことを背景に2010年の実質GDP成長率は、15.2％と、建国以来最高の成長率を達成。2011年、2012年は

世界経済の停滞により、各6.0%、1.9%と減速した。2013年の成長率は金融セクターを中心としたサービス業が成長を牽引。年後半には輸出の好調に起因する製造業の成長も加わり、通年のGDP成長率は前年比3.9%となった。2014年第1四半期のGDP成長率は、輸出の増加に支えられた製造業が好調だったほか、サービス業も堅調だったため前年同期比4.8%。その後第2四半期のGDP成長率は同2.3%、第3四半期は同2.8%で推移。電子機器等の生産鈍化により製造業の伸びが減速したほか、民間セクターの建設需要が鈍化したことが影響した。

② 国際収支

シンガポールの貿易収支は安定して黒字を計上。2009年は、第1四半期に世界的な景気後退深刻化に伴う外需の急減により輸出が大幅に減少し、貿易黒字は大きく縮小した。しかし、第2四半期以降は、輸出が徐々に回復に向かい、2009年通年では貿易黒字が2008年を上回った。2010年は輸出・輸入ともに堅調に推移し、リーマン・ショック以前の水準に回復。主な輸出品目は、石油、電子バルブ、化学品等であり、主な輸入品目もほぼ同じ。これは、シンガポールが中継貿易拠点として、加工貿易が中心であるためである。

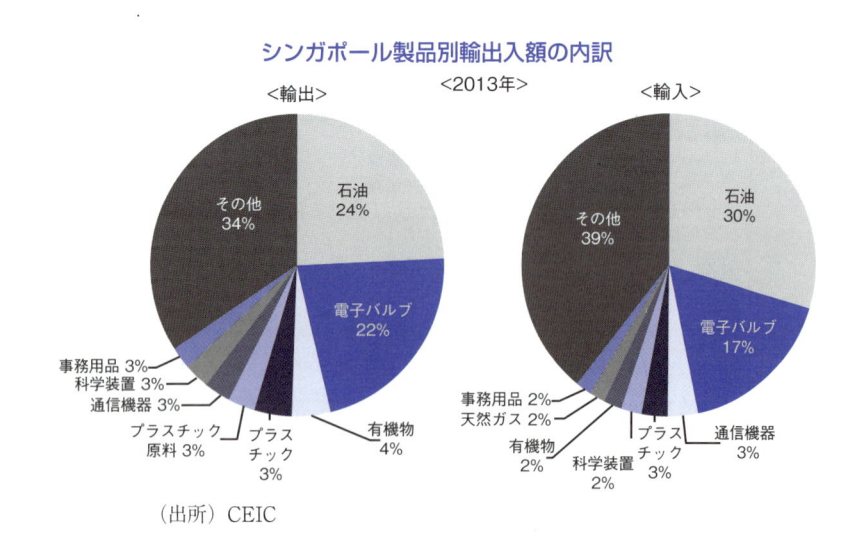

シンガポール製品別輸出入額の内訳

<2013年>

<輸出>
- その他 34%
- 石油 24%
- 電子バルブ 22%
- 有機物 4%
- プラスチック 3%
- プラスチック原料 3%
- 通信機器 3%
- 科学装置 3%
- 事務用品 3%

<輸入>
- その他 39%
- 石油 30%
- 電子バルブ 17%
- 通信機器 3%
- プラスチック 3%
- 科学装置 2%
- 有機物 2%
- 天然ガス 2%
- 事務用品 2%

(出所) CEIC

近年の国際収支は、安定した貿易収支の黒字に支えられ1988年以降、経常黒字を計上している。経常収支の黒字幅は、2008年に縮小したものの、2009年後半以降は増加傾向にあった。2011年にピーク時の水準に迫ったものの、外需の弱まりと内需の拡大により、2012、13年の黒字幅は縮小した。

シンガポールの経常収支

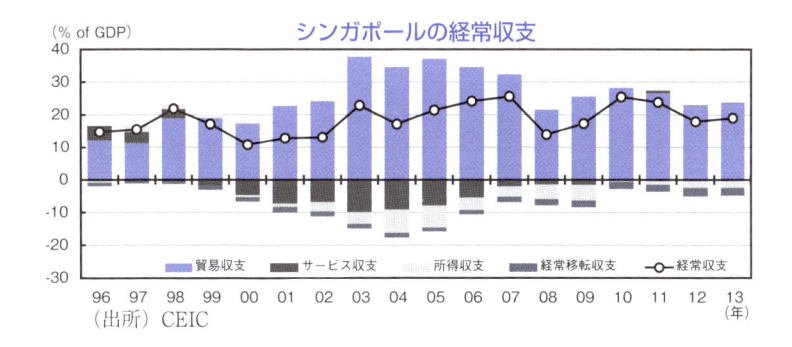

資本収支は、直接投資の流入超を、証券投資及びその他投資（銀行貸付等）の流出超が大きく上回る状況が継続。国際的な金融センターであるシンガポールに機関投資家、ファンド等の資本が一旦は集まるものの、それらがアジア域内に再度投資されるため、1990年代前半から資本収支の流出超が定着している。

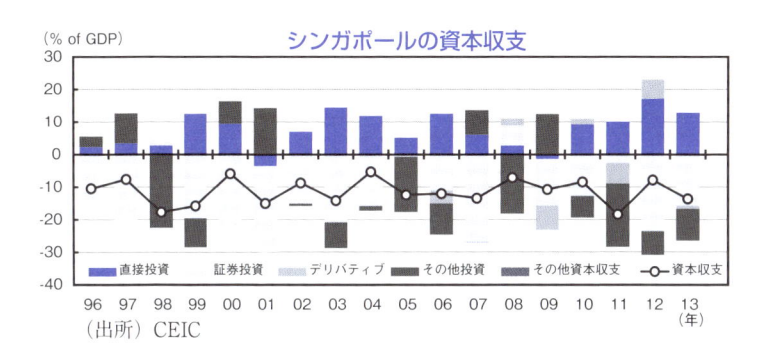

シンガポールの資本収支

③ 物価動向・金融政策

シンガポール通貨監督庁（MAS）は、半期ごと（4月、10月）に金融政策決定会合を行っている。金融政策の指標については、短期市場金利ではなく為替レートを用いている。これはシンガポール経済が相対的に小規模でかつ対外開放度が高いことから、為替レートを通じた輸入物価の変動が国内物価に大きく影響するためである。

直近2014年12月のCPI上昇率は前年同月比 -0.2％。5年ぶりにデフレに転じた前月に続き、2か月連続でマイナスとなった。下落幅は運輸が最も大きく、車両購入権（COE）価格の低下で民間運輸が落ち込んだ。

④ 為替・外貨準備の動向

　為替政策は、国別貿易量によってウェイト付された名目実行為替レート（NEER:Nominal Effective Exchange Rate）をターゲットに運営されている。具体的な政策対象は①中心値の水準、②方向性（シンガポールドル高、中立、シンガポールドル安）、③許容する幅（バンド）であるが、NEERの算出方や為替政策の詳細（①、②、③の数値）については非公表。

　MASは、2010年4月から、NEERを「緩やかかつ段階的な上昇（＝シンガポールドル高）」にする方針をとることにより、インフレ抑制を企図。2014年4月の金融政策決定会合においても、緩やかなシンガポールドル高政策を維持することとした。2015年1月には、原油価格低下に伴うインフレ圧力の鈍化を受けて、金融政策の緊急調整を発表。金融政策ツールである名目実効為替相場（NEER）の基本方針は維持しつつ、政策バンドの傾斜（角度）を緩やかにすることとした。（中心値、幅は変更なし）

　2014年12月末の外貨準備高は2,569億米ドル。輸入額の9.1カ月分。なお、外貨準備の運用は、政府系ファンドであるシンガポール政府投資公社（GIC：Government of Singapore Investment Corporation）がその一部を担当している。

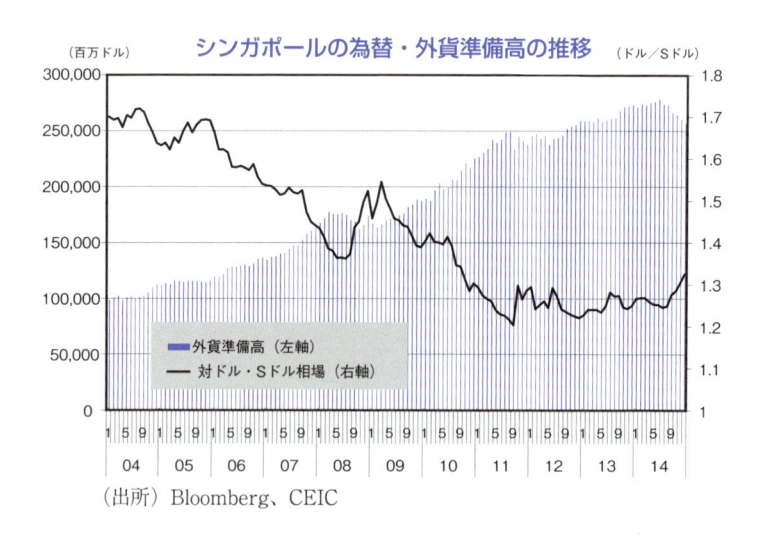

シンガポールの為替・外貨準備高の推移

（出所）Bloomberg、CEIC

⑤ 財政政策

厳格な財政運営が憲法上要請されており、均衡財政を重視している。現会計年度（当年4月～翌年3月）に移行した1970年以降、2000年前半までは毎年度黒字を計上し、財政の健全性を安定的に維持してきたが、近年では経済対策等の実施により、財政赤字となる年度もみられた。2014年度予算では開発支出の大幅増等を背景に、歳出の伸びが歳入の伸びを上回り、2009年度以来の財政収支赤字（-11.6億Sドル、対GDP比-0.3％）となる予算が組まれている。

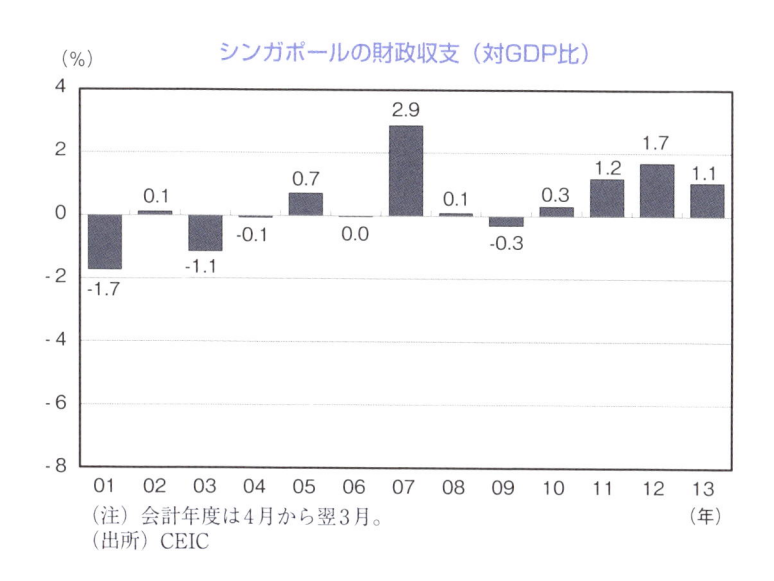

シンガポールの財政収支（対GDP比）

(%)
年	値
01	-1.7
02	0.1
03	-1.1
04	-0.1
05	0.7
06	0.0
07	2.9
08	0.1
09	-0.3
10	0.3
11	1.2
12	1.7
13	1.1

（注）会計年度は4月から翌3月。
（出所）CEIC

3．その他の政策課題等

国連が2013年に発表した「World Population Prospects：The 2012 Revision」によるとシンガポールにおける総人口は、2055年の710万人をピークに減少していくと予想されている。また2015年以降高齢化が加速し、社会開発・青年・スポーツ省によると、2030年には65歳以上の高齢化率が18.7％となる見込みであり、高齢化対策は政府の最重要課題の一つに位置付けられている。

2014年の独立記念集会演説でリー首相は、生活保障拡充に向けた社会保障制度「中央設立基金（CPF）[1]」の見直しを発表した。CPFでは55歳になると最低残高を残し預金を引き

---
[1] 雇用主と従業員の双方が従業員の年齢に応じた月給の一定額を積み立てること等を義務付ける社会保障制度。

出せるが、近年の生活費の上昇を考慮してこの規定を緩和。20％を上限に最低残高からの引き出しが認められた。同時に公共住宅（HDBフラット）を所有していない、CPF積立額の不十分な高齢の低所得者を対象とした生活支援「シルバー・サポート・スキーム」を導入するとした。

4．日本との関係

① 在留邦人数：

31,038人（2013年、外務省ホームページ）

② 進出日本企業数：

879社進出（東洋経済新報社　2014年海外進出企業総覧）

日本の対シンガポール直接投資（国際収支ベース、ネット、フロー）

（億円）

	2009年	2010年	2011年	2012年	2013年
シンガポール	2,706	3,319	3,517	1,283	3,550

（出所）財務省国際収支統計

③ 対日輸出、対日輸入

対日輸出額が8,339億円、対日輸入額は2兆2,269億円であり、1兆3,930億円の赤字である（2014年、財務省貿易統計）。シンガポールからみた国ごとの輸出、輸入に占める割合において、日本はそれぞれ、第6位（第1位はマレーシア、第2位は中国、第3位は香港）、第6位（第1位は中国、第2位はマレーシア、第3位は米国）である。

④ ODA（円借款、無償資金協力、技術協力）、国際協力銀行出融資承諾状況

対シンガポール援助形態別実績　　　　　　　　　　　　　　　（億円）

年度	ODA 円借款	無償資金協力	技術協力	国際協力銀行出融資承諾状況
2009年度	−	−	0	84
2010年度	−	−	0	127
2011年度	−	−	0	61
2012年度	−	−	0	353
2013年度	−	−	0	131

タイ

1．概況・基本情報

概要：国土面積は世界で第50位、人口は第20位、名目GDPは第30位、購買力平価ベースのGDPで第22位に位置する。国土の大半が平野部となっており、国土面積の40％を農地が占める。様々な民族で構成されており、民族間の混血がかなり進んでいる。2004年から2013年の平均人口増加率は0.4％。タイの出生率は、ASEANの中でシンガポールに次いで低く、2020年以降は生産年齢人口の減少が予想されている。1997年のアジア通貨危機では、バーツの大規模な投機売りに対し事実上のドルペッグ制の維持を断念して、変動相場制へ変更することが決定された。タイは自由市場経済であり、輸出主導型成長モデルに従い成功を収め、1970年から2009年にかけて平均して年率20％程度輸出額が増加した。最近5年間の平均経済成長率は3.0％。二国間は経済、政治、文化等幅広い面で長年にわたり親密な関係を築いている。直近では2014年11月に日・タイ首脳会談を実施。

① 基本情報

人　口：	6,701万人（2013年、世銀）
面　積：	51.3万km²（世銀、日本の約1.4倍）
首　都：	バンコク
言　語：	タイ語
民　族：	大多数がタイ族、その他華僑、マレー系民族
宗　教：	仏教［小乗仏教］、イスラム教
名目GDP：	3,873億ドル（2013年、IMF（第1次、2次、3次産業の構成比は12.1％：43.6％：44.2％、CIA））
購買力平価ベースのGDP：	9,645億ドル（2013年、IMF）
1人当たりGDP：	5,676ドル（2013年、IMF）
通　貨：	バーツ（1米ドル＝32.91バーツ　2014年12月末日現在）
為替制度：	変動相場制度（IMFによる為替の分類）
独　立：	1932年6月24日
政　体：	立憲君主制
元　首：	プミポン・アドゥンヤデート国王

国際機関・国際会議への加盟・参加状況

G20	ASEAN	ASEAN+3	CMIM	AMRO	EAS	APEC	ASEM	TPP	RCEP	ADB	AfDB	EBRD	IADB	IBRD	IMF	OECD	UN	WTO
−	○	○	○	○	○	○	○	−	○	○	−	○	−	○	○	−	○	○

② 政治状況

　2001年1月の下院総選挙に勝利して政権に就いたタクシン首相（当時）は、主だった選挙公約をわずか1年で次々と実現させ、支持率は2002年7月に70％にまで上昇した。他方政策運営の特徴であるトップ・ダウン型の意思決定等に対する反発から、2006年初めからタクシン首相を糾弾する社会運動が拡大し、同年9月ソンティ陸軍司令官（当時）を中心とする軍部によるクーデターが発生した。2007年12月に下院議員選挙が行われ民政復帰が実現したが、2009年初頭から反クーデターと反政府運動の双方が拡大した。2011年5月に下院は解散され、総選挙の結果、タクシン系政党のタイ貢献党が、民主党に100議席以上の差をつけて勝利し、インラック氏（タクシン元首相の実妹）を首相とする政権が発足した。

　2013年に入ると、政府は大規模インフラ計画のための借入等大胆な政策の実施に着手し、次々と法案を可決させた。一方でタクシン元首相の恩赦、帰国に道を開く内容に修正された大赦法案が強行可決されたことで、反政府デモが拡大。12月、インラック首相は下院を解散し、2014年2月に下院総選挙が実施されたが同年3月、憲法裁判所が同選挙を無効と判決。同年5月には憲法裁判所がインラック首相の職権乱用を認定する判決を下したことで同首相は失職。5月22日、プラユット陸軍司令官を中心とする軍部は、全統治権の掌握を宣言した（クーデター）。その後、7月31日に暫定憲法による国民立法議会の議員200名が公示され、8月に初会議が開催された。8月24日には、軍政トップのプラユット陸軍司令官が首相に正式に就任し、8月31日に発足したプラユット暫定内閣には多くの軍人が入閣した。

2．マクロ経済の概況
① 経済成長率の動向

　タイ経済は、1970年以降、工業化が進み、輸出立国として発展。名目GDPに占める輸出の割合は、2013年時点で74％まで上昇（1990年は34％）しており、ASEAN主要国ではシンガポール、マレーシアに次ぐ水準。また、2013年の民間消費支出対名目GDP比54％、総固定資本形成対名目GDP比27％と内需の割合も高い。

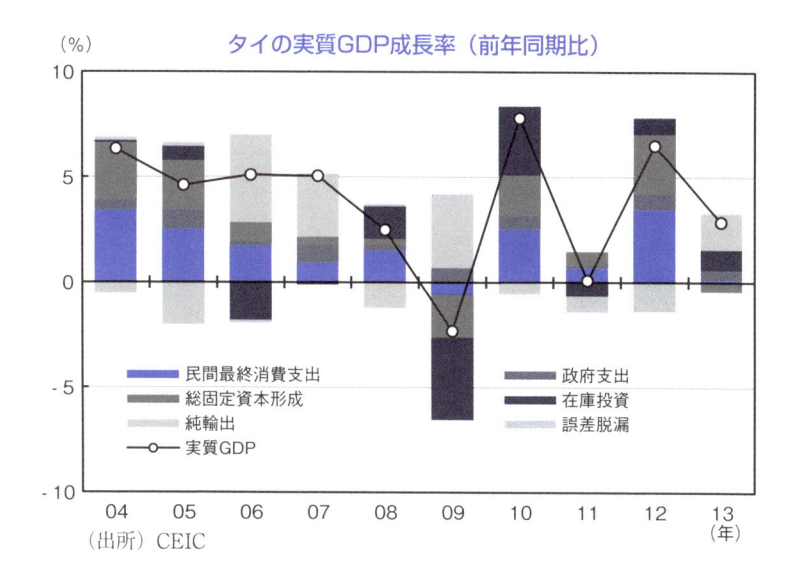

タイの実質GDP成長率（前年同期比）

凡例：民間最終消費支出／政府支出／総固定資本形成／在庫投資／純輸出／誤差脱漏／実質GDP

（出所）CEIC

　2011年の実質GDP成長率は、年度後半の洪水の影響により、0.2%にとどまった。2012年のGDP成長率は、洪水からの復興需要や政府の消費刺激策を背景とした個人消費の伸びにより、6.5%と高成長を記録した。特に、前年同期に大規模洪水に見舞われた第4四半期の成長率は、その反動から前年同期比19.1%と高い成長率となった。2013年に入ると、洪水の影響を受けて、成長率は徐々に減速。特に第3四半期以降は、民間最終消費支出と総固定資本形成が前年同期比でマイナスに落ち込み、通年では2.9%の伸びにとどまった。政局の混乱で投資や消費が冴えず、2014年第1四半期の成長率は前年同期比-0.6%とマイナス成長に転じたが、続く第2四半期は、政治情勢が安定し始め、輸出が伸びたことで前年同期比0.4%とプラス転換した。政府は2014年のGDP成長率予想について、政局の混乱を背景に、当初の4.0%から2.6%へ引下げた（3月）。さらに1－9月期の経済成長低迷を受けて、8月時点では1.5%～2.0%だった成長見通しを再度下方修正し1.0%とした（11月）。

② 国際収支

　タイの貿易収支は、2008年から2009年年初にかけてのリーマン・ショックによる世界経済の減速で輸出が大きく減少し、2008年の黒字幅は縮小した。2009年から2010年にかけては世界経済の回復で輸出が回復。2011年は、10月の洪水で多くの工場が被災し、サプライチェーンが寸断されたことで輸出は大きく減少し、貿易黒字は縮小した。2012年は、外需

低迷のあおりを受け、輸出が停滞。洪水の復興需要等から輸入が堅調に推移したことから、貿易収支黒字は一段と縮小した。2013年も貿易収支の黒字幅縮小の傾向が継続した。

タイ製品別輸出入額の内訳
〈2013年〉

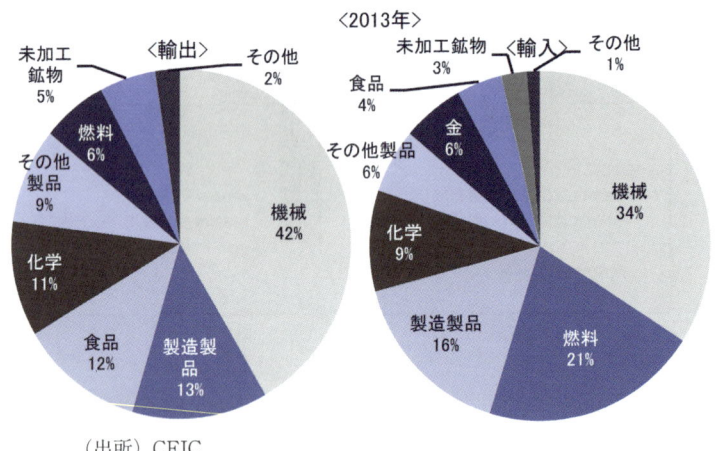

〈輸出〉
- 機械 42%
- 製造製品 13%
- 食品 12%
- 化学 11%
- その他製品 9%
- 燃料 6%
- 未加工鉱物 5%
- その他 2%

〈輸入〉
- 機械 34%
- 燃料 21%
- 製造製品 16%
- 化学 9%
- 金 6%
- その他製品 6%
- 食品 4%
- 未加工鉱物 3%
- その他 1%

（出所）CEIC

　経常収支は、アジア通貨危機以降、通貨の大幅下落と国内の過剰投資の是正からそれまでの赤字傾向から黒字転換し、その後は総じて黒字で推移。しかし、2011年に発生した大洪水により、貿易収支の黒字幅が縮小したことから、経常収支の黒字幅も縮小。2012、13年は貿易収支の黒字幅縮小に加え、所得収支の赤字幅が拡大したことから、2年連続で経常収支は赤字となった。

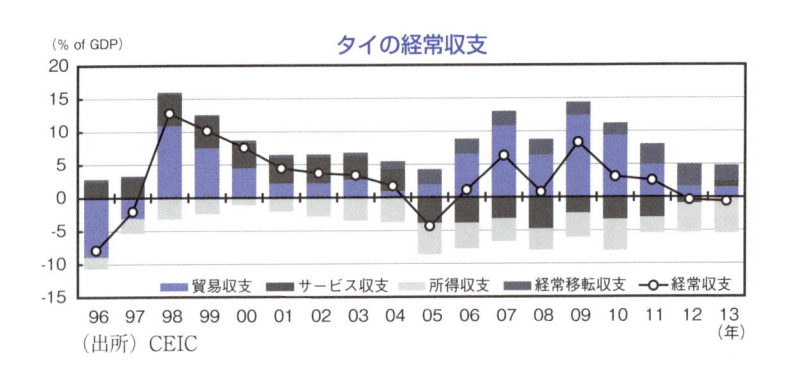

タイの経常収支（% of GDP）

貿易収支／サービス収支／所得収支／経常移転収支／経常収支

（出所）CEIC

124　タイ　　　　　　　　　　　　　　　　　　　東南アジア

資本収支は、2011年は、国内金融機関が海外に資金を移したことで、その他投資（銀行間の資金フロー等）が大幅に流出超となり、全体として流出超に転じた。2012年は証券投資、その他投資の流入超により、資本収支は流入超に転じた。2013年は証券投資が流出超に転じた一方、直接投資は流入超に転じたことから、資本収支は流入超となった。

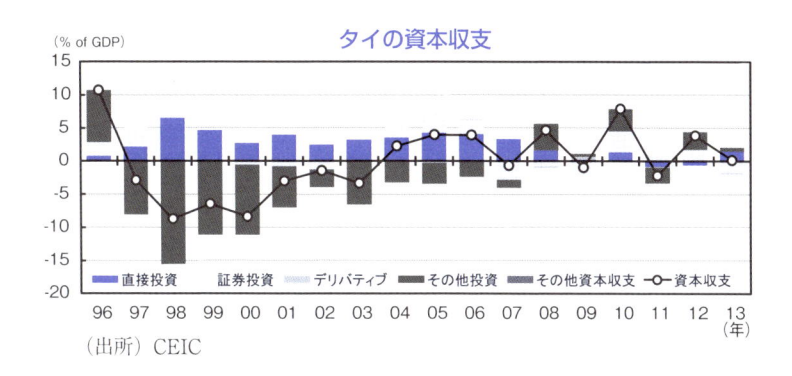

タイの資本収支

(% of GDP)
（出所）CEIC

③ 物価動向・金融政策

タイのCPIのウェイトは食料品が33.5％と高く、食料品価格の変動がCPIに影響しやすい。2011年4月以降、エネルギー価格の上昇や電気料金の引上げ、天候不良による食料品価格の上昇で＋4％まで上昇した（コアCPI:2011年4月以降＋2％台）が、2012年に入ってからは、食料品価格が落ち着いている。

タイ中銀は、インフレターゲット政策を導入しており、2015年のインフレターゲットは総合インフレ率年平均2.5±1.5％となっている。これは、2009年以来採用されていたコアインフレ率四半期平均0.5％～3.0％のターゲットに替わるものである。政策金利としては、翌日物レポレート（1-day bilateral repurchase Rate）を使用。2013年5月、輸出の減速や第1四半期の低成長を受けて、政策金利を2.50％に引き下げた。その後、さらなる景気の減速等を背景に、同年11月、2014年3月にも利下げを実施。2015年1月現在の政策金利は2.00％となっている。

(%) タイのCPI(寄与度分解)

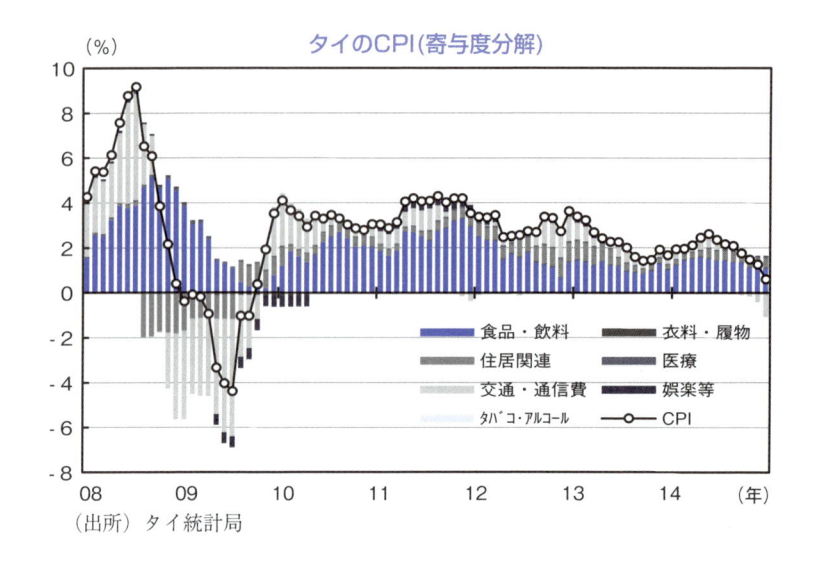

凡例: 食品・飲料／衣料・履物／住居関連／医療／交通・通信費／娯楽等／タバコ・アルコール／CPI

（出所）タイ統計局

④ 為替・外貨準備の動向

　1997年7月、ドルを中心としたバスケット制から管理フロート制（実質的な変動相場制）へ移行。アジア通貨危機以降、大きく減価（25バーツ／ドル（1997年7月）→55バーツ／ドル（1998年1月））。2001年以降は政情不安により一時的にバーツ安になることはあるものの、タイ経済の回復や、2012年半ば以降の貿易収支の黒字基調、世界的な金融緩和による資金の流入により、バーツ高の傾向にある。2013年4月には一時28.56バーツ／ドルと、約15年ぶりの高値を記録。2013年5月下旬、米国FRBが量的緩和策の早期縮小を示唆したことから、新興国から資金流出が加速。加えて、同年後半から続いている政局の混乱等が嫌気され、足元の対ドル相場は、32.91バーツ／ドル（2014年12月末日）。

　欧州債務危機の拡大による新興国通貨の大幅な下落により2011年9月に外貨準備高は大幅に減少したものの、2014年9月の外貨準備高／短期債務残高は2.7倍、2014年9月の外貨準備高／輸入額は7.4カ月分と、安定した水準を維持している。

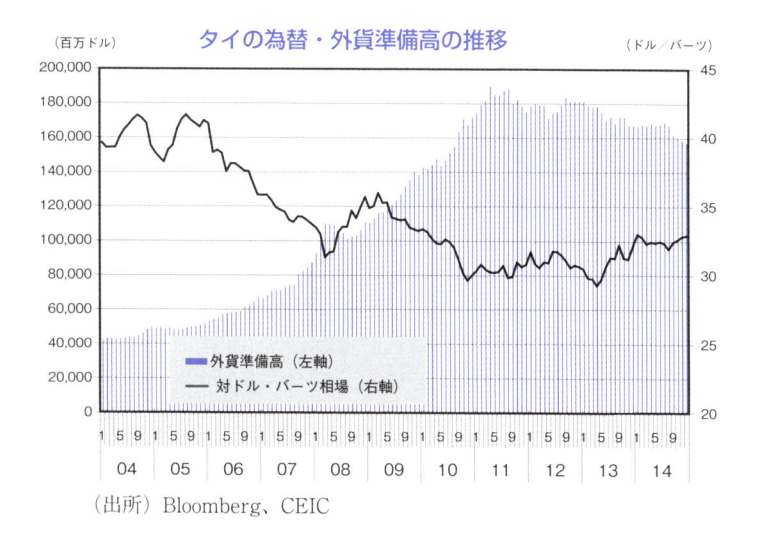

（百万ドル）　タイの為替・外貨準備高の推移　（ドル／バーツ）

（出所）Bloomberg、CEIC

⑤ 財政政策

　タイの財政年度は、当年10月から翌年9月。閣議承認を経て国会に提出された予算案は、下院と上院の承認により成立する。

　2014年5月に発生したクーデター以前の選挙管理内閣下では、同年1月頃から開始される予定であった同年度予算編成作業が進んでいなかったが、クーデター後、予算案を国家平和秩序委員会（NCPO：The National Council for Peace and Order）が急ピッチで作成し、6月10日に承認。2015年度予算は、歳入は2兆3,250億バーツ、歳出は2兆5,750億バーツとなっており、財政赤字は2,500億バーツとなる。歳出のうち投資支出は4,500億バーツと、17.5％を占める（前年度比2.3％）。

タイの財政収支（対GDP比）

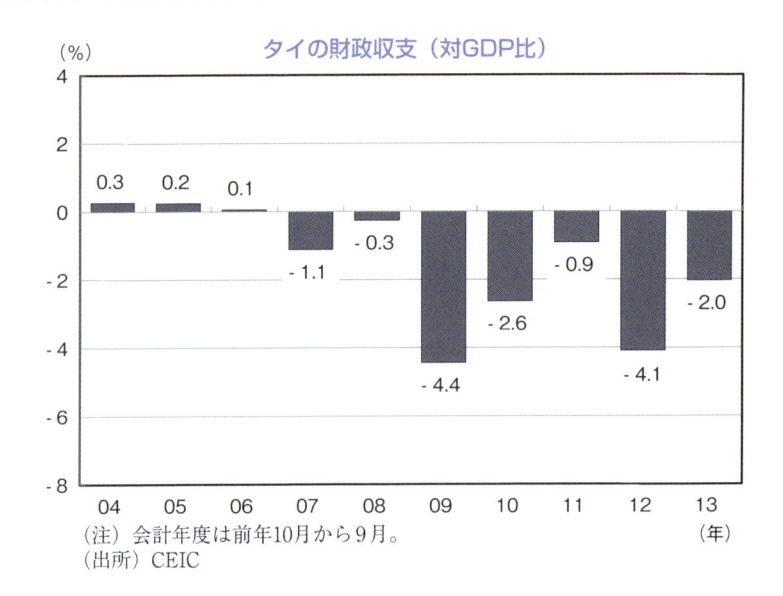

年	04	05	06	07	08	09	10	11	12	13
(%)	0.3	0.2	0.1	-1.1	-0.3	-4.4	-2.6	-0.9	-4.1	-2.0

（注）会計年度は前年10月から9月。
（出所）CEIC

3．その他の政策課題等

　2011年8月に発足したインラック政権は、外需や為替の変動に左右されがちな過度の輸出依存の経済構造を改め、内需主導での持続成長を目指す方針を表明。「内需主導への転換」を掲げ、最低賃金の引上げや農家からのコメの高値買い上げ、自動車や住宅向けの減税等を実行。これらの景気対策後、現在のタイ経済は対GDP比約8割に膨張した家計債務と消費意欲の後退に悩まされている。2014年3月末時点の家計債務残高は9.9兆バーツ。対GDPの家計負債比率は83%であり、リーマン・ショック直前の4.8兆バーツ（同比率54%）から急増している。2014年8月に発足したプラユット暫定政権ではエネルギー改革やコメ担保融資政策の廃止等これまでの政策を否定する一方で、相続税・固定資産税の導入等の税制改革に取組み、格差是正も目指している。

4．日本との関係

① 在留邦人数：

　55,634人（2013年、外務省ホームページ）

② **進出日本企業数：**

1,402社進出　（東洋経済新報社　2014年海外進出企業総覧）

日本の対タイ直接投資（国際収支ベース、ネット、フロー）

(億円)

	2009年	2010年	2011年	2012年	2013年
タイ	1,523	1,983	5,576	464	10,132

（出所）財務省国際収支統計

③ **対日輸出、対日輸入**

対日輸出額が2兆2,991億円、対日輸入額は3兆3,203億円であり、1兆212億円の赤字である（2014年、財務省貿易統計）。タイからみた国ごとの輸出、輸入に占める割合において、日本はそれぞれ、第3位（第1位は中国、第2位は米国）、第1位（第2位は中国、第3位は米国）である。

④ **ODA（円借款、無償資金協力、技術協力）、国際協力銀行出融資承諾状況**

対タイ援助形態別実績　(億円)

年度	ODA 円借款	無償資金協力	技術協力	国際協力銀行 出融資承諾状況
2009年度	45	2	24	171
2010年度	239	12	28	130
2011年度	―	3	35	659
2012年度	―	90	35	427
2013年度	―	1	28	351

⑤ **主な円借款案件**

日本のタイに対するODAは1954年の技術協力においてタイから研修員を受け入れたことから始まる。タイにとって日本はこれまで最大のODA供与国であり、タイの経済発展に大きく貢献してきている。タイは2010年に中進国（国民1人当たりGNIが3,976ドル以上6,925ドル以下の国）入りを果たしたが、さらなる社会・経済発展を持続させるためには、環境・気候変動問題、高齢化問題、社会的弱者支援といった国内の課題への取組のほか、2011年の洪水被害を踏まえた洪水対策、鉄道等のインフラ整備の拡大が必要である。また、ASEAN経済圏において、タイはインドシナ半島の中心に位置する地政学上の重要性を有することに加え、2015年のASEAN共同体設立に向けて中心的な役割を担い

ASEAN及びメコン地域発展のための鍵となる国である。日本外務省による対タイ王国国別援助方針（2012年12月）では、「戦略的パートナーシップに基づく双方の利益増進及び地域発展への貢献の促進」を大目標に掲げ、ASEAN連結性強化、格差是正といった域内共通課題へ協力して積極的に取り組むとしている。

○ バンコク大量輸送網整備計画（レッドライン）（Ⅰ）（630.18億円、2009年3月交換公文署名）

バンコク首都圏は、1,000万人を超える人口を擁するタイの政治・経済の中心地である。タイの経済成長に伴い都市部の産業活動は活発化し、自動車等の車両が増加しており、自動車に依存する交通システムがバンコク首都圏の交通渋滞を深刻化させているほか、車両の排気ガスが引き起こす大気汚染も問題視されている。

タイ政府は、バンコク首都圏の交通渋滞や環境問題の解消を図るため「大量輸送システム投資計画（2005－2012）」を策定し、2005年から2012年にかけてバンコク首都圏に7路線の都市鉄道を整備する計画を掲げた。本事業では、バンコク首都圏に都市鉄道レッドライン（バンスー〜ランシット間）を建設し、輸送需要への対応が不十分な郊外とバンコク中心部を結ぶことが計画されている。本事業対象のバンスーからランシット区間沿線の人口は年々増加することが予想されており、今後さらに交通需要の増加が見込まれている。本事業では既存の地下鉄・都市鉄道路線とバンスー駅で直結する等ネットワーク化を図ることにより、バンコク中心部から広がる大量輸送網の拡充、バンコクの交通渋滞緩和及び排気ガス削減による大気汚染の改善が期待されている。

日本もこの取組を支援し、ブルーライン（2004年7月開業）、パープルライン（2016年開業予定）の整備に対して円借款を供与している。

東ティモール

1. 概況・基本情報

概要：国土面積は世界で第156位、人口は第157位、名目GDPは第148位、購買力平価ベースのGDPで第150位に位置する。21世紀に新たに独立した国家。旧宗主国であるポルトガルの言語圏とのつながりが深く、人口のほぼ100%がキリスト教徒（大半がカトリック）。2004年から2013年までの年平均の人口増加率は2.3%。独立にかかる紛争・治安悪化から2012年まで国連の管理下におかれていたものの、現在は復興期を脱している。東ティモール経済の最大の課題は、石油・天然ガス収入への過度な依存からの脱却であり、雇用創出のためにも、民間セクターの経済活動を活性化させる必要がある。

① 基本情報

人 口：	118万人（2013年、世銀）
面 積：	1.5万km²（世銀、東京・千葉・埼玉・神奈川の合計面積とほぼ同じ）
首 都：	ディリ
言 語：	テトゥン語、ポルトガル語
民 族：	テトゥン族等が大半のメラネシア系、マレー系、中華系他
宗 教：	キリスト教、イスラム教
名目GDP：	49億ドル（2013年、IMF（第1次、2次、3次産業の構成比は2.6%：81.6%：15.8%、CIA））
購買力平価ベースのGDP：	92億ドル（2013年、IMF）
1人当たりGDP：	4,142ドル（2013年、IMF）
通 貨：	米ドル、センタボ貨（1米ドル以下の硬貨）
為替制度：	ペッグ制度（IMFによる為替の分類）
独 立：	2002年5月20日
政 体：	共和制
元 首：	タウル・マタン・ルアク大統領

国際機関・国際会議への加盟・参加状況

G20	ASEAN	ASEAN+3	CMIM	AMRO	EAS	APEC	ASEM	TPP	RCEP	ADB	AfDB	EBRD	IADB	IBRD	IMF	OECD	UN	WTO
–	–	–	–	–	–	–	–	–	–	○	–	–	–	○	○	–	○	–

② 政治状況

現在の東ティモール領は、1975年にポルトガルによる植民地支配が終焉し、同時にインドネシアへと併合された。インドネシアは1998年のスハルト大統領の退陣以降、独立を容認する立場へと転換。その後、独立派と独立反対派との武力衝突に対して国連安保理が介入する事態に発展したものの、1999年の国民投票を経て2002年に大統領選挙を実施のうえ、独立を果たした。独立後も政治的混乱による治安悪化が著しかったため、国連安保理は東ティモール統合ミッションを設立して治安の安定化を図っていたが、2012年末に同ミッションの任期は終了した。2011年、国作りの基本となる中期開発計画「戦略開発計画」を発表し、紛争からの復興期を脱して本格的な国作りの段階に至っている。同年にはASEANへの加盟を正式に申請し、早期の加盟に向けた取組を続けている。また、2015年2月には首相が交代し新内閣が発足したところ。

2．マクロ経済の概況
① 経済成長率の動向

輸出がGDPの7割以上を占めており、そのほとんどが石油・天然ガス輸出である。潤沢な石油・天然ガス収入を背景とした積極的な政府支出により、2009年から2013年までの平均実質GDP成長率（石油・ガス収入を除く）は約10％と、高い水準を記録している。近年は石油生産量の減少を考慮に入れ、政府支出を持続可能な水準へと抑制する方針をとっていることにより、2012年の実質GDP成長率はそれまでよりも低い7.8％となった。中期的には、政府主導型から民間セクター主導の均衡ある成長へと移行し、成長率は5～7％台が続くとみられている。

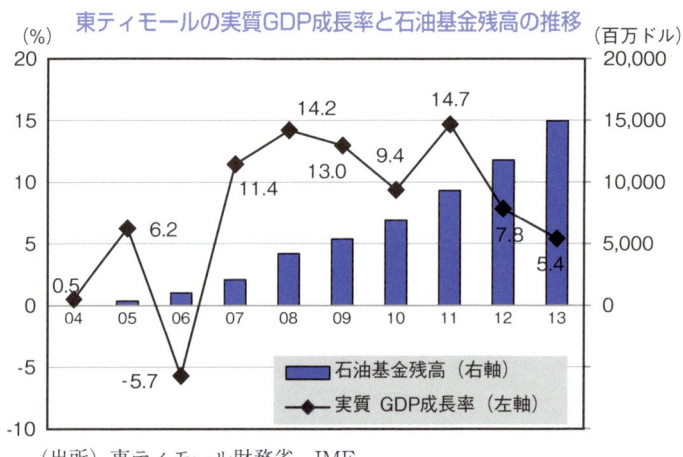

東ティモールの実質GDP成長率と石油基金残高の推移

年	実質GDP成長率（％）	石油基金残高（百万ドル）
04	0.5	
05	6.2	
06	-5.7	
07	11.4	
08	14.2	
09	13.0	
10	9.4	
11	14.7	
12	7.8	
13	5.4	

（出所）東ティモール財務省、IMF

政府は石油・天然ガス収入をプールする目的で2005年に石油基金を立ち上げており、基金の残高は2014年11月時点でGDPの約3倍の168億ドルまで積み上がっている。
　一方、石油・天然ガス以外の産業への多角化が課題であり、主要産業の農業のほか、観光業や石油関連製品の製造業の発展が目指されている。輸出用作物としては、特にコーヒー栽培に注力しており、主な輸出先は米国、ドイツ、日本等となっている。また、首都ディリの空港や港湾、道路等のインフラ整備が進んでいることを背景に、海外からの直接投資が増加しており、セメントや食品加工などの労働集約型産業の発展が期待されている。

②　国際収支

　東ティモールは、資本財や食料品のほとんどを輸入に頼っており、石油・天然ガスを除いた貿易収支は赤字が恒常化している。また、石油・天然ガスを除くと、最大の輸出品目はコーヒーとなっている。なお、石油・天然ガスはパイプラインを通じ豪州から輸出しているため、統計上計上されていない。

③　物価動向・金融政策

　輸入依存度が高いことから、東ティモールの物価は世界的な物価動向の影響を受けやすい。2013年頃までは、積極的な政府支出が続き、世界的な食料品価格の上昇も重なり、2011年から2桁台のインフレ率となっていた。しかし、2014年以降は政府支出の抑制によりインフレ圧力は弱まってきている。
　使用通貨を米ドルとする完全ドル化政策をとっていることにより、過度なインフレは抑制されているものの、独立した金融政策をとることはできない構造となっている。

④　為替・外貨準備の動向

　金融システムは未発達であり、使用通貨は米ドル。2012年に中央銀行が政府の銀行・給与局から独立したものの、自国通貨としては1米ドル以下の硬貨であるセンタボ硬貨が流通するにとどまっている。新たな自国通貨を発行したうえでの独自の為替制度の設立は、時期尚早として未だ検討されていない。
　外貨準備高は、2009年の250百万米ドルから2012年末には約900百万米ドルへ増加している。

⑤　財政政策

　2012年に策定された新たな財政枠組みでは、歳出を抑制すること、歳入については海外直接投資の促進と民間セクターの拡大による税収、電気代等の収入を増加させることとと

もに、徴税機関の強化することが最大の目標とされている。

3．その他の政策課題等

　東ティモール政府は、2030年までに上位中所得国入りすることを目標としており、そのためには2009年の時点で全人口の約4割という高い貧困率を低減させることが大きな課題である。

　また、当国は世界有数の石油依存国であり、資源収入に依存する経済構造から脱却し、資源以外の産業を育成及び多角化、雇用の創出を図ることが最大の課題である。

4．日本との関係

① 在留邦人数：
　107人（2013年、外務省ホームページ）

② 進出日本企業数：
　0社（東洋経済新報社　2014年海外進出企業総覧）

③ 対日輸出、対日輸入

　対日輸出額は199億円、対日輸入額は99億円であり、100億円の黒字である（2014年、財務省貿易統計）。東ティモールから見た国ごとの輸出、輸入に占める割合において、日本はそれぞれ、第9位、第8位（2013年 UN Comtrade Database）。

④ ODA（円借款、無償資金協力、技術協力）、国際協力銀行出融資承諾状況

対東ティモール援助形態別実績　　　　　　　　　　　　　　　　　　（億円）

年度	ODA 円借款	ODA 無償資金協力	ODA 技術協力	国際協力銀行出融資承諾状況
2009年度	－	25	6	－
2010年度	－	16	7	－
2011年度	53	4	7	－
2012年度	－	2	9	－
2013年度	－	6	11	－

⑤ 主な円借款案件

　2012年3月に、「国道1号線整備計画」のため52億7,800万円を限度とする円借款の交換文書が署名された。この道路は、首都ディリと第二の都市バウカウを結ぶ主要幹線道路であり、円借款により国際標準規格の道路に改修する事業。東ティモールに対する初めての円借款であり、東ティモールにとっても海外から受け入れる初の借款となった。

ベトナム

1. 概況・基本情報

概要：国土面積は世界で第67位、人口は第14位、名目GDPは第58位、購買力平価ベースのGDPで第37位に位置する。国土は南北1,650km、東西600kmに広がる。人口の約86%をキン族が占めるが他に53の少数民族で構成される多民族国家である。2004年から2013年の平均人口増加率は1.1%で、若年層の割合が高い。最近5年間の平均経済成長率は5.7%。1986年の第6回党大会にて採択された市場経済システムの導入と対外開放政策を柱としたドイモイ（刷新）路線を維持。2020年までに近代工業国化することを目標としており、外国投資を活用し軽工業から重工業中心の産業発展への転換を目指している。日本との関係は良好であり、2013年1月には安倍総理が就任後最初の外遊先としてベトナムを訪問。同年12月には、日・ASEAN特別首脳会議への出席のためズン首相が訪日し、地域的課題を共有し経済的に相互補完関係にある重要なパートナーとして、日越間の「戦略的パートナーシップ」を更に発展させていくことが確認された。

① 基本情報

人　口：	8,971万人（2013年、世銀）
面　積：	33.1万km²（世銀、九州を除いた日本の面積に相当）
首　都：	ハノイ
言　語：	ベトナム語
民　族：	キン族、その他53の少数民族
宗　教：	仏教〔大乗仏教〕、キリスト教〔カトリック〕
名目GDP：	1,706億ドル（2013年、IMF（第1次、2次、3次産業の構成比は19.3％：38.5％：42.2％、CIA））
購買力平価ベースのGDP	4,750億ドル（2013年、IMF）
1人当たりGDP：	1,752ドル（2013年、IMF）
通　貨：	ドン（1米ドル＝21,388ドン　2014年12月末日現在）
為替制度：	ペッグ制度（IMFによる為替の分類）
独　立：	1945年9月2日
政　体：	社会主義共和制（共産党一党独裁）
元　首：	チュオン・タン・サン国家主席

国際機関・国際会議への加盟・参加状況

G20	ASEAN	ASEAN+3	CMIM	AMRO	EAS	APEC	ASEM	TPP	RCEP	ADB	AfDB	EBRD	IADB	IBRD	IMF	OECD	UN	WTO
−	○	○	○	○	○	○	○	○	○	○	−	−	−	○	○	−	○	○

② 政治状況

ベトナムは、共産党の下に国家機構が運営されており、政治局員16名、中央委員約175名を中心とする意思決定システムを採用。政治局員は原則65歳まで、中央委員は60歳までの定年制を導入している。国会は一院制（定員500名、任期5年、中選挙区制）で年2回招集される。2011年1月、5年に1度の全国党大会が開催され、10年後の近代工業国家入りを目指す「10カ年発展戦略」等の文書が採択された。同年5月、国会議員選挙が行われ、同年7月の第13期国会において、グエン・シン・フン国会議長、チュオン・タン・サン国家主席が選出され、グエン・タン・ズン首相が再選される等、政府の組織改編が承認された。昨今では、国会による指導者への信任投票の実施等、共産党一党体制にありながら民主的要素を取り入れる動きも出てきているとともに、次期全国党大会を2016年に控え、現在、新たな指導部の体制整備が進められている。

2．マクロ経済の概況
① 経済成長率の動向

ベトナム政府は、計画経済から市場経済への移行、対外開放政策を推進し、1990年から2010年にかけては、年平均GDP成長率が7％を超える等、これまで順調な経済発展を遂げてきた。他方、GDPの約4割を占める国有企業の非効率な運営が経済発展の妨げとなっていることが指摘されており、国有企業の「株式会社化」（株式会社化への組織変更及びその一部株式を投資家等に売却すること）等の改革の進展が重要となっている。

リーマン・ショック後、2011年1月の全国党大会後に、政府はインフレ抑制、マクロ経済安定及び社会保障強化のための諸政策を優先的に実施することを決定し、それまでの景気拡大指向の政策を大きく転換した。その結果、政策金利を急激に引き上げたことで、高騰していたインフレ率は低下した一方、2011年、2012年の実質GDP成長率は各5.9％、5.0％と急激に景気は減速した。しかしながら、2013年は、第3次産業が成長を牽引したことで、実質GDP成長率は5.4％まで回復した。2014年は、外国資本を中心とした製造業が好調であったことを受け、政府目標（5.8％）を上回る成長率となる見込み。なお、2015年の実質GDP成長率の政府目標は、世界経済の回復基調による好影響を勘案し、6.2％とされている。

(%) ベトナム実質GDP成長率

凡例: 誤差脱漏／純輸出／総固定資本形成／政府支出／民間最終消費支出／実質GDP

(出所) CEIC　(年)

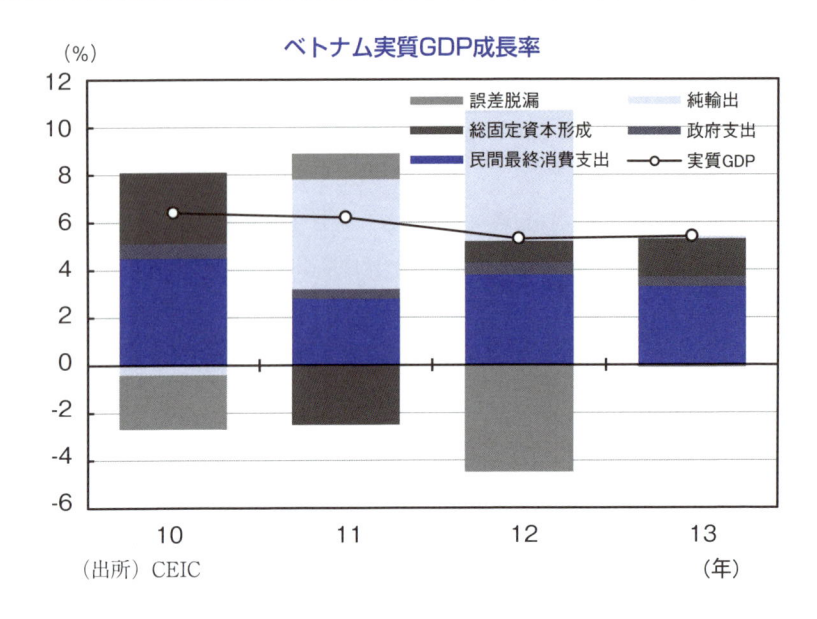

② 国際収支

　ベトナムの国際収支は、貿易赤字を越僑（海外在住ベトナム人）からの送金や資本収支の流入超で埋め合わせる構造が続いてきた。この背景としては、同国では輸出において一次産品（原油、コメ、コーヒー等）及び低付加価値の製品（縫製品、履物等）が大部分を占めるのに対し、機械設備など高付加価値品を輸入してきたことが影響している。また、原材料、中間財、資本財の多くを輸入に依存しているため、国内経済の拡大局面において輸入が拡大する傾向にあったものの、サプライヤーの蓄積が徐々に進んできていること及び外国資本による携帯電話等の輸出額が大幅に増加したことから、2012年以降、3年連続で貿易黒字を維持することができる見込み。

ベトナム製品別輸出入額の内訳

〈2013年〉

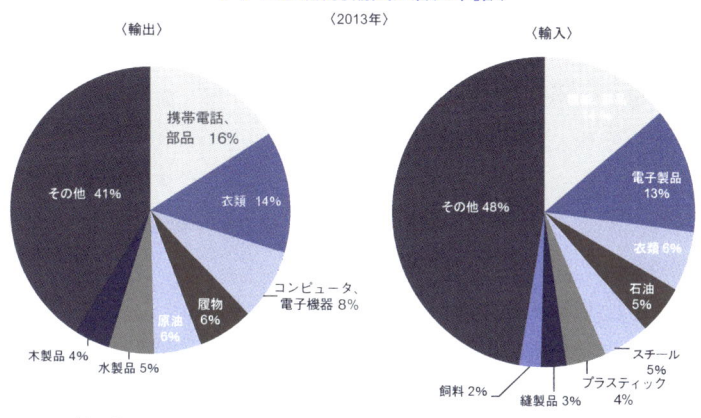

〈輸出〉
- その他 41%
- 携帯電話、部品 16%
- 衣類 14%
- コンピュータ、電子機器 8%
- 履物 6%
- 原油 6%
- 水製品 5%
- 木製品 4%

〈輸入〉
- その他 48%
- 機械、部品 14%
- 電子製品 13%
- 衣類 6%
- 石油 5%
- スチール 5%
- プラスチック 4%
- 縫製品 3%
- 飼料 2%

（出所）CEIC

ベトナムの経常収支

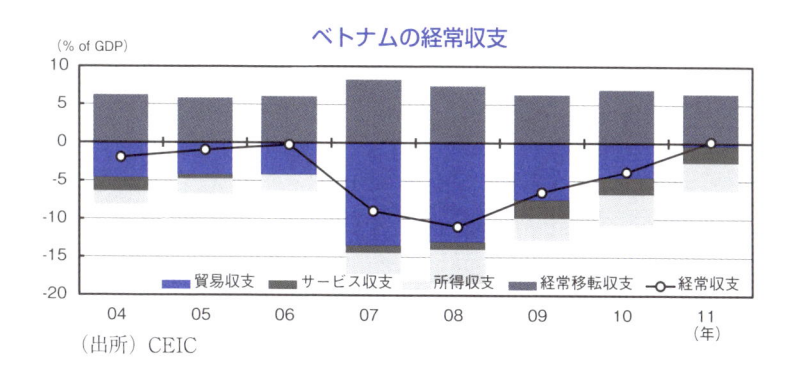

凡例：貿易収支、サービス収支、所得収支、経常移転収支、経常収支（% of GDP）

（出所）CEIC

ベトナムの資本収支

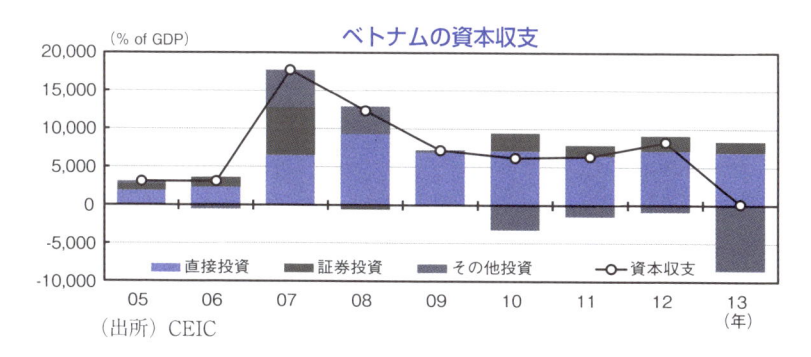

凡例：直接投資、証券投資、その他投資、資本収支（% of GDP）

（出所）CEIC

③ 物価動向・金融政策

　金融政策については、ベトナム国家銀行がその目標設定や運用方針の決定に関与しつつ行われている。2011年の全国党大会以降、マクロ経済の安定化を優先する政策に転換し、急激な引締めを実施した結果、インフレ率は2011年8月（前年同月比23.0％）をピークに着実に低下してきている。2014年は、年平均4.1％となり、政府の目標（7％以内）を大幅に下回る結果となった。ベトナム国家銀行は、インフレ率の継続的な低下を受け、2014年10月、主要政策金利の一つであるドン預金金利を0.5％下げ、6.0％とした。

④ 為替・外貨準備の動向

　ベトナム政府は、1999年以降、クローリングペッグ制（為替相場の変更を事前にアナウンスし、一定割合ずつ変化させて固定相場を維持する制度）を導入し、対米ドル為替相場を管理している。公表された公定レートに基づき、許容変動幅（公定レート±1％）に収まるように為替レートは固定化されている。2014年、ベトナム国家銀行は、公定レートの調整幅を「2％以内」とする目標を掲げていたが、同年6月、輸出企業の支援を目的に1％の切り下げを実施した。その後、2015年1月、更に1％の切り下げを実施したことで、2015年1月末時点の対米ドル公定レートは、1米ドル＝21,458ドンとなっている。現在、値幅制限が規定されているのはドン／米ドル取引のみであり、その他の主要通貨（ユーロ、円、シンガポールドル等）との取引値幅制限はない。

　外貨準備高については、従来、経常収支が赤字傾向であったこともあり、減少傾向にあったものの、貿易収支が改善された昨今においては、増加傾向にある。ベトナム国家銀行の発表によれば、2014年9月末時点の外貨準備高は370億ドルまで回復している。

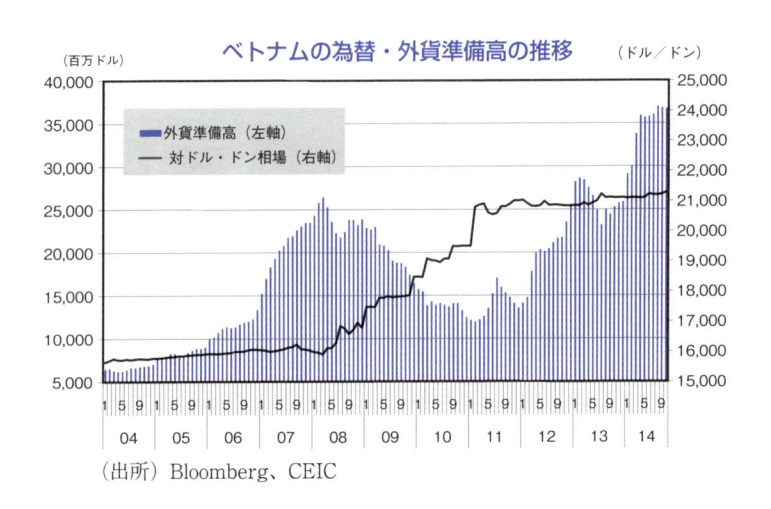

ベトナムの為替・外貨準備高の推移

（出所）Bloomberg、CEIC

なお、金融政策・外貨準備金の運用の独立性や情報公開を高める国家銀行法改正法が2010年6月に国会を通過した。また、2014年初めより、ベトナム国家銀行総裁による国会への外貨準備高の定期的な報告が求められるようになっている。

⑤ 財政政策

ベトナム政府の歳入・歳出予算については、毎年、前年秋の国会において審議され決定されるものの、その段階では歳出項目の詳細に関する公表がない等、情報開示の不透明性が指摘されている。また、本来歳出として計上されるべき一部の支出項目（防衛関連費等）が、歳出予算に計上されていない等の問題もある。2015年歳入予算額は911兆ドン、歳出予算額は1,082兆ドンとなっており、いずれも対前年比で15％以上の増額となっている。対GDP比財政収支は−5.0％と、前年（−5.3％）に比べ、若干ではあるが改善される見込み。なお、歳出面では、公共事業費、経済対策費（含む観光促進費）の伸びが大きく、更なる経済成長を意識した内容となっている。

公的債務の状況については、2013年末時点で、対GDP比公的債務残高は54.2％となっている。公的債務残高の約49.7％は対外債務残高が占めている。また、ベトナム財政省が公表した資料によれば、国有企業が抱える対外債務残高を含めた場合、対GDP比公的債務残高は約75％程度まで上昇することが明らかとなっており、公的債務の再構築が喫緊の課題と認識されている。

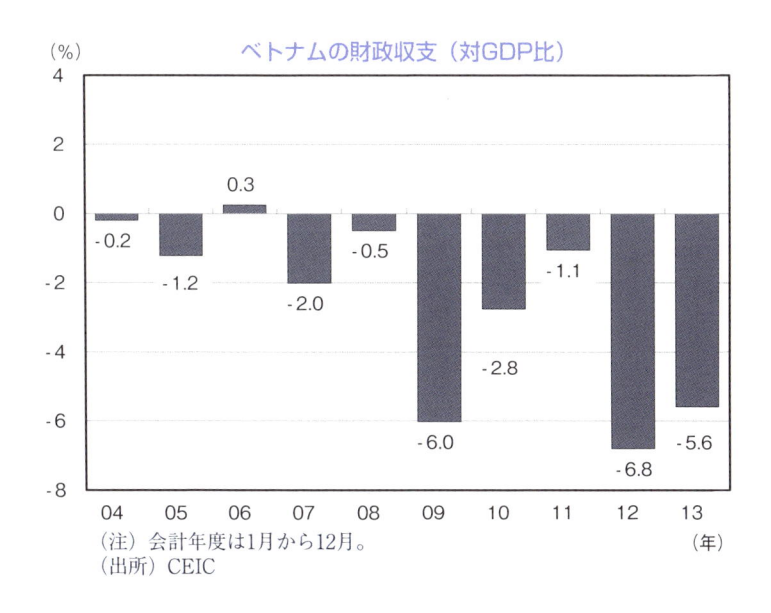

ベトナムの財政収支（対GDP比）

年	財政収支（％）
04	−0.2
05	−1.2
06	0.3
07	−2.0
08	−0.5
09	−6.0
10	−2.8
11	−1.1
12	−6.8
13	−5.6

（注）会計年度は1月から12月。
（出所）CEIC

3．その他の政策課題等

　1990年代中頃の「第一次ベトナムブーム」、2004年頃からの「第二次ベトナムブーム」ほどの勢いはないものの、2010年以降、日本企業も含めた外国資本のベトナム進出は着実に増加しており、当面は、ベトナム政府は、安価な労働力等を背景に外国資本を積極的に呼び込む成長モデルを継続する見込みである。しかしながら、製造業一般労働者の最低賃金の急騰等に見られるように、これまでのベトナムの比較優位性を維持できない現状にも直面しており、内需主導による成長のあり方についても模索され始めている。

4．日本との関係

① 在留邦人数：

　12,254人（2013年、外務省ホームページ）

② 進出日本企業数：

　574社進出　（東洋経済新報社　2014年海外進出企業総覧）

　日本の対ベトナム直接投資（国際収支ベース、ネット、フロー）

（億円）

	2009年	2010年	2011年	2012年	2013年
ベトナム	531	636	1,495	2,049	3,177

（出所）財務省国際収支統計

③ 対日輸出、対日輸入

　対日輸出額が1兆6,300億円、対日輸入額は1兆2,528億円であり、3,772億円の黒字である（2014年、財務省貿易統計）。ベトナムからみた国ごとの輸出、輸入に占める割合において、日本はそれぞれ、第2位（第1位は米国、第3位は中国）、第3位（第1位は中国、第2位は韓国）である。

④ ODA（円借款、無償資金協力、技術協力）、国際協力銀行出融資承諾状況

対ベトナム援助形態別実績　　　　　　　　　　　　　　　　　　　　（億円）

年度	ODA 円借款	無償資金協力	技術協力	国際協力銀行出融資承諾状況
2009年度	1,456	35	61	92
2010年度	866	35	72	128
2011年度	2,077	55	105	227
2012年度	2,029	17	85	3
2013年度	2,020	15	83	1,778

⑤ 主な円借款案件
○ ニソン製油所・石油化学コンプレックス建設プロジェクト

　急速な経済の成長に伴い石油需要も増加しているベトナムは、産油国でありながら、国内の石油精製設備が不足しているため、ガソリン等石油製品は輸入に依存している。そのため、エネルギー安全保障の観点からも自国での製油所建設が必要とされており、ベトナム政府は、2007年12月に閣議決定された「国家エネルギー開発戦略2020年及び2050年展望」の中で、石油製品の国内需要を満たすために製油所の段階的な開発を行い、石油精製能力を増強することとしている。

　本プロジェクトは上記製油所建設計画の一つであり、ベトナムのタインホア省（ハノイから南へ約200km）において日量20万バレルの製油所及び石油化学プラントを新規に建設し、クウェートから輸入した原油を同製油所にて精製し、ディーゼル、ジェット燃料等石油製品及びポリプロピレン、パラキシレン、ベンゼン等高付加価値の石油化学製品を生産するもの。本邦の石油会社及び石油化学会社、ペトロベトナム及びクウェート国際石油の出資によって設立された合弁会社であるニソン精製有限責任会社（Nghi Son Refinery and Petrochemical Limited Liability Company：NSRP）が事業を行い、生産される石油製品はベトナム国内向けに、石油化学製品はアジア市場向けに、それぞれ販売される予定である。

　本プロジェクトがベトナムの社会・経済インフラ整備、産業の多角化、雇用創出等の促進に貢献するとともに、日本企業が本プロジェクトに参画することで、日本の石油精製・石油化学産業の国際競争力の維持及び向上に寄与することが期待される。

南アジア

バングラデシュ

1．概況・基本情報

概要：国土面積は世界で第93位、人口は第 8 位、名目 GDP は第59位、購買力平価ベースの GDP は第36位に位置する。民族構成は、ベンガル人が大半を占め、残りは仏教系少数民族のチャクマ族等が占めている。2004年から2013年の平均的な人口増加率は1.2%。日本の約 4 割の国土面積に約1.6億人の人口を有し、人口密度も高い（2013年で世界第 6 位）。大河（ガンジス川、ブラフマプトラ川、メグナ川）により国土を東西南北に分断されたデルタ地帯に位置し、熱帯モンスーンの影響を強く受けるため、広範囲で洪水が生じているが、一方それにより土壌が肥沃となり、豊かな穀倉地帯であったことから、「黄金のベンガル」とも呼ばれてきた。しかしながら、インフラの整備等に課題があり未だアジアの最貧国から抜け出せていない。

1971年の独立後、1975年のクーデター以降の軍事政権による支配を経て、1991年の総選挙により民主的手続に基づく政治体制に移行し、民主制移行後は経済自由化政策が推進されている。2008年のリーマンショックやその後の欧州経済危機等の影響を受けつつも、安価で豊富な労働者を魅力として縫製業を主に軽工業の外資の進出が盛んとなっている。縫製品の海外輸出、海外労働者送金の伸長等により、近年も高い経済成長率を維持し続けている。

日本とは友好な関係を継続しており、日本はバングラデシュにとって、最大の二国間 ODA 供与国である。2014年 5 月にハシナ首相が訪日し、両国関係を飛躍的に発展させるための「包括的パートナーシップ」を立ち上げることで一致。また安倍首相は、2014年より概ね 4 年から 5 年を目途に、バングラデシュに対し、円借款を中心とする最大6,000億円の経済協力を行い、同国のインフラ整備、地域連結性の向上、投資環境整備に取り組んでいくことを表明。さらに同年 9 月には、安倍首相がバングラデシュを訪問し、2015年10月の国連安全保障理事会の非常任理事国選挙における日本への支持を求め、ハシナ首相はこれに応じた。

① 基本情報

人　口：	1億5,660万人（2013年、世銀）
面　積：	14.8万㎢（世銀、日本の約4割）
首　都：	ダッカ
言　語：	ベンガル語（国語）
民　族：	ベンガル人、チャクマ族等（仏教徒系少数民族）
宗　教：	イスラム教徒、ヒンズー教徒、仏教徒、キリスト教徒
名目GDP：	1,618億ドル（2013年、IMF（第1次、2次、3次産業の構成比は17.2%：28.9%：53.9%、CIA））
購買力平価ベースのGDP：	4,960億ドル（2013年、IFM）
1人当たりGDP：	1,033ドル（2013年、IMF）
通　貨：	タカ（1米ドル＝77.9250タカ　2014年12月末日現在）
為替制度：	ペッグ制度（IMFによる為替の分類）
独　立：	1971年3月26日（独立宣言、独立記念日） 1971年12月16日（パキスタンより独立、戦勝記念日）
政　体：	共和制
元　首：	Md. アブドゥル・ハミド大統領

国際機関・国際会議への加盟・参加状況

G20	ASEAN	ASEAN+3	CMIM	AMRO	EAS	APEC	ASEM	TPP	RCEP	ADB	AfDB	EBRD	IADB	IBRD	IMF	OECD	UN	WTO
−	−	−	−	−	−	−	〇	−	−	〇	−	−	−	〇	〇	−	〇	〇

② 政治状況

　バングラデシュは1971年12月のパキスタンからの独立以後、1990年まで軍事政権が続いたが、1991年の憲法改正で議院内閣制へと体制を変更した。以降、5年おきに総選挙を実施し、選挙の都度、政権交代が起きていた（1991年、1996年、2001年、2008年）。バングラデシュは選挙の度に、ハルタル（野党による大規模なゼネスト）が実施されており、2013年のハルタルは、政権与党であるアワミ連盟に対し、野党であるバングラデシュ民族主義党（BNP）とイスラム協会（JI）が、政権交代を目指し起こしたものであった。道路は封鎖され、死者は300人を超え、経済活動が停滞した。しかしながら、2014年の国民議会選挙では最大野党であるBNP（バングラデシュ民族主義党）が選挙をボイコットしたため、アワミ連合が300議席のうち231議席を獲得し、ハシナ首相（3期目）を首班とするアワミ政権が発足した。

バングラデシュ政党別議席数

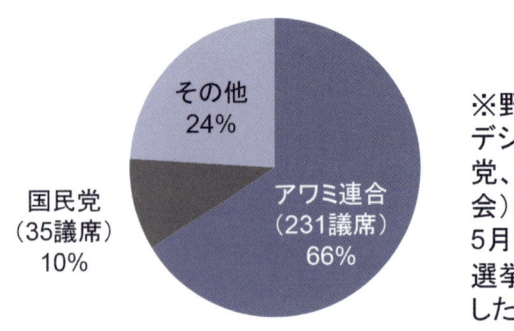

- その他 24%
- 国民党（35議席）10%
- アワミ連合（231議席）66%

※野党（バングラデシュ民族主義党、イスラム協会）は2014年1月5月の国民議会選挙をボイコットしたため、議席無

2．マクロ経済の概況

① 経済成長率の動向

　バングラデシュの主要産業は、縫製品であり、主に欧米に輸出している。また労働者送金の額も大きく、安定した経済成長を支えている。2009年度の経済成長率は世界的な経済不況の中で5.0％、2010年度は5.6％、2011年度は6.5％と堅調な成長を続け、2012年度も欧州経済危機等の影響を受けながらも6.5％を維持した。ハルタルの影響が懸念されたが、2013年度の経済成長率は6.0％と堅調な経済成長を続けているが、リスクとして、政情不安と労働者送金の減少が挙げられる。

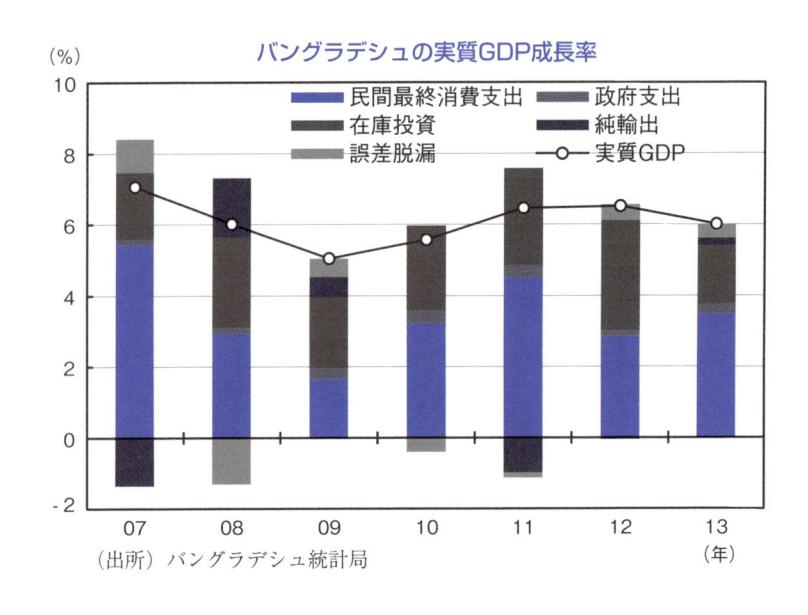

バングラデシュの実質GDP成長率

凡例：民間最終消費支出、政府支出、在庫投資、純輸出、誤差脱漏、実質GDP

（出所）バングラデシュ統計局

② 国際収支

バングラデシュの主な輸出品は、既製服であり、原料を輸入し、安価な労働力を持ったバングラデシュで製造し、輸出している。原料を輸入するため、既製服品の輸出が増えれば、原料の輸入も増える構図であり、貿易収支は恒常的に赤字である。サービス収支、所得収支も慢性的赤字である一方、対GDP比10%に迫る労働者送金が、経常赤字を補填している構造であり、労働者送金はバングラデシュ経済に大きな影響を与えている。資本収支は直接投資、証券投資の流入が続いていることから黒字が続いている。バングラデシュは安価な労働力を背景に注目を集めており、直接投資は特に増加傾向にある。また国際機関からの援助も資金流入の要因となっている。

バングラデシュ製品別輸出入額の内訳

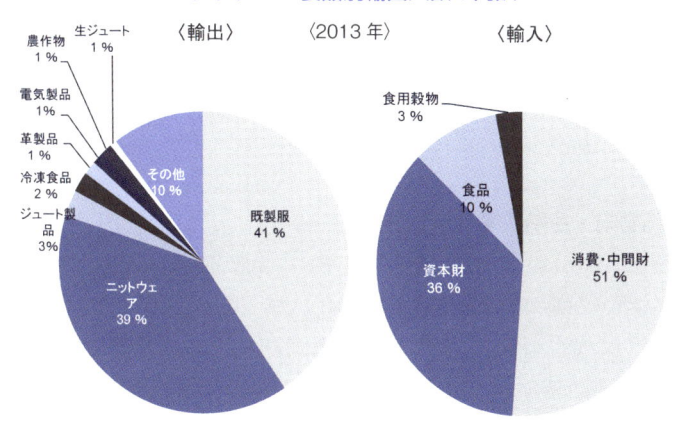

〈輸出〉 〈2013年〉 〈輸入〉

輸出: 既製服 41%、ニットウェア 39%、その他 10%、ジュート製品 3%、冷凍食品 2%、革製品 1%、電気製品 1%、農作物 1%、生ジュート 1%

輸入: 消費・中間財 51%、資本財 36%、食品 10%、食用穀物 3%

（出所）バングラデシュ統計局

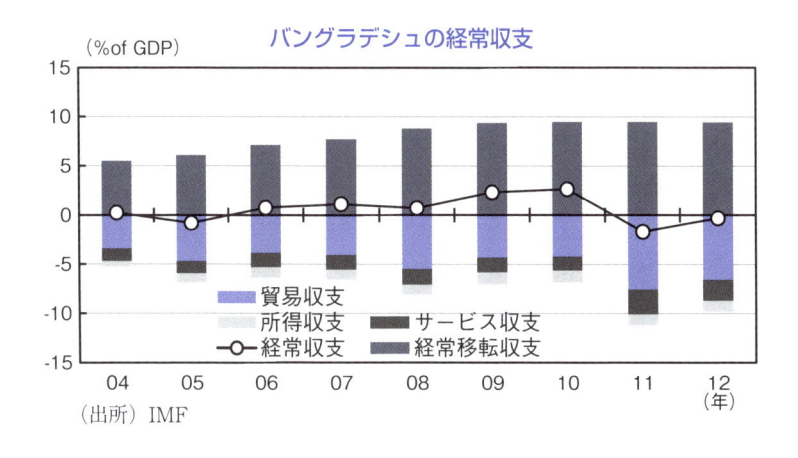

バングラデシュの経常収支
(% of GDP)

凡例: 貿易収支、所得収支、サービス収支、経常収支、経常移転収支

（出所）IMF

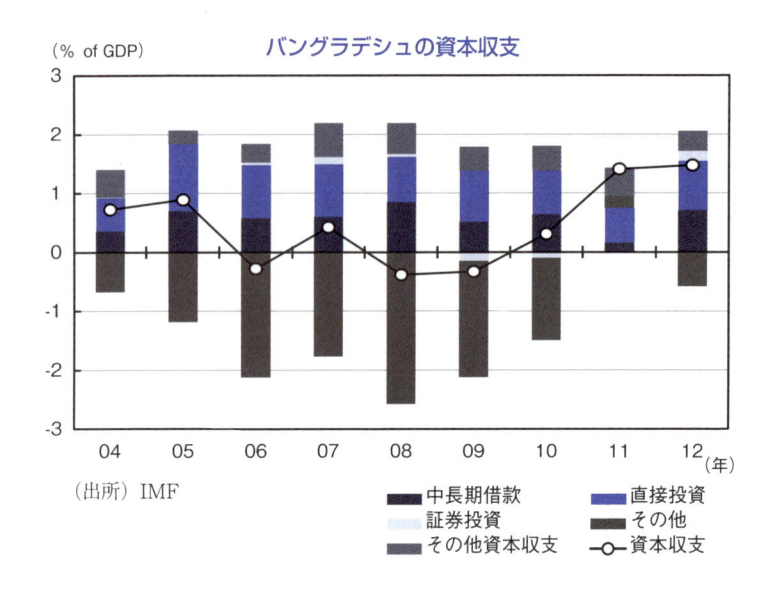

(% of GDP) バングラデシュの資本収支

(出所) IMF

凡例: 中長期借款、直接投資、証券投資、その他、その他資本収支、資本収支

③ 物価動向・金融政策

消費者物価上昇率は、食料品に左右されやすい特徴がある。2010年度から自然災害や輸入食料品価格の高騰の影響を受け、上昇傾向であったが、中央銀行による金融引締政策、国際的な食料インフレの収束により、2013年度は7.5%となった。2014年度は金融引締政策等により、食料品以外のインフレ率は下降傾向であるが、食料品のインフレ率は若干上昇傾向にあり、7.2%とIMFは予想している。中銀は、2013年1月の政策金利の引下げ（レポレート7.25%、リバースレポレート5.25%）を最後に、政策金利を据え置いている。

④ 為替・外貨準備の動向

米ドルに対するバングラデシュ・タカの為替相場は、2007年～2010年は1ドル＝69バングラデシュ・タカ前後で安定的に推移していたが、2011年に入り、徐々にタカ安に振れ、2012年1月には1ドル＝84タカまで急落した。その後、中銀が輸出促進のため、為替介入を行っており、近年は横ばいの状態である。（1ドル＝76～78タカで推移）

外貨準備高は、原油等の輸入価格の高騰を背景とした経常収支の悪化により2010年度は輸入の3.0カ月であった。2011年はさらに減少傾向になったため、2012年4月、IMFによる期間3年、約10億ドルのECF（拡大クレジットファシリティ：慢性的な国際収支上の問題を抱える低所得国向けの中期的支援。現在融資はゼロ金利、支払猶予期間は5年半、最終満期は10年）が承認され、1.4億ドルの貸付を受けた。足元では、労働者送金も回復した

こと等により、2014年の外貨準備高は輸入額の5カ月分と予想されている。

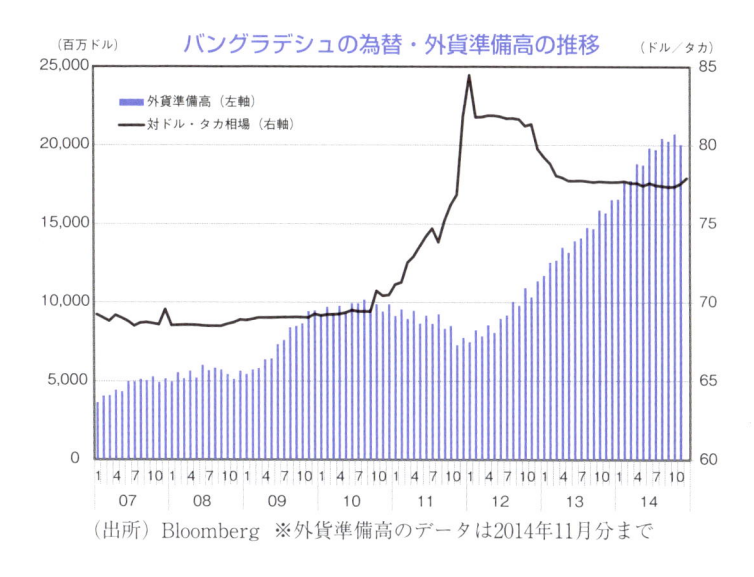

バングラデシュの為替・外貨準備高の推移

（出所）Bloomberg ※外貨準備高のデータは2014年11月分まで

⑤ 財政政策

中央政府の財政収支は、歳出面では燃料等の補助金の負担、歳入面では徴税能力の不足による税収の伸び悩みを主因として、恒常的な赤字で推移している。2012年4月からIMFプログラムに沿って、財政収支改善のための措置をとっており、付加価値税（VAT）税率を15％に一律化する等税制改革を行う一方、職員の能力向上を含めた徴税機関の能力強化にも取り組んでいる。

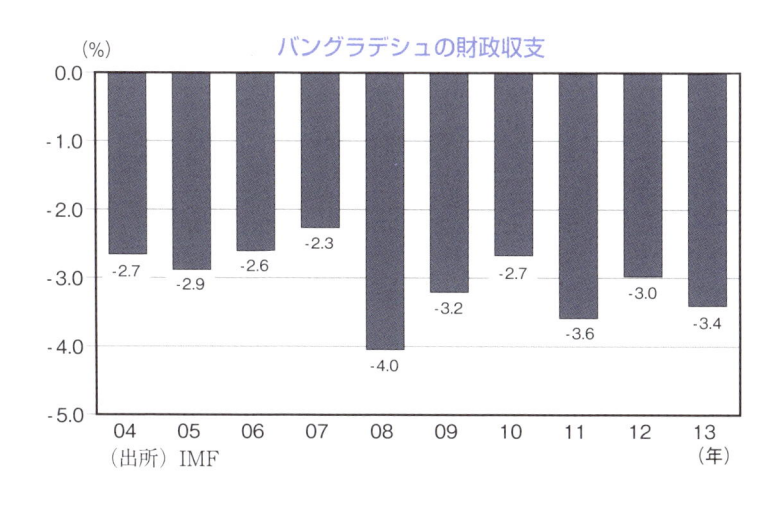

バングラデシュの財政収支

年	財政収支(%)
04	-2.7
05	-2.9
06	-2.6
07	-2.3
08	-4.0
09	-3.2
10	-2.7
11	-3.6
12	-3.0
13	-3.4

（出所）IMF

3．その他の政策課題等

　バングラデシュは、アワミ連盟とバングラデシュ民族主義党の2大政党が政権を争い、激しく対立している。野党になった側は、ハルタルを実施し、反発を繰り返してきた。これに伴う道路の封鎖により物流がストップし、店舗・工場は営業・操業を停止する結果、経済活動は大きな打撃を受けている。今後、ハルタルが再度起きれば、経済活動が停滞する可能性が高い。また、バングラデシュは、衣料品の輸出が盛んであるが、労働環境は悪く、国際労働機関（ILO）や欧米諸国は、労働者の保護を求めている。今後、労働環境の改善がなされない場合は、貿易上の制裁や、欧米諸国からの発注の減少の可能性がある。

4．日本との関係

① 在留邦人数：

　908人（2013年、外務省ホームページ）

② 進出日本企業数：

　24社（東洋経済新報社　2014年海外進出企業総覧）

　日本の対バングラデシュ直接投資（国際収支ベース、ネット、フロー）

（億円）

	2009年	2010年	2011年	2012年	2013年
バングラデシュ	4	−6	−35	−23	−43

（出所）財務省国際収支統計

③ 対日輸出、対日輸入

　対日輸出額が992億円、対日輸入額は1,233億円であり、241億円の赤字である（2014年、財務省貿易統計）。バングラデシュからみた国ごとの輸出、輸入に占める割合において、日本はそれぞれ、第11位（第1位は米国、第2位はドイツ）、第9位（第1位はタイ、第2位はインド）である（2011年 International Trade Centre ホームページ）。

④ ODA（円借款、無償資金協力、技術協力）、国際協力銀行出融資承諾状況

対バングラデシュ援助形態別実績　　　　　　　　　　　　（億円）

年度	ODA 円借款	無償資金協力	技術協力	国際協力銀行出融資承諾状況
2009年度	388	27	25	—
2010年度	—	16	24	—
2011年度	600	11	29	—
2012年度	1,664	22	28	—
2013年度	—	41	42	—

⑤ 主な円借款案件

○ マタバリ超々臨界圧石炭火力発電計画（Ⅰ）（414.98億円、2014年5月交換公文署名）

「超々臨界圧」という日本の優れた技術を採用した石炭火力発電所1,200メガワット（600メガワット×2基）の建設費を数回に分けて円借款により提供するもの。

バングラデシュでは、人口増加、軽工業の進展、人々の生活水準向上による電力需要の増加に供給が追いつかず、慢性的な電力不足の状況にある。バングラデシュは現在国内産天然ガスによる火力発電が主であるが、電力最大供給力は7,000メガワットに満たないうえ、バングラデシュの天然ガスは枯渇リスクがあるため、天然ガス以外の方法による発電と電力供給増加を推進していかなくてはならない。

デルタ地帯に位置するバングラデシュは、大型水力発電に適した高低差がある土地がないうえに、アジアの最貧国の一つに分類され、高価な資源を輸入し発電する余力は少ない。そこで、バングラデシュは、低価格で価格の乱高下が少なく、世界的埋蔵量に余裕のある石炭を輸入し、火力発電を普及させていく方針をとることで、深刻な電力問題に対応していく考えである。

マタバリ石炭火力発電所に採用される「超々臨界圧」という技術は、蒸気タービンの圧力や温度を「超々臨界圧」という極限まで上昇させる方法で発電する技術であり、発電効率が高いため、石炭の使用量を抑制できるだけでなく、石炭燃焼の際に排出される温室効果ガス（CO_2）の排出量も抑制でき、気候変動対策にも資する。

ブータン

1．概況・基本情報

概要：国土面積は世界で第134位、人口は第163位、名目 GDP は第162位、購買力平価ベースの GDP は第158位に位置する。チベット系、東ブータン先住民、ネパール系、その他少数民族から構成される多民族国家であり、2004年から2013年の平均的な人口増加率は2.0％である。ヒマラヤ山脈の南東部に位置する小国であり、インドと中国に挟まれた地政学的に重要な場所に位置している。外交は、非同盟中立政策を基本としており、インドをはじめとする近隣諸国との関係強化を図りつつ、独立と主権の保全に苦心している。

1960年代以降の近代化政策の推進により、自給自足経済から市場経済への堅実な移行が進められている。インドからの輸出入が圧倒的なシェアを占める中で、インド・ルピー以外の外貨収入を得る手段として豊かな観光資源の開発が重要な課題となっている。人口の約7割が農村地域に居住し、小規模な地域自給自足型の労働集約的農業を中心とした農業に従事している。

経済成長を過度に重視する方針を転換し、国民総幸福量（GNH：Gross National Happiness）という概念を国家の指標に掲げ、国家開発の原則として(1)経済成長と開発、(2)文化遺産の保護と伝統文化の継承・振興、(3)豊かな自然環境の保全と持続可能な利用、(4)よき統治、の四つを柱として、国民の幸福に資する開発の重要性を唱えている。

日本とは1986年3月の外交関係樹立以来、皇室・王室間の交流や経済協力等を通じ、友好的な関係を構築している。2011年には外交関係樹立25周年を迎え、同年11月にジグミ・ケサル国王及びジツェン王妃が国賓として訪日し、ブータンの様々な話題が日本で紹介されたことで、ブータンへの日本人観光客が急増する等両国関係のさらなる発展を促す機運を高めることとなった。

① 基本情報

人　口：	75.4万人（2013年、世銀）
面　積：	3.8万㎢（世銀、九州とほぼ同じ）
首　都：	ティンプー
言　語：	ゾンカ語（公用語）等
民　族：	チベット系、東ブータン先住民、ネパール系等
宗　教：	チベット系仏教、ヒンドゥー教等
名目GDP：	20億ドル（2013年、IMF（第1次、2次、3次産業の構成比は13.8％：41.2％：45.0％、CIA）)
購買力平価ベースのGDP：	54億2,600万ドル（2013年、IMF）
1人当たりGDP：	2,665ドル（2013年、IMF）
通　貨：	ニュルタム（1ドル＝63.04ニュルタム　2014年12月末日現在）
為替制度：	ペッグ制度（IMFによる為替の分類）
独　立：	1907年12月17日
政　体：	立憲君主制
元　首：	ジグミ・ケサル・ナムギャル・ワンチュク国王

国際機関・国際会議への加盟・参加状況

G20	ASEAN	ASEAN+3	CMIM	AMRO	EAS	APEC	ASEM	TPP	RCEP	ADB	AfDB	EBRD	IADB	IBRD	IMF	OECD	UN	WTO
−	−	−	−	−	−	−	−	−	−	○	−	−	−	○	○	−	○	−

② 政治状況

　ブータンは1907年の独立以降、長らく国王を中心とする絶対君主制を採用していたが、1990年代末より憲法制定委員会が設置される等民主化への移行準備が進められ、2007年12月に上院選挙（一部は翌1月実施）、2008年3月に下院選挙がそれぞれ初めて実施された。下院選挙で勝利したブータン調和党（DPT）のジグミ・ティンレイ党首が同年4月に首相に任命され、新内閣が発足した。また、同年7月には初の憲法が施行され、ブータンは絶対君主制から正式に立憲君主制へ移行した。2013年7月、第2回総選挙が実施され、野党の国民民主党（PDP）がブータン調和党（DPT）に勝利し、ツェリン・トブゲー党首が首相に任命された。

2．マクロ経済の概況
① 経済成長率の動向

　ブータン経済は水力発電部門に牽引され、過去10年間の実質GDP成長率は平均8.4％と

力強い成長を続けてきた。しかし、ブータン政府が過熱気味であった与信を抑えるべく、建設や車両輸入のための融資を制限したため、サービス部門（特に運輸、金融サービス）及び建設部門の成長の低下につながり、2013年には5％程度に低下したものと見込まれる。ブータン政府は、生産性が高く経済への優先度が高い分野に対する融資を促進するため、2014年より経済刺激計画（ESP）を実施しており、その一環として50億インド・ルピーの公的資金が銀行に注入されている。

IMFの予測では、水力発電所関連施設の建設やサービス部門が再びブータン経済を牽引することで、実質GDP成長率は2014年には6.5％まで回復し、2015年には7.5％まで上昇するとの見通しである。また、2014年より実施している銀行への公的資金注入は、ブータン経済の成長に肯定的な影響を与えるとも予測している。

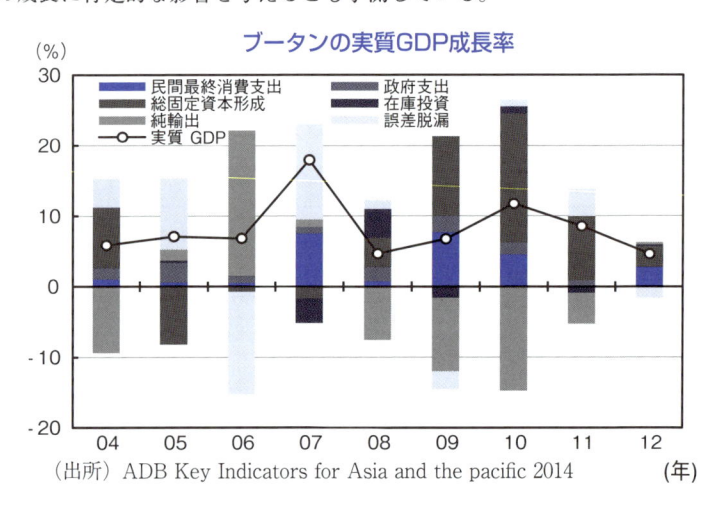

ブータンの実質GDP成長率

（出所）ADB Key Indicators for Asia and the pacific 2014

② 国際収支

ブータン経済はほぼ全ての消費財や資本財をインド等からの輸入に依存している一方、輸出産業が育っておらず、貿易収支は恒常的に赤字で推移しており、過去10年間の貿易赤字の対GDP比は平均17％程度である。

ブータン製品別輸出入額の内訳

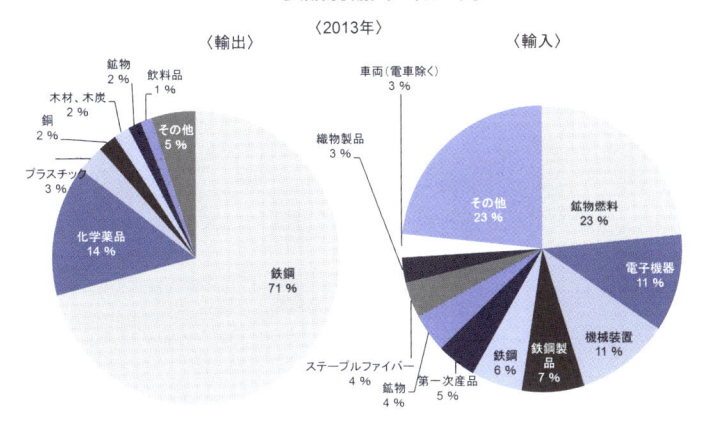

〈2013年〉

〈輸出〉
- 鉄鋼 71%
- 化学薬品 14%
- その他 5%
- プラスチック 3%
- 銅 2%
- 木材、木炭 2%
- 鉱物 2%
- 飲料品 1%

〈輸入〉
- その他 23%
- 鉱物燃料 23%
- 電子機器 11%
- 機械装置 11%
- 鉄鋼製品 7%
- 鉄鋼 6%
- 第一次産品 5%
- 鉱物 4%
- ステーブルファイバー 4%
- 織物製品 3%
- 車両（電車除く）3%

（出所）International Trade Centre

2013年の経常収支赤字は対 GDP 比24％程度まで拡大したとみられるが、これは水力発電所建設にかかる機材の輸入が増加したことに加え、消費財や住宅建設関連の資本財の輸入も急増していることが要因である。貿易収支の赤字を先進諸国からの資金援助や海外労働者からの送金で補填する構造。

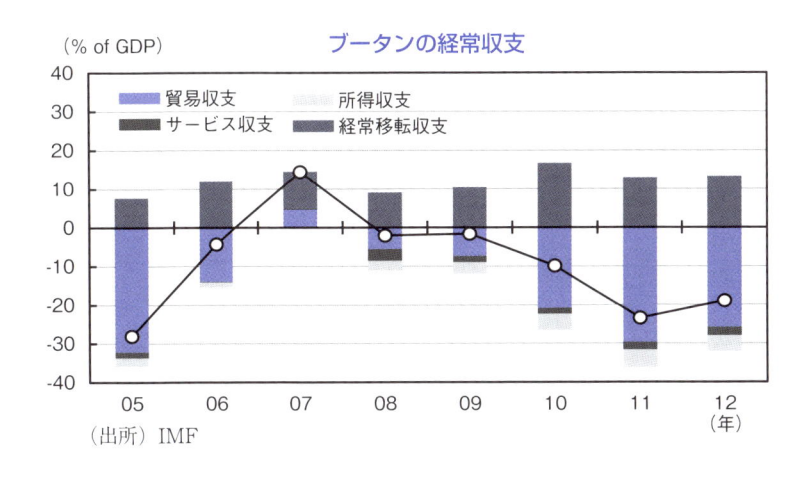

ブータンの経常収支

(% of GDP)

凡例：貿易収支、所得収支、サービス収支、経常移転収支

（出所）IMF

(％ of GDP)　　　　ブータンの資本収支

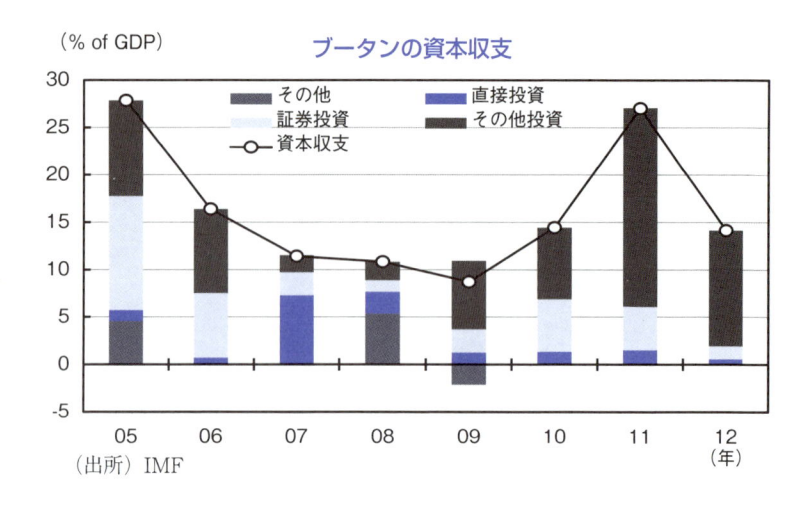

凡例: その他／直接投資／証券投資／その他投資／資本収支

(出所) IMF

③ 物価動向・金融政策

ブータンの消費者物価はインドの物価動向の影響を強く受けており、近年ではインドでの物価上昇を反映して高い上昇率で推移している。IMFの予測では、ブータンの消費者物価上昇率は2014年度には10％程度まで上昇するが、インドの物価上昇率の低下に伴い、短期的（3～4年間）には下落するとの見通しである。

④ 為替・外貨準備の動向

自国通貨ニュルタムはインド・ルピーと1対1でペッグされている。外貨準備高は、外国からの援助資金等により、2013年度には（輸入月数の約7～8カ月分に相当する）約9億ドルを確保しているとみられる。しかし、インドからの輸入が圧倒的なシェアを占める中で、2012年1月の国会において外貨準備高に占めるインド・ルピーが不十分として、財務大臣の下で対策を検討することとなった。インド・ルピー不足に対処するため、中央銀行（RMA）が市中銀行からのインド・ルピーの引き出しを制限したほか、ブータン政府も生活必需品以外の贅沢品（車等）の輸入制限や税率の引上げを実施するとともに、インドからの輸入作物への依存度を引き下げ、ブータン作物の自給率を上昇させるために農業の振興に取り組んでいる。

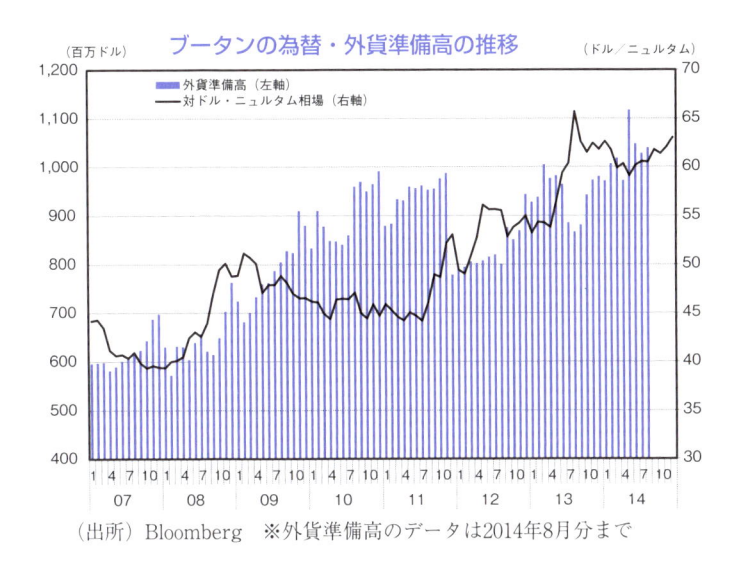

ブータンの為替・外貨準備高の推移

(出所) Bloomberg　※外貨準備高のデータは2014年8月分まで

⑤ 財政政策

ブータンの財政収支は、水力発電のインド向け売電収入と外国からの援助資金（いずれも歳入の約3割を占める）の動向に左右される。2011年以降、財政収支は赤字に転落しており、近年では財政収支は対GDP比−1〜−4％程度で推移している。IMFは、財政の引締と課税ベースの拡大、中期的には付加価値税（VAT）の導入を検討すべきであると提言している。

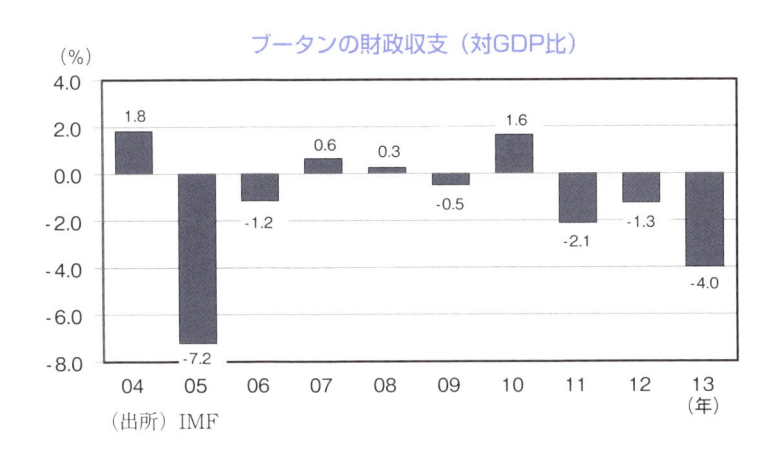

ブータンの財政収支（対GDP比）

年	04	05	06	07	08	09	10	11	12	13
(%)	1.8	-7.2	-1.2	0.6	0.3	-0.5	1.6	-2.1	-1.3	-4.0

(出所) IMF

南アジア　　　　アジア経済ハンドブック

3．日本との関係

① **在留邦人数：**

197人（2013年、外務省ホームページ）

② **進出日本企業数：**

0社（東洋経済新報社　2014年海外進出企業総覧）

日本の対ブータン直接投資（国際収支ベース、ネット、フロー）

(億円)

	2009年	2010年	2011年	2012年	2013年
ブータン	－	－	－	－	－

（出所）財務省国際収支統計

③ **対日輸出、対日輸入**

対日輸出額が6億円、対日輸入額は18億円であり、12億円の赤字である（2014年、財務省貿易統計）。ブータンからみた国ごとの輸出、輸入に占める割合において、日本はそれぞれ、第4位（第1位はインド、第2位は香港）、第4位（第1位はインド、第2位は韓国）である（2011年 International Trade Centre ホームページ）。

④ **ODA（円借款、無償資金協力、技術協力）、国際協力銀行出融資承諾状況**

対ブータン援助形態別実績　　　　　　　　　　　　　　　　　　(億円)

年度	ODA 円借款	ODA 無償資金協力	ODA 技術協力	国際協力銀行出融資承諾状況
2009年度	－	10	8	－
2010年度	－	11	8	－
2011年度	22	22	7	－
2012年度	－	5	7	－
2013年度	－	4	9	－

日本におけるブータンに対する援助は、1964年、ブータンの農業開発に尽力した故西岡京治氏（技術協力専門家）の派遣に始まり、無償資金協力と技術協力プロジェクトが中心である。1987年4月には、両国間で青年海外協力隊派遣取極が署名され、翌年より隊員を派遣している。2007年には円借款の供与が開始された。

⑤ 主な円借款案件
○ 地方電化計画(フェーズ２)(21.87億円、2011年６月23日交換公文署名)

　本事業は、ブータンの地方農村部において配電網の整備等を行うことにより、未電化世帯の電力アクセスの改善を図り、もって貧困度の高い地方農村部住民の生活環境の改善、地方農村部の経済・社会活動の活性化と化石燃料の使用抑制による温室効果ガスの排出抑制に寄与するものである。本事業は、初めてブータンに対して円借款を供与した2007年度の案件（35.76億円、2007年４月24日交換公文署名）の第２期目に当たる。

インド

1．概況・基本情報

　概要：国土面積は世界で第7位、人口は第2位、名目GDPは第10位、購買力平価ベースのGDPで第3位に位置する。アーリヤ族をはじめとした多民族国家であるが、その8割近くがヒンドゥー教徒であり、イスラム教徒も10％以上とされている。2004年から2013年の平均的な人口増加率は1.4％、総人口は2025年には中国を抜き世界第1位となる見込みである。独立以降、社会主義を色濃く反映した経済体制がとられてきたが、1991年の経済危機以降は、経済自由化改革が進められた。過去5年間では、リーマンショック以降のインフレ昂進を受けた急激な金融引締等を背景に、成長が一時的に鈍化した。また、脆弱なインフラ、未整備の投資環境、硬直的な労働市場といった構造的な問題も抱えている。2013年9月には元IMFチーフエコノミストであるラジャン氏がインド準備銀行総裁に就任し、インフレ・ターゲットの導入を含む金融政策・金融セクター改革に取り組み始めている。2014年5月の総選挙では、経済改革推進派で知られるナレンドラ・モディ氏率いるインド人民党が大勝。景気が回復局面に入りインフレもやや抑制されつつある中、今後の構造改革のスピードと内容に世界が注目している。日本との関係は歴史的に深く、現在では日本のODA受益国の中で供与額第1位となっている。直近の日印首脳会談は、平成26年9月に日本にて開催され、両国民の発展及び繁栄の継続、並びに、アジア及び世界の平和、安定及び繁栄の促進のために、「日インド特別戦略的グローバル・パートナーシップ」の推進に合意。

① 基本情報

人　口：	12億5,214万人（2013年、世銀）
面　積：	328.7万km²（世銀、日本の約9倍）
首　都：	ニューデリー
言　語：	ヒンディー語（連邦公用語）、英語（準公用語）、他21の州言語
民　族：	インド・アーリヤ族、ドラビダ族、モンゴロイド族他
宗　教：	ヒンドゥー教、イスラム教他
名目GDP：	1兆8,768億ドル（2013年、IMF（第1次、2次、3次産業の構成比は17.4%：25.8%：56.9%、CIA））
購買力平価ベースのGDP：	7兆2,772億ドル（2014年、IMF）
1人当たりGDP：	1,509ドル（2013年、IMF）
通　貨：	ルピー（1米ドル=63.0ルピー　2014年12月末日現在）
為替制度：	変動相場制度（IMFによる為替の分類）
独　立：	1947年8月15日
政　体：	共和制
元　首：	プラナーブ・ムカジー大統領

国際機関・国際会議への加盟・参加状況

G20	ASEAN	ASEAN+3	CMIM	AMRO	EAS	APEC	ASEM	TPP	RCEP	ADB	AfDB	EBRD	IADB	IBRD	IMF	OECD	UN	WTO
○	−	−	−	−	○	−	○	−	○	○	○	−	−	○	○	−	○	○

② 政治状況

　2014年4月～5月にインド下院総選挙が行われ、野党であったインド人民党（BJP）が単独過半数となる282議席を獲得し、10年ぶりに政権が交代した[1]。選挙前に政権与党であったコングレス党等の歴史的大敗は、経済低迷や汚職問題の影響によるところが大きいと考えられている。

　選挙後、BJP党首のナレンドラ・モディ氏が首相に任命され、新内閣が発足した。モディ首相は、グジャラート州首相（2001年から2014年）時代に投資誘致等を通じて同州の経済発展に成功した実績があり、各種の構造改革を推進することが期待されている。2015年1月現在、同首相は、製造業推進のための「メイク・イン・インディア」やハイテク都市の建設を進める「スマート・シティ」構想等のイニシアティブを立ち上げるとともに、これまで経済政策の司令塔の役割を担ってきた計画委員会を廃止し、新たな政府シンクタンク機関を創設することとしている。

---

[1] （参考）インド下院は定数545議席のうち、543議席が選挙で選ばれ、残り2議席は大統領指名。

主要政党の議席獲得状況

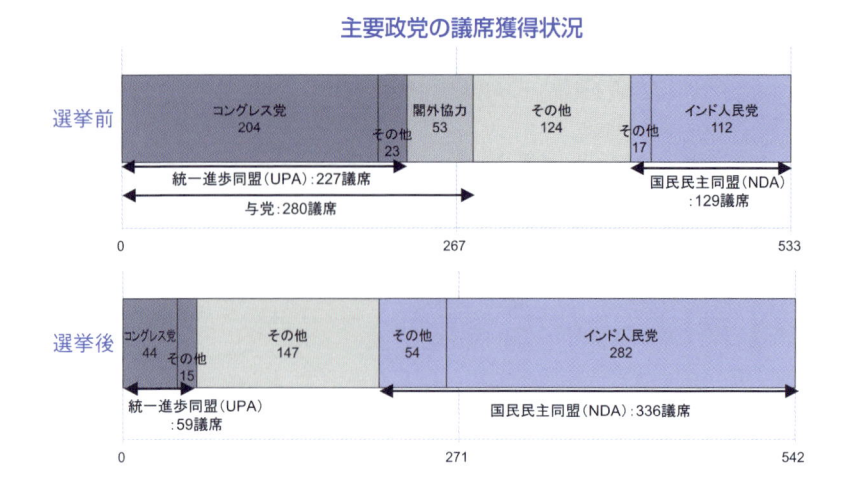

選挙前
- コングレス党 204
- その他 23
- 閣外協力 53
- その他 124
- その他 17
- インド人民党 112
- 統一進歩同盟（UPA）：227議席
- 与党：280議席
- 国民民主同盟（NDA）：129議席

選挙後
- コングレス党 44
- その他 15
- その他 147
- その他 54
- インド人民党 282
- 統一進歩同盟（UPA）：59議席
- 国民民主同盟（NDA）：336議席

2．マクロ経済の概況
① 経済成長率の動向

　インドは1947年の独立以来、中央政府が統制する計画経済、他産業にわたる国有企業による独占・寡占、保護的な貿易政策等を志向していたが、1991年の国際収支危機を契機に経済自由化が進められ、以後、IT・サービス業が牽引役となって経済成長を遂げた。

　2008年のリーマンショック後は一時的に景気が落ち込んだが、その後、インド政府による各種の景気刺激策や、RBI（インド準備銀行）の累次の政策金利引下げ等により、2010年には8.9％の高成長率を記録した。他方、高成長とともにインフレが昂進したため、RBIは政策金利引上げによる金融引締に転じたこと等から、2011年から2012年にかけて製造業を中心に景気が減速した。2013年度から景気は回復局面に入っている。

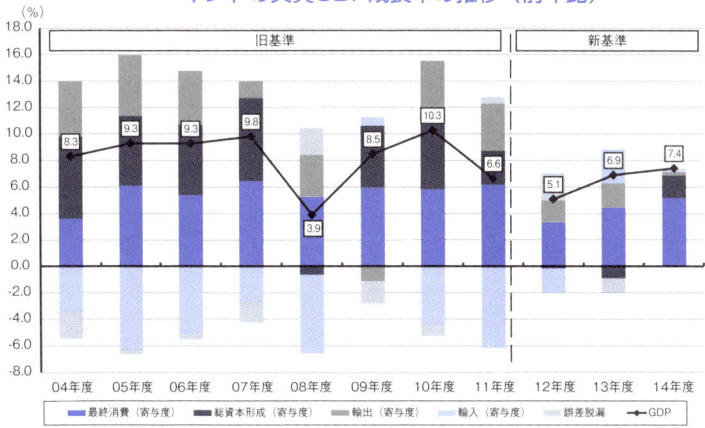

インドの実質GDP成長率の推移（前年比）

(注1) インドにおける年度は4-3月。
(注2) インド中央統計局は、2015年1月30日にGDP統計の表示を要素価格表示から市場価格表示に改めるとともに、その基準年度を2004年度から2011年度に変更した。本変更に伴い、年度ベースのデータは2012年度まで遡及改訂が行われた。上記グラフでは、2004年度ベースのGDP成長率を「旧基準」、2011年度ベースのGDP成長率を「新基準」としている。
(出所) インド中央統計局

② **国際収支**

経常収支については、ITサービス輸出と海外移民（印僑）送金が牽引し、サービス収支及び経常移転収支は黒字を続ける一方で、貿易赤字が継続しており、恒常的に経常収支赤字が続いている。足元の貿易収支については、米欧等の主要輸出先の需要の減少を反映して輸出の伸びが鈍化している一方で、金の輸入規制等によって、輸入も減少している。

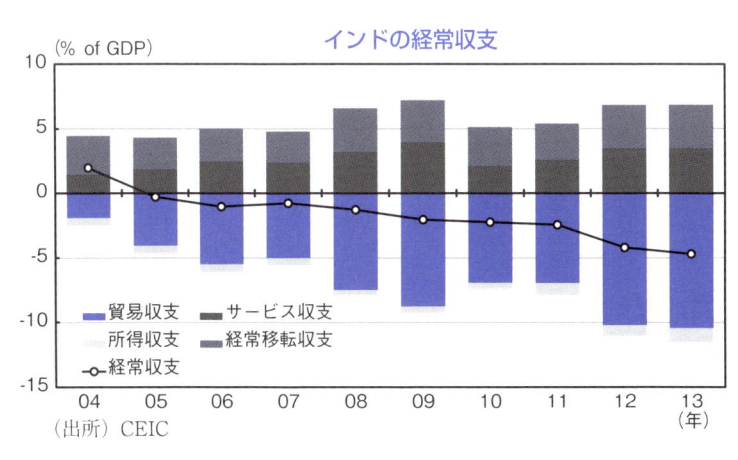

インドの経常収支

(出所) CEIC

南アジア　　　　　　　　　　　　　　　　　アジア経済ハンドブック　　165

2012年度10-12月期には、原油や金等の需要から貿易赤字が拡大し、四半期ベースで過去最大の経常収支赤字を計上。その後政府の金の輸入関税の引上げ等が奏功し、経常収支赤字は減少傾向にある。主な輸出品目としては、工業製品、石油・石油製品、農産品関連、宝石・宝飾品がある。また、主な輸入品目は、石油・石油製品、電子機器、金、一般機器である。

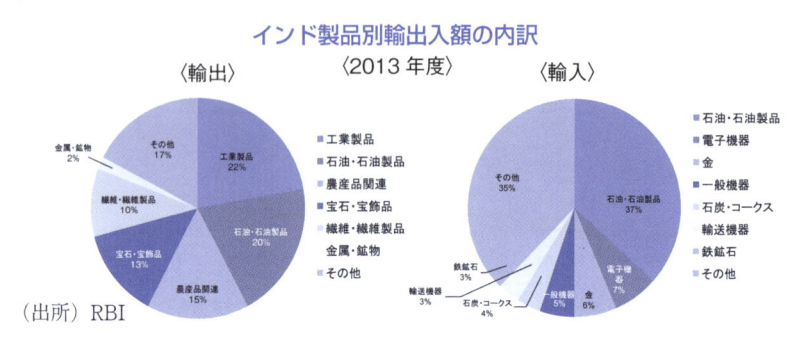

インド製品別輸出入額の内訳
〈2013年度〉

〈輸出〉
- 工業製品 22%
- 石油・石油製品 20%
- 農産品関連 15%
- 宝石・宝飾品 13%
- 繊維・繊維製品 10%
- 金属・鉱物 2%
- その他 17%

〈輸入〉
- 石油・石油製品 37%
- 電子機器 7%
- 金 6%
- 一般機器 5%
- 石炭・コークス 4%
- 輸送機器 3%
- 鉄鉱石 3%
- その他 35%

（出所）RBI

　資本収支については、インド国内の旺盛な資金需要を反映した銀行ローン（対外商業借入）や証券投資等を背景に、概ね黒字で推移。経常収支の赤字を補っている。

　2013年には、米国の量的緩和縮小観測から、7－9月期に証券投資が一時的に流出超となったことを受け、資本収支も赤字となったが、その後は回復し、黒字で推移している。回復の背景には、RBIが、在外インド人が国内の市中銀行にドルを預け入れた場合において、当該ドル預金のルピーへのスワップ金利を優遇（ルピーのスワップ金利を2013年9月－11月に限り約7%→3.5%とする）する政策を採用したこともあると考えられている。足元でも黒字が続いている。

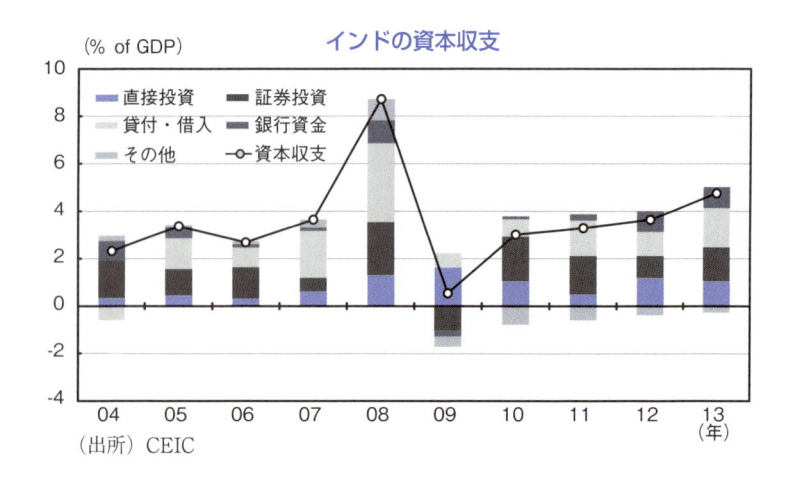

インドの資本収支
（% of GDP）

凡例：直接投資、証券投資、貸付・借入、銀行資金、その他、資本収支

（出所）CEIC

③ 物価動向・金融政策

インドでは、金融政策のツールとして、金利（レポレートを政策金利レートとする）、預金準備率のほか、SLR（Statutory Liquidity Ratio：法定流動性比率）と呼ばれる、預金の一定割合（2015年2月現在、21.5％）を国債等の流動資産として保有する義務を課す規制が存在する。

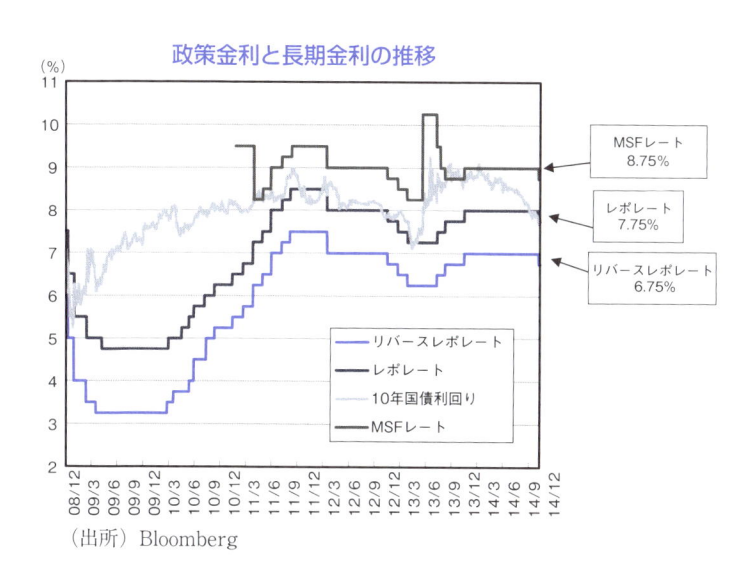

政策金利と長期金利の推移

（出所）Bloomberg

また、ラジャンRBI総裁は就任直後より金融セクター改革に取り組んでおり、金融政策のフレームワークの明確化・強化（169頁参照）、銀行新設・支店拡大等を通じた銀行セクターの強化、金融・資本市場の拡大・深化、金融包摂、金融ストレス時の金融システムの対応力強化等を打ち出している[2]。また、外銀の本支店間の借入の上限の緩和や、非居住者による通貨スワップ取引の認可等、金融・資本規制の見直しも順次進めている。

---

(2) ラジャン総裁2013年12月11日講演「金融セクター改革」参照。
http://www.rbi.org.in/scripts/BS_SpeechesView.aspx?Id=863

CPIとWPI上昇率の推移

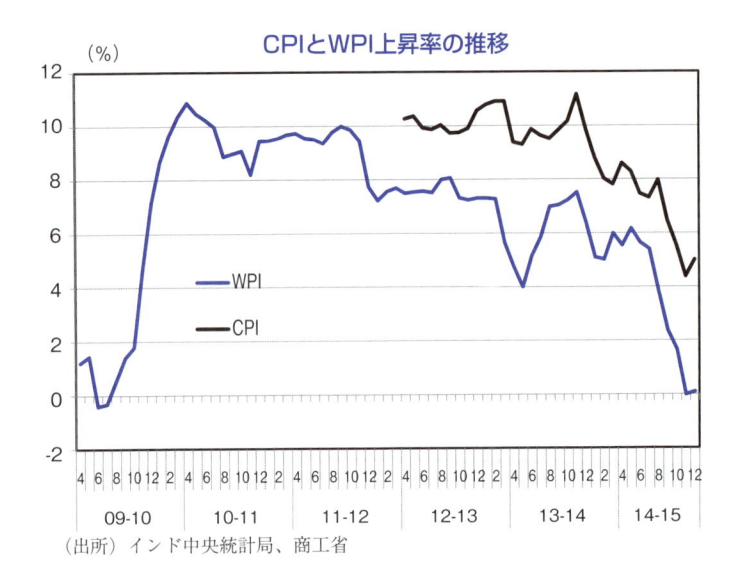

（出所）インド中央統計局、商工省

　RBIは、インフレ抑制のため2010年・11年に政策金利を引き上げたが、その後国内の成長鈍化に配慮し、2012年4月に3年ぶりとなる政策金利引下げ（8.50％→8.00％）を実施。2013年も段階的に利下げを実施したが、米国の量的緩和縮小観測を受けたルピー安への対策として、2013年7月中旬以降、金融引締に転じている。

　特に、同年9月にラジャン新総裁が就任し、高インフレへの対応から、2カ月連続で政策金利の利上げを実施。その後、2014年1月にも金利を引き上げた。その後、2015年1月には、国際資源価格の低下を背景にインフレ圧力が緩和したことを受け、政策金利を8％から7.75％に引き下げた。

（参考）インドの金融政策の改革（パテル副総裁による報告書）

　ラジャンRBI総裁は、2013年9月の就任に際して、パテル副総裁を委員長とする委員会に対して、金融政策の改革案の提示を指示。1月21日に報告書が発表された。段階的なインフレ・ターゲットへの移行や、透明性向上のための金融政策決定委員会（ボード）の設立等が提言されている。また、従来は、インドには全国統一のCPI統計が整備されておらず（産業別・地域別のCPIのみ）WPIがインフレ指標として重視されてきたが、統計の整備を進めCPIを政策指標として採用することも提言している。

パテル副総裁による報告書の概要

　(1)　金融政策の目標（インフレ・ターゲットの導入）
　消費者物価指数（CPI）を金融政策の名目アンカーとし、最終的な目標値は4％±2％とする。ただし、現状のCPIが10％程度であることを踏まえ、最終的な目標値4％±2％を正式に採用する前に、段階的に、向こう12カ月の間に8％、向こう24カ月の間に6％のCPIを目標とする。

　(2)　金融政策決定委員会の設立
　5名の委員（RBI総裁、副総裁、金融政策担当理事、2名の外部委員）から構成される金融政策決定委員会（Monetary Policy Committee）を設立する。金融政策決定委員会は原則2カ月ごとに開催され、1人1票の多数決により金融政策を決定する。
（注：これまでは、Technical Advisory Committeeの助言に基づき、RBI総裁に最終決定権が委ねられていた。）
　金融政策決定委員会は名目アンカーの達成に責任を負い、3四半期連続で目標を達成できなければ、その理由等について、各委員の署名のうえ、声明文を公表する。
　金融政策決定委員会の議事録は会合2週間後に公表される。また、RBIは半期に一度、インフレーションに関する報告書を公表する。

　(3)　政策金利
　当面は、現行どおり、（オーバーナイト）レポレートを政策金利とする。将来的にCPI目標値4％±2％を目指す段階においては、金融政策決定委員会が採用する短期マネーマーケットの目標となる金利を政策金利とする。

　(4)　流動性管理
　オーバーナイトのレポ取引による流動性供給は、銀行全体の純負債額（bank-wise net demand and time liabilities）の一定割合に限定し、他方でタームレポ市場の構築（現行の14日のタームレポ取引に加え、28日、56日、84日のタームレポ取引の開始）を検討する。

　(5)　法定流動性規制（SLR:Statutory Liquidity Ratio）
　現状の法定流動性規制の水準は、バーゼルIII上の流動性カバレッジ比率の水準まで引き下げるべき。

④ 為替・外貨準備の動向

1993年3月より変動相場制（IMFの分類はFloating）。インド中銀は過度の変動に対しては介入を実施しているが、介入実績については非公表。

外貨準備残高は、2009年以降は増加基調で推移し、2011年8月末に過去最高水準を記録。その後、投資家の資金逃避の動きを受けた為替介入（自国通貨買い）等から、減少傾向で推移。ただし、2014年に入り増加に転じ、2014年末時点で3,197億ドル（輸入の約7カ月分）。

為替レートについては、2013年5月以降の米国の量的緩和縮小観測による資金逃避によりルピーが下落し、同年8月には、1ドル68.83ルピー（過去最安値）を記録した。その後、ラジャン新総裁の就任や日印通貨スワップ拡充の公表等を受けて、ルピーは2013年9月末に1ドル＝62ルピーまで回復。足元では比較的安定して推移している。

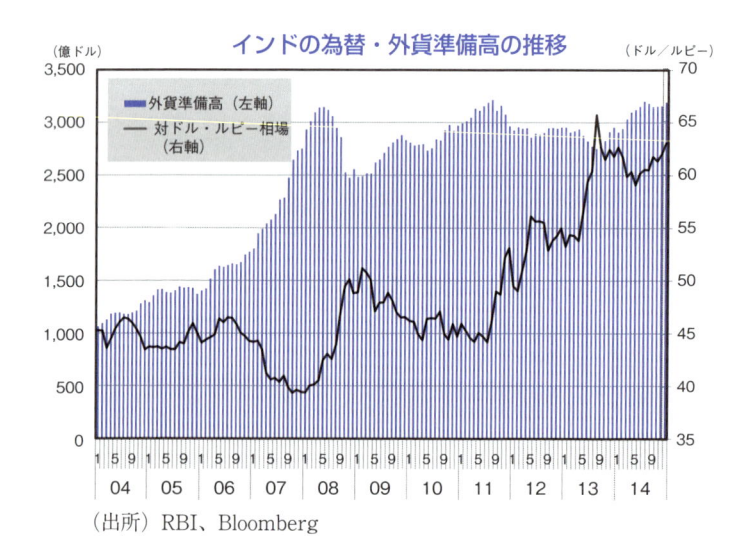

インドの為替・外貨準備高の推移

（出所）RBI、Bloomberg

⑤ 財政政策

政府は、2016年度末までに財政赤字を対GDP比－3％とする中期財政計画を掲げている。

2013年度は、燃料・電気料金の改定等により、中央政府の財政赤字は－4.6％となり、当初財政赤字目標である対GDP比－4.8％を達成。2014年度予算においては、財政赤字の対GDP比目標を－4.1％としている（2015年度の目標は－3.6％）。

財政赤字GDP比の推移

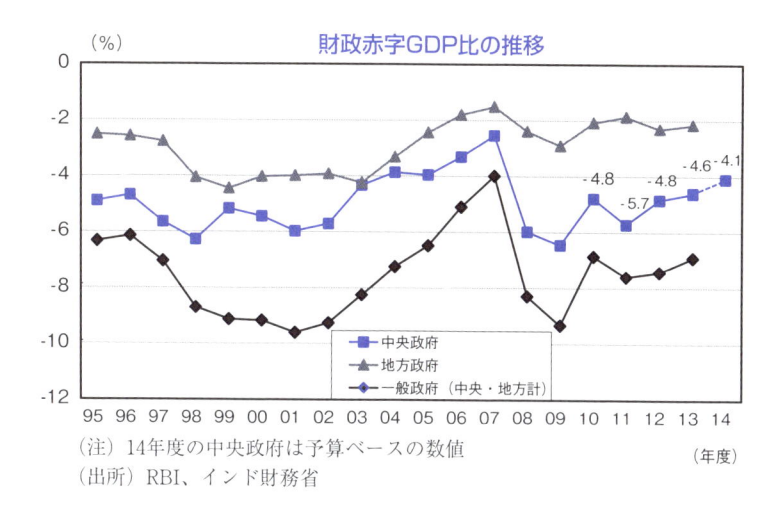

(注) 14年度の中央政府は予算ベースの数値
(出所) RBI、インド財務省

　モディ政権は、財政面でも各種の改革を目指すこととしており、歳入面では、全国統一の物品サービス税（GST）[3]を導入するための法案を国会に提出している。また、歳出面では、食品・燃料等の各種補助金の見直し（例：ディーゼル油にかかる価格規制の廃止による補助金の合理化）を進めている。

3．その他の政策課題等
① 貧困問題
　インドの人口は、2000年に人口10億人を突破し、今後も増加が見込まれており、2025年には中国を抜き世界第1位になる見通しである（国連中位推計）。

　生産年齢人口（15～64歳人口）は2050年まで増加する見通しであり、安定的な労働力の供給と消費の拡大が見込まれるが、他方、今後も安定的に内需を拡大していくためには、貧困問題の解決が不可欠となっている。現在、1日1.25ドル未満で生活する貧困層の人口が4億人を上回っているうえ、地域間格差も大きく、中部・東部の州で貧困者比率が高い。

---
[3] 2015年1月現在、取引にかかる税金については、州が徴収する付加価値税、州を越える物品販売に課される中央売上税、サービスに課されるサービス税が共存。

人口推移 / 生産年齢人口推移

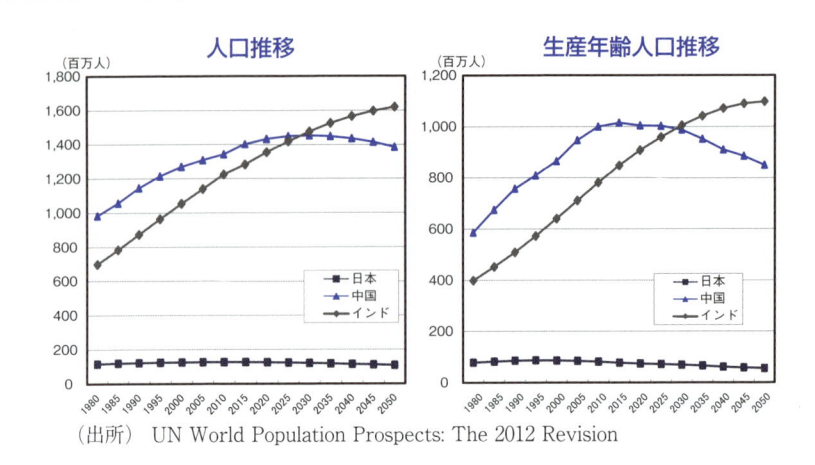

（出所）UN World Population Prospects: The 2012 Revision

人間開発関係データ（2013年）

	人間開発指数	平均寿命	成人識字率	初等・中等教育就学率	1人当たりGNI（購買力平価ベース）	貧困ライン以下生活人口 $1.25未満	貧困ライン以下生活人口 $2未満
インド	0.586 (135)	66.4	62.8	38.7	5,150	32.7%	74.5%
(参考)							
ブラジル	0.744 (79)	73.9	90.4	53.6	14,275	6.1%	5.9%
中国	0.719 (91)	75.3	95.1	65.3	11,477	11.8%	―
ロシア	0.778 (57)	68.0	99.7	90.9	22,617	―	―

（注）（ ）内は187カ国中の順位
（出所）UNDP、Human Development Report 2014

② インフラ・投資環境整備

　インドにおいては、脆弱なインフラが海外からの投資のネックとなっていると指摘されている。特に電力不足は深刻で、ピーク時の電力不足は約9％（2012年度）。設備の老朽化や盗電の頻発により、電力送配電損失率は高止まっている（2011年の送配電損失率は21%（日本の送配電損失率は5％））。

　インフラの不足に加えて、非効率な行政手続や、複雑な税制（連邦政府・地方政府が間接税を別々に課す）、規制の多い労働法（大規模事業者の撤退には州政府の許可が必要等）も投資のネックとして指摘されている。

電力送配電損失率

(出所) World Bank

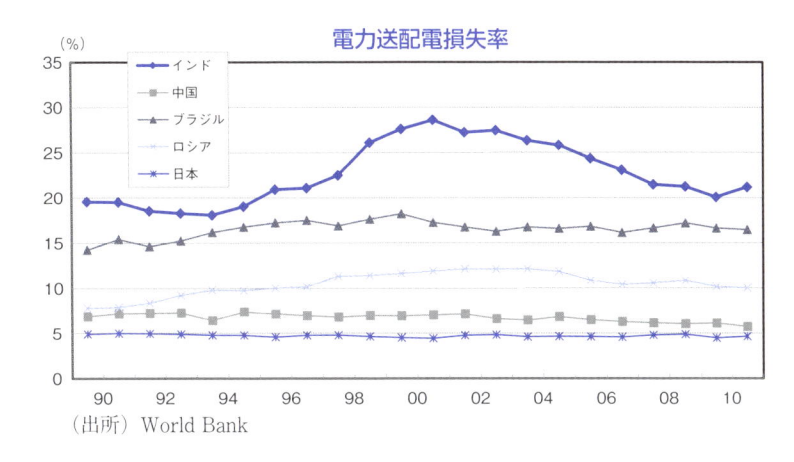

インドのビジネス環境における課題

項目	値
資金調達	10.2
税率	8.7
外国為替制度	8.4
インフラの不足	8.1
政治腐敗	8.0
非効率な官僚主義	7.6
規制の多い労働法	6.5
不安定な政府／クーデター	6.4
労働者の教育レベル	6.3
不安定な政策	4.8
国内労働者の労働倫理の低さ	4.7
窃盗その他の犯罪	4.6
税制	4.5
インフレ	4.5
技術革新への不十分な能力	3.8
貧弱な公共福祉	2.8

(注) 規制等の観点から、投資や起業のし易さを測った指標。回答者は16の要素の中からそれぞれの国でビジネスを行うにあたり最も問題となる要素を5つ選び、最も大きな問題を1として1～5までの数字でランクを付ける。グラフ内の数値は各回答にランクによるウェイトをかけたもの。

(出所) World Economic Forum (The Global Competitiveness Report 2014-2015)

4．日本との関係

① 在留邦人数：

7,653人（2013年、外務省ホームページ）

② 進出日本企業数：

511社（東洋経済新報社　2014年海外進出企業総覧）

日本の対インド直接投資（国際収支ベース、ネット、フロー）

(億円)

	2009年	2010年	2011年	2012年	2013年
インド	3,443	2,411	1,814	2,228	2,102

（出所）財務省国際収支統計

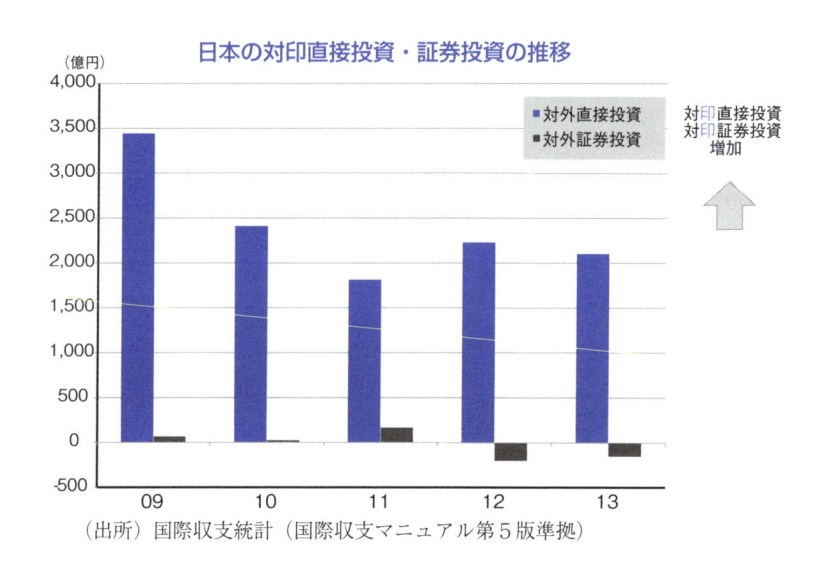

日本の対印直接投資・証券投資の推移

（出所）国際収支統計（国際収支マニュアル第5版準拠）

③ 対日輸出、対日輸入

対日輸出額が7,389億円、対日輸入額は8,611億円であり、1,221億円の赤字である（2014年、財務省貿易統計）。インドからみた国ごとの輸出、輸入に占める割合において、日本はそれぞれ、第10位（第1位は米国、第2位はUAE）、第17位（第1位は中国、第2位はサウジアラビア）である。

④ ODA（円借款、無償資金協力、技術協力）、国際協力銀行出融資承諾状況

対インド援助形態別実績 (億円)

年度	ODA 円借款	無償資金協力	技術協力	国際協力銀行 出融資承諾状況
2009年度	2,182	4	19	558
2010年度	480	12	17	260
2011年度	2,898	3	27	343
2012年度	3,531	1	25	419
2013年度	3,651	16	35	427

⑤ 主な円借款案件

インドは2003年以降2010年を除き、日本の最大の円借款供与先となっている。日本の対インドODAの方針（2013年度）においては、①経済成長の促進（電力セクター及び運輸セクターへの支援、インフラ整備支援を通じた付加価値の向上）、②貧困・環境問題の改善、③人材育成・人的交流の拡充のための支援を重点分野としており、インド第12次5カ年計画（2012年4月～2017年3月）の目標である「より早く、安定的で、より包括的な成長」に沿った形で案件を形成している。

近年はインドの経済発展をより一層支援するため、インドの電力不足（3．②参照）の解決や新・再生可能エネルギーの利用促進に特に力を入れている。

この背景としては、第一に、インドに進出している日本企業が同国の経済的なポテンシャルに大きな期待を寄せているものの[4]、他方で、インドの電力インフラへの懸念が大きな課題となっていることが挙げられる。

第2に、インドにおいては、二酸化炭素（CO_2）排出量も急激に伸びている。2011年のCO_2排出量は、1990年と比べてほぼ2倍となっており、2009年以降、世界第3位（排出量全体の5.6％）のCO_2排出国となっている（第1位中国（同25.5％）、第2位米国（同16.9％））こともある。環境保全のためには、エネルギー利用の効率性向上及び再生可能エネルギーの普及促進が急務となっており、インド政府は、第12次5ヶ年計画において、電力部門の基本方針の一つとして、省エネルギーの必要性を掲げている。

以上を踏まえ、日本は、日印首脳会談、日印エネルギーフォーラム（エネルギー分野の

---

[4] JBICの「わが国製造業企業の海外事業展開に関する調査報告」（2013年度）において、インドは中期的（今後3年程度）な有望事業展開先国の第2位、長期的（今後10年程度）な有望事業展開先国の第1位となっている。

日印官民専門家の対話の場として、2006年より独立行政法人新エネルギー・産業技術総合開発機構（NEDO）が開催。）や日印エネルギー対話（省エネ、石炭・電力、再生可能エネルギー、石油・天然ガス等幅広い分野での協力について議論する閣僚級会議。2007年4月より開催。）等を通じてインドのエネルギー政策を積極的に支援していくことを表明しており、エネルギー需要の拡大するインドにおいて、電力供給能力と送配電能力の強化、省エネルギー促進及び新・再生可能エネルギー開発への支援を行っている。

　具体的には、電力供給能力の強化のため、JBICは、カルナタカ州クドゥギ地区やウッタル・プラデシュ州メジャ地区等において通常の石炭火力発電所より発電効率が高く、環境負荷が低い超臨界圧石炭火力発電所が建設されるに当たり、発電設備等の購入資金を融資し、JICAは、無償資金協力により、グジャラート州における太陽光発電プラントの建設計画を支援している。また、JICAは、送配電能力の強化のため、円借款事業により、ハリヤナ州やタミル・ナド州、マディヤ・プラデシュ州等で配電設備改善や送電網整備支援を行っている他、新・再生可能エネルギー開発に必要な資金を発電事業者に供給する事業や中小零細企業の省エネの取組を支援する事業も実施している。

モルディブ

1．概況・基本情報

　概要：国土面積は世界で第200位、人口は第174位、名目 GDP は第161位、購買力平価ベースの GDP は第162位に位置する。2004年から2013年の平均的な人口増加率は1.8％である。モルディブはインド、スリランカの南西に位置する約1,200の島々からなる常夏の島嶼国で、総面積にして淡路島の半分ほどの国土（約300平方キロメートル）に約35万人が暮らしている。

　国土の平均海抜は1.5mであり、気候変動による海面上昇の影響を受けやすく、津波等自然災害に対し非常に脆弱である。

　主要産業は、GDP の約4割を占める観光業であるが、気候変動や世界の経済情勢に左右されやすい面があり、他の産業の育成が開発課題となっている。2008年9月以降、世界的経済危機の影響で観光収益が減少したものの、2010年及び2011年は堅調に推移し、GDP 成長率も回復（2010年7.1％、2011年7.0％）。2012年は欧州経済低迷の影響で、GDP 成長率は3.4％と再び減速し、2013年は3.7％となった。1人当たりの名目 GDP は南アジア最大の6,765ドル（2013年）である。

　マレ島は、1987年の台風により3分の1が冠水し、過去最大の被害に見舞われた。その後、日本政府はモルディブ政府の要請を受け、護岸整備事業に着手。2004年のスマトラ沖大地震、大津波では日本が建設した防波堤（無償資金協力事業）により深刻な被害にはならなかった。2006年にはモルディブ向けの初の円借款となる「モルディブ津波復興計画」（27億3,300万円）を供与しており、同国の復興にも貢献している。2014年4月にはヤーミン大統領が訪日し、安倍総理と会談し、日本・モルディブ共同声明を発表した。同声明には、マレ国際空港整備拡張計画への日本の更なる関与の希望や地上デジタル放送日本方式の採用の決定が盛り込まれ、今後も、友好な関係を維持し、発展させていくことで一致した。

① 基本情報

人　口：	35万人（2013年、世銀）
面　積：	300k㎡（世銀、淡路島の約半分）
首　都：	マレ
言　語：	ディベヒ語
民　族：	モルディブ人
宗　教：	イスラム教
名目 GDP：	22億ドル（2013年、IMF（第1次、2次、3次産業の構成比は3％：15％：70％、CIA））
購買力平価ベースのGDP：	40億ドル（2013年、IMF）
1人当たり GDP：	6,765ドル（2013年、IMF）
通　貨：	ルフィア（1米ドル＝15.21ルフィア　2014年12月末日現在）
為替制度：	ペッグ制度（IMF による為替の分類）
独　立：	1965年7月26日
政　体：	共和制
元　首：	アブドゥラ・ヤーミン・アブドゥル・ガユーム大統領

国際機関・国際会議への加盟・参加状況

G20	ASEAN	ASEAN+3	CMIM	AMRO	EAS	APEC	ASEM	TPP	RCEP	ADB	AfDB	EBRD	IADB	IBRD	IMF	OECD	UN	WTO
−	−	−	−	−	−	−	−	−	−	○	−	−	−	○	○	−	○	○

② 政治状況

　1978年11月に初代大統領イブラヒム・ナシールに代わりマウムーン・アブドゥル・ガユーム大統領が就任して以降、6期30年の長期政権の下、モルディブは観光立国として成長した。ガユーム体制への批判の高まりを受け、2004年以降は民主化改革が進められ、2008年8月に民主的な新憲法が制定され、同年、新憲法下で行われた大統領選挙では、野党モルディブ民主党（MDP）のナシード会長が新大統領として選出された。しかし2009年の国政選挙ではMDPが敗北し、政情が不安定になった。その後ワヒード大統領が就任したものの、政情不安定化

モルディブ政党別議席数

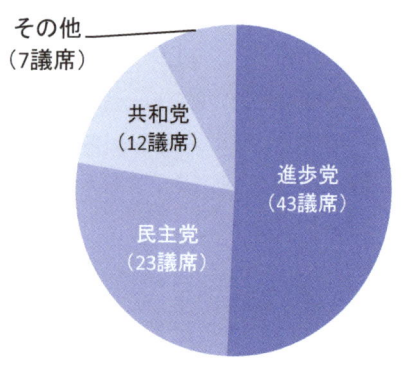

- 進歩党（43議席）
- 民主党（23議席）
- 共和党（12議席）
- その他（7議席）

は止まらず、治安も悪化した。2013年11月にワヒード大統領の任期満了を控え実施された大統領選挙では、ガユーム大統領長期政権下で閣僚経験のある、モルディブ進歩党（PPM）のヤーミン大統領が選出された。ヤーミン大統領は刑の厳罰化等を通じた治安回復、観光業の拡大を通じた雇用の拡大等をマニフェストに盛り込んでいる。

2．マクロ経済の概況

① 経済成長率の動向

モルディブ経済は、観光業が主要産業であり、世界経済の動向に左右されやすい。特に、ヨーロッパからの観光客が主であったため、ヨーロッパ経済の停滞がモルディブ経済にも波及してきた。米国同時テロ、インド洋大津波、世界金融危機の際は、経済成長は前年比でマイナスとなった。最近では中国をはじめ、他のアジアからの観光客が増加しており、観光客の国籍の多様化が見られる。また、近年は、観光業の他、通信産業、建設業、水産業が好調であり、2014年の経済成長は、約4.5％とIMFは予想している。

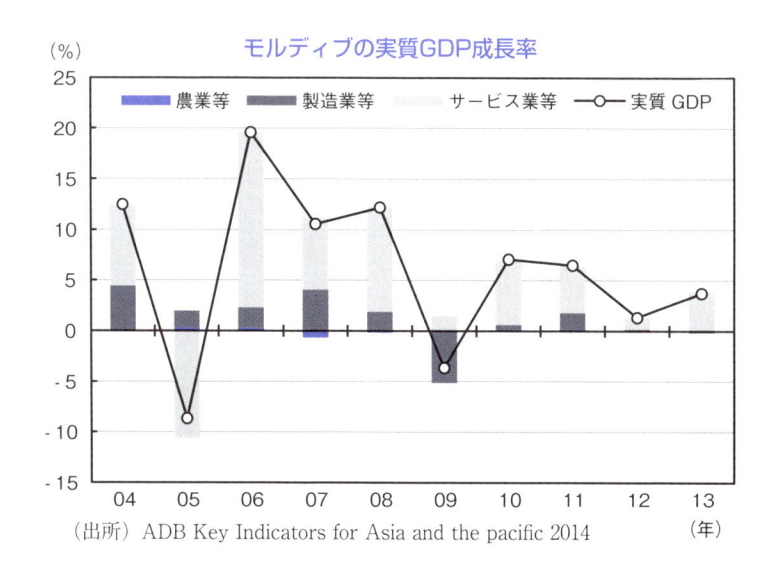

モルディブの実質GDP成長率

（出所）ADB Key Indicators for Asia and the pacific 2014

② 国際収支

モルディブでは、鮮魚、水産加工物を輸出し、食料品、機械等を輸入する貿易構造である。輸出額よりも輸入額が3倍程度大きく、慢性的な貿易赤字である。一方、観光業に支えられサービス収支の黒字は続いている。貿易収支の赤字をサービス収支の黒字で一定程

度補填しているが、経常収支は慢性的に赤字である。

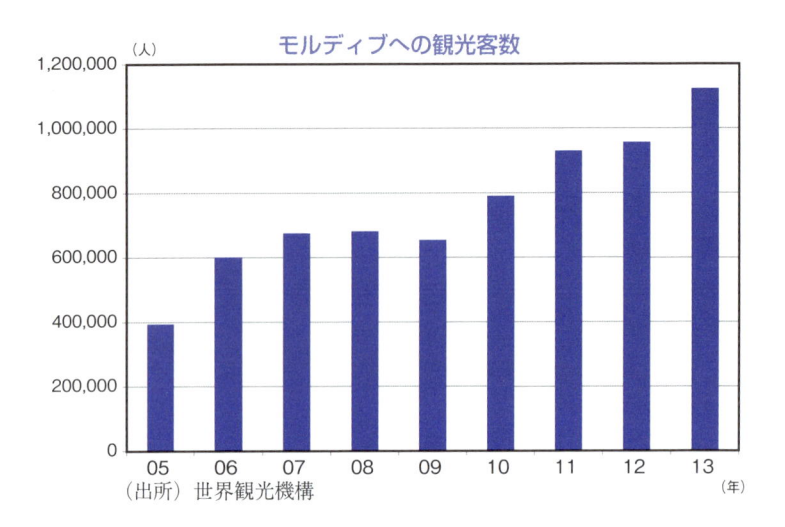

モルディブへの観光客数

(出所）世界観光機構

モルディブ製品別輸出入額の内訳
〈2013年〉

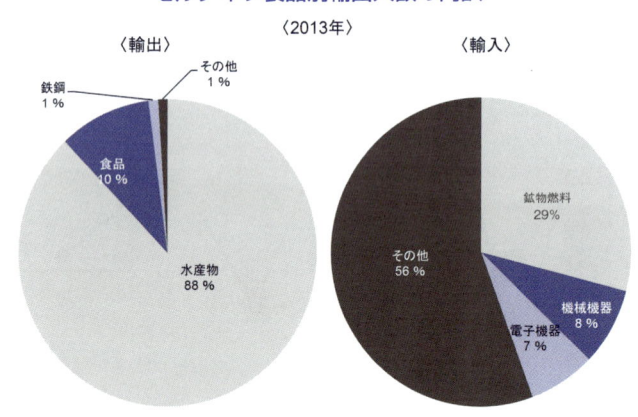

〈輸出〉
- その他 1%
- 鉄鋼 1%
- 食品 10%
- 水産物 88%

〈輸入〉
- 鉱物燃料 29%
- 機械機器 8%
- 電子機器 7%
- その他 56%

（出所）International Trade Centre

モルディブの経常収支

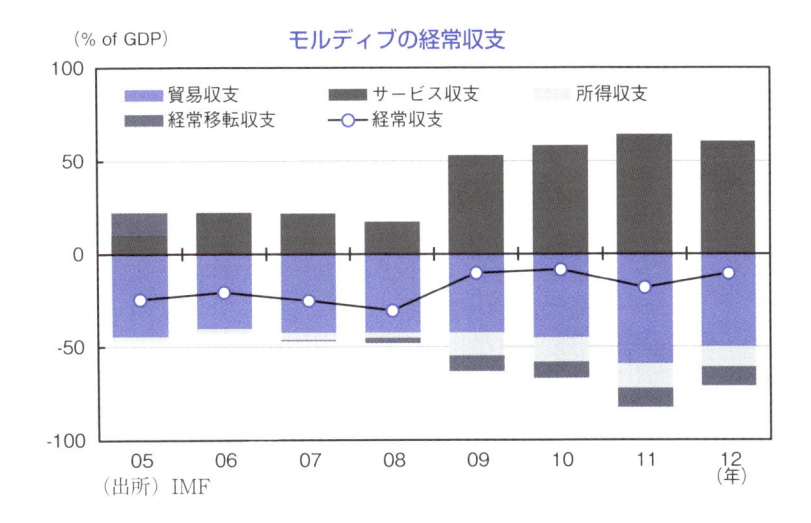

(% of GDP)
凡例：貿易収支、サービス収支、所得収支、経常移転収支、経常収支

(出所) IMF

③ 物価動向、金融政策

消費者物価上昇率は、2012年度は10.9%であったが、世界的な食糧価格（特にモルディブ人の食にとって重要な水産品）が低下したことにより、2013年度は4.0%、2014年度は3.0%と低下してきている。

④ 為替・外貨準備の動向

一定の変動幅を許容した米ドルへのペッグ制で、IMF14条国[1]。

2008年のリーマンショックに端を発する世界経済の落ち込みから、モルディブを訪れる観光客が減少し、観光収入が減少。輸入超過の貿易構造の中、米ドルへのペッグ制を維持したため、2009年に外貨準備が減少した。2011年4月、IMF支援を受け、為替レートに一定の変動幅（20%）を許容する見直しを実施した。

近年、観光需要の高まり、世界の食料品価格及び原油価格の下落により、モルディブ経済は上向きにあり、2014年に入り外貨準備高も増加傾向にある。

---

[1] IMFは加盟国が国際取引を制限することを原則として禁止しているが、経済力の問題などから規制せざる得ない国を容認し、それらの国をIMF14条国と呼んでいる。

南アジア　　　　　　　　　　　　　　　　アジア経済ハンドブック　　181

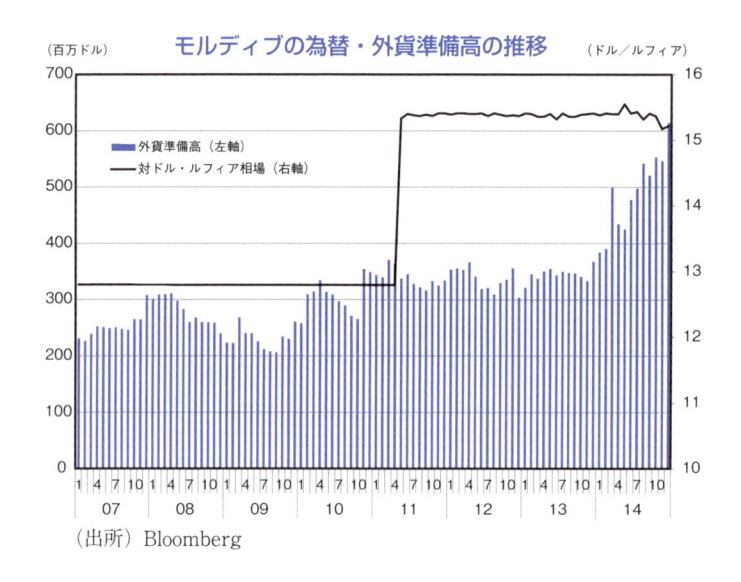

モルディブの為替・外貨準備高の推移
（百万ドル）　　　　　　　　　　　　　　　　　　　　（ドル／ルフィア）

- 外貨準備高（左軸）
- 対ドル・ルフィア相場（右軸）

（出所）Bloomberg

⑤ 財政政策

　ナシード政権時導入した健康保険制度や輸入関税の引き下げ等により財政状態は悪化しており、慢性的な財政赤字構造。基本的な生活物資の大部分を輸入せざるをえない小島嶼国特有の事情から電気や食料品に補助金を出しており、経常赤字の大部分が財政支出に直結する構造。歳入面では、輸入品への関税引下げの影響はあるが、2011年に観光税を導入し、アジア新興国からの観光客の増加により徐々に税収は増加している。また、観光税導入の結果、観光産業の経済規模をより詳しく推計できることとなり、観光産業はそれまでの推計以上の規模であることが判明し、GDP 成長率や国際収支統計の精緻化に資している。一方、歳出面は、国民の1割が公務員と言われるモルディブにおいては、歳出に占める公務員人件費の割合が高く、慢性的な財政赤字の要因であり、歳出削減への障害ともなっている。そうした中、2015年の予算法案が2014年12月に通過した。歳入面では Green Tax（環境税）、車やタバコなどの輸入関税の引上げ等、歳出面では、電気、食料品に対する補助金の40％削減や公務員の雇用の凍結等を盛り込んでおり、財政赤字の削減に向けた取組に前向きな姿勢をみせている。

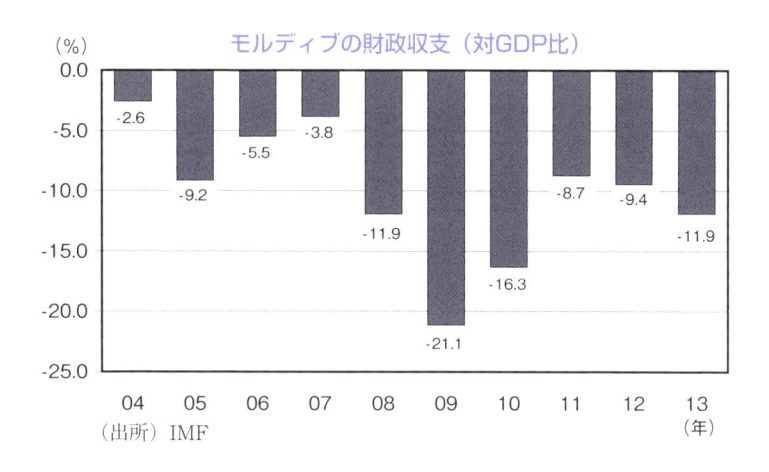

モルディブの財政収支（対GDP比）

年	%
04	-2.6
05	-9.2
06	-5.5
07	-3.8
08	-11.9
09	-21.1
10	-16.3
11	-8.7
12	-9.4
13	-11.9

（出所）IMF

3．その他の政策課題等

モルディブは1人当たりGNIが高く中進国に位置付けられているが、これは、人口が少ないために1人当たりGNIが大陸国に比べ高くなるという小島嶼国特有の傾向である。観光産業に依存した経済構造からの転換を図るため、モルディブ政府は、経済特別区を設ける計画を立てている。経済特別区の整備には、インフラ整備とそのための資金調達が必要なだけでなく、法令整備も必要となってくる。

また、観光業に依存している副産物としてゴミ問題がある。モルディブの人口以上の観光客がモルディブを訪れゴミを排出している。その量は1日1人あたり2.8kgと言われており、焼却施設の建設を計画しているが、大幅に遅れている。また、ゴミが発生させる有害物質が海に流れ出すことで、海の生態系が崩れるなど環境破壊も懸念されている。

4．日本との関係

① 在留邦人数：

182人（2013年、外務省ホームページ）

② 進出日本企業数：

0社（東洋経済新報社　2014年海外進出企業総覧）

日本の対モルディブ直接投資（国際収支ベース、ネット、フロー）

（億円）

	2009年	2010年	2011年	2012年	2013年
モルディブ	－	－15	－	－	－

（出所）財務省国際収支統計

③ 対日輸出、対日輸入

対日輸出額が17億円、対日輸入額は14億円であり、3億円の黒字である（2014年、財務省貿易統計）。モルディブからみた国ごとの輸出、輸入に占める割合において、日本はそれぞれ、第10位（第1位はタイ、第2位はフランス）、第21位（第1位はアラブ首長国連邦、第2位はシンガポール）である（2013年 International Trade Centre ホームページ）。

④ ODA（円借款、無償資金協力、技術協力）、国際協力銀行出融資承諾状況

対モルディブ援助形態別実績　　　　　　　　　　　　　　　（億円）

年度	ODA 円借款	無償資金協力	技術協力	国際協力銀行出融資承諾状況
2009年度	－	13	3	－
2010年度	－	3	2	－
2011年度	－	3	2	－
2012年度	－	0	2	－
2013年度	－	2	1	－

ネパール

1．概況・基本情報

概要：国土面積は世界第94位、人口は第46位、名目GDPは第108位、購買力平価ベースのGDPは第94位に位置する。2004年から2013年の平均的な人口増加率は1.3％である。ネパールは、インドと中国の間に位置し、エベレストをはじめとする8,000m級の高峰を有する。南アジアで最も所得水準の低い後発開発途上国（LDC）であり、経済発展における制約要因として、山岳地帯の内陸国であるという地理的要因に加え、電力、道路、灌漑等の社会インフラの不足やガバナンスの脆弱さ等を抱える。主要産業である農業には総人口の6割強が従事しているが、急峻な地形、インフラの未整備、農業技術の不足等により生産性は非常に低い。

政治面では1996年から2006年までの内戦による紛争を経て、現在は和平・民主化プロセスを進めており、新憲法の制定が最大の政治的課題である。外交上、伝統的に非同盟中立の立場をとっているものの、インド・中国に挟まれていることから経済的・文化的に両国との関係が深く、特に対外経済面では輸出入のうちインド向けがその太宗を占める。

① 基本情報

人　口：	2,780万人（2013年、世銀）
面　積：	14.7万km²（世銀、北海道の約1.8倍）
首　都：	カトマンズ
言　語：	ネパール語
民　族：	パルバテ・ヒンドゥー、マガル、タルー、タマン、ネワール他
宗　教：	ヒンドゥー教、仏教、イスラム教他
名目GDP：	192億ドル（2013年、IMF（第1次、2次、3次産業の構成比は36.8％：14.5％：48.7％、CIA））
購買力平価ベースのGDP：	623億9,900万ドル（2013年、IMF）
1人当たりGDP：	692ドル（2013年、IMFによる）
通　貨：	ネパール・ルピー（1米ドル＝100.90ネパール・ルピー　2014年12月末日現在）
為替制度：	ペッグ制度（IMFによる為替の分類）
政　体：	連邦民主共和制に移行中
元　首：	ラム・バラン・ヤダブ大統領

国際機関・国際会議への加盟・参加状況

G20	ASEAN	ASEAN+3	CMIM	AMRO	EAS	APEC	ASEM	TPP	RCEP	ADB	AfDB	EBRD	IADB	IBRD	IMF	OECD	UN	WTO
−	−	−	−	−	−	−	−	−	−	○	−	−	−	○	○	−	○	○

② 政治状況

1990年の民主化運動を経て立憲君主制へ移行し、1991年、1994年及び1999年には総選挙が実施されたが、ネパール統一共産党毛沢東主義派（マオイスト）による武装闘争により、1996年から2006年の包括和平成立までは政情不安が続いていた。

2008年4月制憲議会選挙が実施され、マオイストが第1党となった。同年5月、制憲議会の初会合にて、王政が廃止され、連邦民主共和制への移行が宣言された。制憲議会は憲法制定作業が難航し、憲法が作成されないまま2013年2月に解散され、再度選挙のうえ、2014年、コイララ首相率いる第1党ネパール・コングレス党及び第2党共産党UMLによる連立内閣が発足。2014年に議会が再開された（後述参照）。

2．マクロ経済の概況
① 経済成長率の動向

ネパール経済における主要産業は農業及び卸売・小売業であり、成長を牽引する産業が育っていないことから、過去10年間（2004～2013年度）の年平均成長率は4％台と比較的低位で推移している。IMFによる今後の予測においても、先行き（3～4年間）は4％台半ばでの成長を継続するとの見通しである。山岳地帯の内陸国である地理的制約を克服するためには、電力・道路等のインフラ不足の改善、農業の生産性向上、経済成長を牽引できる他の産業の育成が今後の課題である一方、豊かな自然を活かした観光業や水力発電が潜在性のある産業として有望である。

ネパールの実質GDP成長率

(出所）ネパール統計局

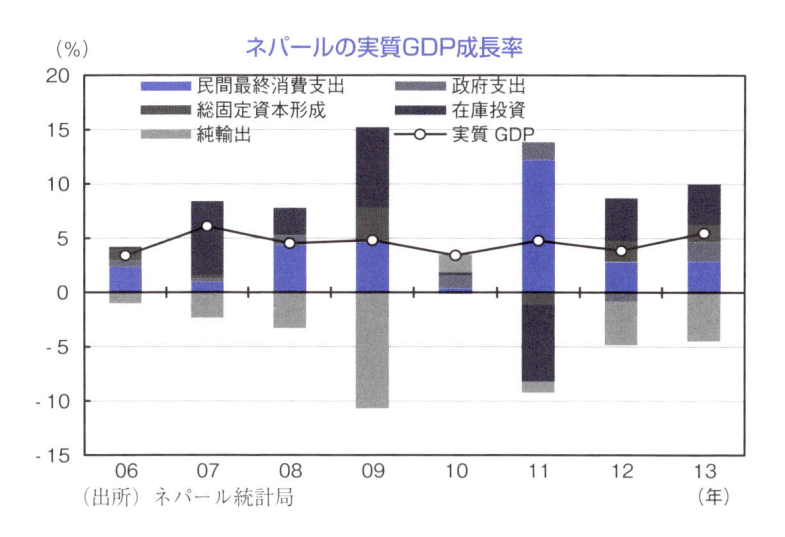

② 国際収支

ネパールの貿易収支は近年、輸出の増加額を上回る勢いで輸入が増加していることから大幅な赤字となっており、貿易収支の赤字を海外労働者送金や公的贈与等の経常移転収支の黒字で補填する構造が継続している。また、サービス収支は2006年の内戦終結後に治安が回復したことにより観光客数が増加し、2012年より黒字に転じた。その結果、経常収支も2012年より黒字に転化しているものの、IMFによる短期の先行きの予測では、公共投資関連の資本財の輸入増加に伴う貿易収支の赤字拡大により、経常収支は黒字幅が縮小する見込みである。

ネパール製品別輸出入額の内訳

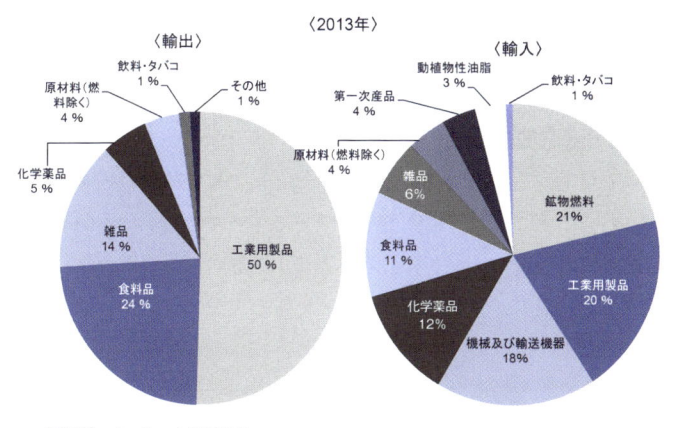

〈2013年〉

〈輸出〉
- 工業用製品 50％
- 食料品 24％
- 雑品 14％
- 化学薬品 5％
- 原材料(燃料除く) 4％
- 飲料・タバコ 1％
- その他 1％

〈輸入〉
- 鉱物燃料 21％
- 工業用製品 20％
- 機械及び輸送機器 18％
- 化学薬品 12％
- 食料品 11％
- 雑品 6％
- 第一次産品 4％
- 原材料(燃料除く) 4％
- 動植物性油脂 3％
- 飲料・タバコ 1％

（出所）ネパール統計局

ネパールの経常収支

(出所) IMF

ネパールの資本収支

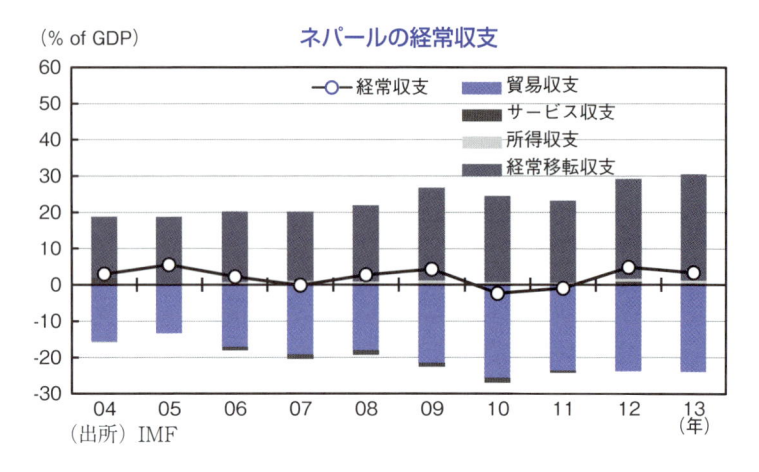

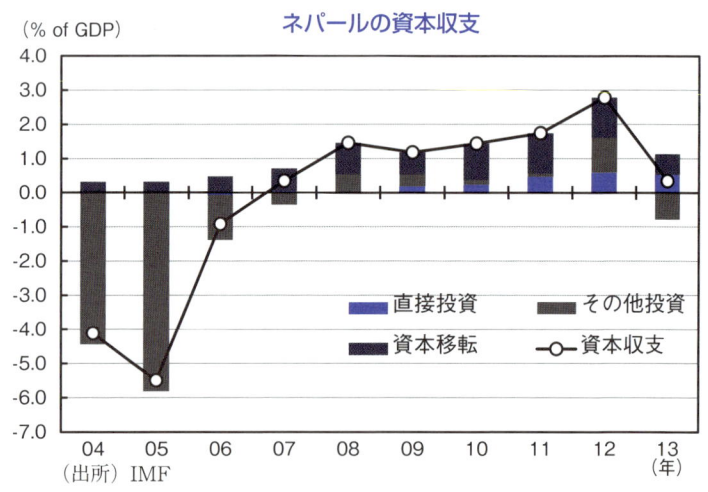

(出所) IMF

③ 物価動向・金融政策

　消費者物価は近年下落傾向にあるものの、依然として比較的高い水準（2012年度末対前年比上昇率7.7%）にある。背景には頻発するストライキや停電、政治的不安定等の国内要因に加え、石油価格の高騰やインドにおける物価上昇等の国外要因が挙げられる。引き続き高水準で推移する物価の安定策として、ネパール中央銀行（NRB）は金融市場における短期金利の上昇を抑制するため、保有国債によるリバースレポ等を通じて国内金融市場の過剰流動性を吸収する等の措置を行っている。

④ 為替・外貨準備の動向

ネパール・ルピーはインド・ルピーと連動する制度（1インド・ルピー＝1.6ネパール・ルピーの固定レート）を採っているため、ネパール政府が持つ為替・金融政策の自立性は限られており、インド経済の影響を強く受ける構造になっている。外貨準備高は豊富な海外からの労働者送金（2012年度：約49億ドル、GDPの約25％）に支えられ増加傾向にある。今後、水力発電関連の対内直接投資の増加が見込まれることから、中期的には対輸入月数比8.5カ月程度で安定する見通しである。

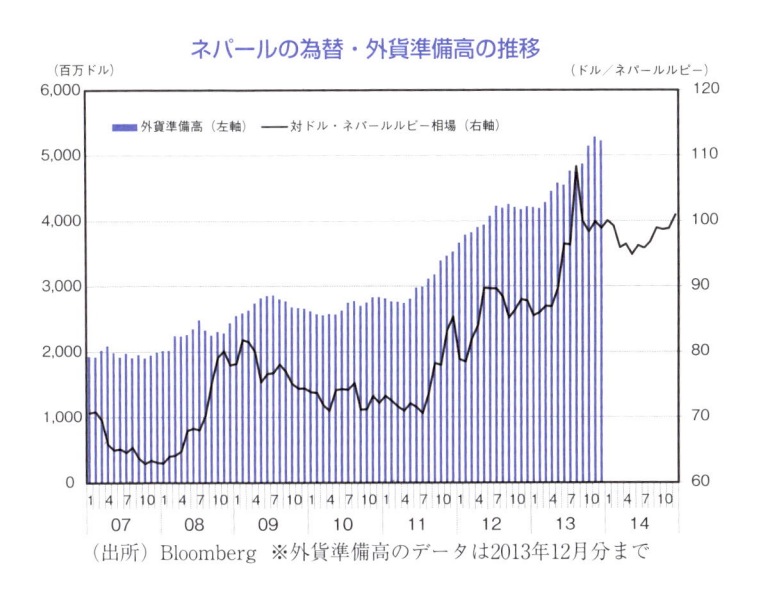

ネパールの為替・外貨準備高の推移

（出所）Bloomberg ※外貨準備高のデータは2013年12月分まで

⑤ 財政政策

ネパールの財政は比較的健全に運営され、財政収支は2013年に黒字に転じ、今後も黒字で推移する見込みである。2006年の内戦終結後、海外からの労働者送金に支えられた個人消費の拡大による輸入増加に伴い、輸入関連税収が増加したことや、内国歳入庁と税関の行政改革の取組もこれを支えている。IMFの短期の先行き見通しでは、民間投資を誘致するための公的資本支出の増加に伴い、財政収支は2016年に再び赤字に転化するものの、赤字額は対GDP比0.2％程度にとどまると予測している。

ネパールの財政収支（対GDP比）

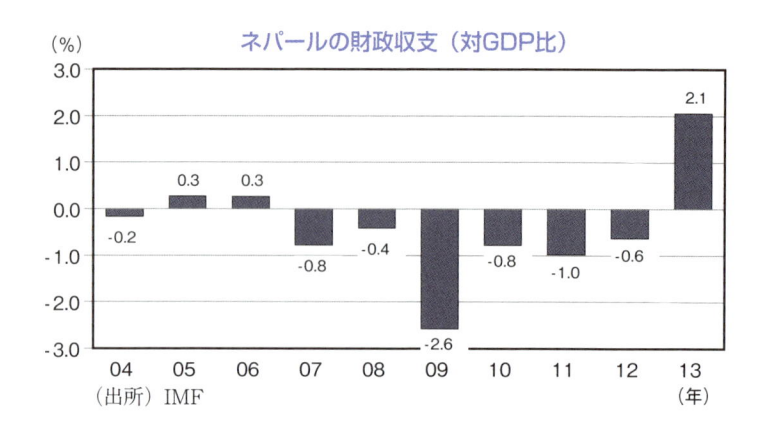

年	04	05	06	07	08	09	10	11	12	13
(%)	-0.2	0.3	0.3	-0.8	-0.4	-2.6	-0.8	-1.0	-0.6	2.1

（出所）IMF

3．その他の政策課題等

　新憲法の制定が最大の政治的課題である。ネパールでは2008年に制憲議会選挙が実施されるも、憲法制定作業が難航し、憲法が制定されないまま2012年に議会が解散した。その後、2013年11月に第2回制憲議会選挙が実施され、コングレス党と共産党UMLとの連立政権が成立した。しかし、新憲法の制定作業は依然として難航しており、連邦制、政府形態、司法制度、選挙制度等について政党間での合意に至っていない。

　与党であるコングレス党と共産党UMLは、政党間で合意できない諸問題について、本会議での投票による採決を求めたが、マオイストをはじめとする野党連合はこれに反発し、あくまでも政党間合意に基づく憲法制定を要求している。コイララ首相は、2015年1月22日までに新憲法を制定・公布するとの公約を掲げたが、与野党間の対立が解消されず、引き続き制憲議会での審議を継続することとなったため、期限までに制定することはできなかった。

4．日本との関係

① 在留邦人数：

　1,011人（2013年、外務省ホームページ）

② **進出日本企業数：**

3社進出（東洋経済新報社　2014年海外進出企業総覧）

日本の対ネパール直接投資（国際収支ベース、ネット、フロー）

(億円)

	2009年	2010年	2011年	2012年	2013年
ネパール	－	1	－1	－1	－1

（出所）財務省国際収支統計

③ **対日輸出、対日輸入**

対日輸出額が16億円、対日輸入額は36億円であり、20億円の赤字である（2014年、財務省貿易統計）。ネパールからみた国ごとの輸出、輸入に占める割合において、日本はそれぞれ、第10位（第1位はインド、第2位は米国）、第8位（第1位はインド、第2位は中国）である（2013年 International Trade Centre ホームページ）。

④ **ODA（円借款、無償資金協力、技術協力）、国際協力銀行出融資承諾状況**

対ネパール援助形態別実績　　　　　　　　　　　　　　　(億円)

年度	ODA 円借款	無償資金協力	技術協力	国際協力銀行 出融資承諾状況
2009年度	－	51	15	－
2010年度	－	40	15	－
2011年度	－	37	20	－
2012年度	151	19	19	－
2013年度	－	41	19	－

ネパールに対する円借款は2000年度以降供与されていなかった（この間、無償資金協力で道路改修、新設等のインフラ整備を支援）が、2012年度に12年ぶりに「タナフ水力発電計画」への円借款供与を決定した。

⑤ **主な円借款案件**

○ **タナフ水力発電計画（151.37億円、2013年3月交換公文署名）**

ネパールでは電力の9割が水力発電によるものであるが、河川の水量が減少する乾季においても効率的な発電が可能な貯水池式水力発電所は日本の支援により建設された1か所のみであり、乾季には1日16時間に及ぶ計画停電が実施されている。本計画は、タナフ郡

において新たに貯水池式水力発電所を建設することにより、ネパールの電力供給の安定化及び増加する電力需要に対応することで同国の経済発展、民生の向上に寄与するものである。なお、本計画はアジア開発銀行（ADB）及び欧州投資銀行（EIB）との協調融資によって実施されている。

パキスタン

1．概況・基本情報

概要：国土面積は世界で第35位、人口は第6位、名目GDPは第44位、購買力平価ベースのGDPは第26位に位置する。1947年に英国植民地支配から独立。独立当時の国土はインドを隔てで西パキスタン（現パキスタン）及び東パキスタン（現バングラデシュ）に分かれていたが、1971年に東パキスタンがバングラデシュとして独立し、現在の国土となった。中国、インド、イラン、アフガニスタンと国境を接することから地政学的にも重要な位置を占める。イスラム教を国教とする多民族・多言語国家であり、主要民族はパンジャブ人、パシュトゥーン人、シンド人、バローチ人。2004年から2013年までの平均人口増加率は1.8％と高く、国連によれば2050年にはインド、中国、ナイジェリア、米国、インドネシアに次ぐ人口大国となることが見込まれており、豊富で安価な労働力と将来の消費市場としての潜在性を有する。2013年6月に就任したナワズ・シャリフ首相の下、財政改革、電力セクター改革に取り組んでいる。我が国とは1952年の国交樹立以来、経済協力関係を軸とした友好関係を維持。

① 基本情報

人　口：	1億8,214万人（2013年、世銀）
面　積：	79.6万㎢（世銀、日本の約2倍）
首　都：	イスラマバード
言　語：	ウルドゥー語（国語）、英語（公用語）
民　族：	パンジャブ人、パシュトゥーン人、シンド人、バローチ人他
宗　教：	イスラム教（国教）
名目GDP：	2,328億ドル（2013年、IMF（第1次、2次、3次産業の構成比は25.3％：21.6％：53.1％、CIA））
購買力平価ベースGDP：	8,351億ドル（2013年、IMF）
1人当たりGDP：	1,275ドル（2013年、IMF）
通　貨：	パキスタン・ルピー（1米ドル＝100.5ルピー　2014年12月末日現在）
為替制度：	その他の管理相場制度（IMFによる為替制度の分類）
独　立：	1947年8月14日
政　体：	連邦共和制
元　首：	マムヌーン・フセイン大統領

国際機関・国際会議への加盟・参加状況

G20	ASEAN	ASEAN+3	CMIM	AMRO	EAS	APEC	ASEM	TPP	RCEP	ADB	AfDB	EBRD	IADB	IBRD	IMF	OECD	UN	WTO
-	-	-	-	-	-	-	○	-	-	○	-	-	-	○	○	-	○	○

② 政治状況

　パキスタンでは、首相が中央行政府の長であり、大統領は象徴的な位置付け。議会は、104議席で構成される上院（任期6年で議席の半数を3年ごとに改選）及び342議席で構成される下院（任期5年）の二院制。1947年の独立以来、文民政権とクーデターによる軍事独裁政権への政権交代が繰り返されてきたが、2013年3月に前与党のパキスタン人民党（PPP）政権が文民政府として初めて任期を満了。同年5月に下院総選挙が実施され、PPP政権は汚職問題、景気低迷の長期化等から議席数を選挙前の125から46へと大幅に減らし大敗。PPPに代わり、1990年代に2度首相に就任した経験があるナワズ・シャリフ氏率いるムスリム連盟ナワズ・シャリフ派（PML-N）が単独で過半数となる189議席を獲得し、シャリフ氏が3度目の首相に就任。また、前ザルダリ大統領の同年9月の任期満了に伴う大統領選が同年7月に行われ、PML-Nのマムヌーン・フセイン氏が8割を超える得票率で大統領に就任。2015年3月に次の選挙が予定されている上院では、引き続き野党が過半数を占めており、協調的な政権運営が必要な状況となっている。

2．マクロ経済の概況
① 経済成長率の動向

　1990年代の核開発疑惑・核実験を受け、米国を始めとする主要国からの経済援助が停止されていたが、2001年9月の米国同時多発テロ事件以降、パキスタンはそれまでのタリバン支援からテロとの戦いを進める米国支援へと方針転換。世界経済が拡大する中、国際的支援や海外からの資本流入を追い風に2002〜2007年度は平均6％を超える成長を達成した。しかし、その後は世界的な景気減速の影響を受け、2008年度は0.4％へと落ち込んだ。その後も深刻な電力不足、治安の悪化に伴う海外からの資本流入の減少、度重なる洪水被害等の影響もあり、3％台の成長にとどまっていたが、足元では、GDPの8割を占める民間消費が成長を牽引し、2013年度の成長率は4.1％を記録、2012年度の3.7％を上回った。IMFによれば、財政再建のための措置（優遇措置の廃止や増税による課税基盤の拡大、エネルギー補助金の削減）と電力セクターにおける構造的ボトルネックの改善から、2014年度の成長率を4％程度と予想、その後も中期的にさらに緩やかに回復すると見込んでいる。

パキスタン実質GDP成長率

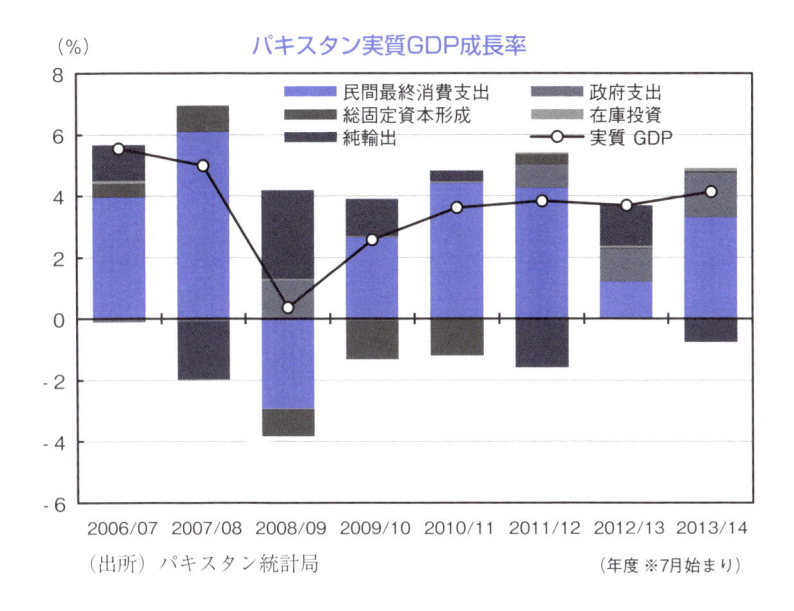

(出所) パキスタン統計局　　　　　　　　　　（年度 ※7月始まり）

② 国際収支

　パキスタンの輸出産品の太宗は、低付加価値の一次産品及び加工品であり、輸出額に占める割合は繊維製品が5割以上を占めるほか、コメを始めとする食料品が約2割。一方、輸入品目では石油が3割以上を占め、原油価格の影響を受け易く、貿易収支は恒常的に赤字が継続している。

パキスタン製品別輸出入額の内訳
〈2013年度〉

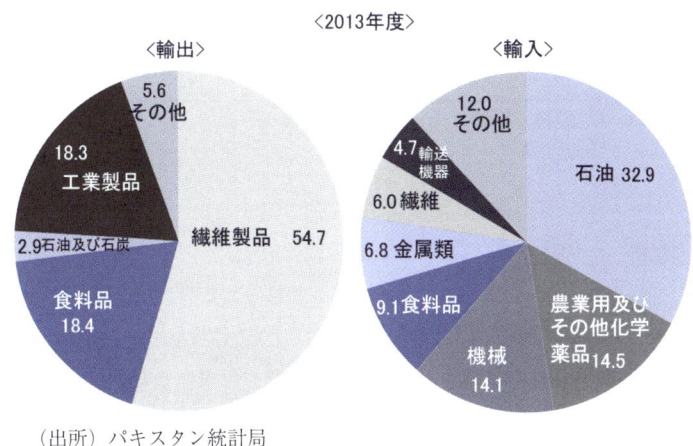

〈輸出〉
- 繊維製品 54.7
- 食料品 18.4
- 工業製品 18.3
- その他 5.6
- 石油及び石炭 2.9

〈輸入〉
- 石油 32.9
- 農業用及びその他化学薬品 14.5
- 機械 14.1
- その他 12.0
- 食料品 9.1
- 金属類 6.8
- 繊維 6.0
- 輸送機器 4.7

(出所) パキスタン統計局

経常収支は、貿易収支、サービス収支及び所得収支の赤字が労働者送金や外国政府の援助等による経常移転収支の黒字を上回る構造。2004年度以降は、総じて経常赤字を計上してきており、この赤字は主に国際機関や外国政府からの借入により補填されている。2013年度は、サービス収支の赤字の改善により経常収支の赤字が縮小。IMFの見通しでは、2014年度は貿易収支の赤字の縮小により経常収支の赤字も縮小することが見込まれている。

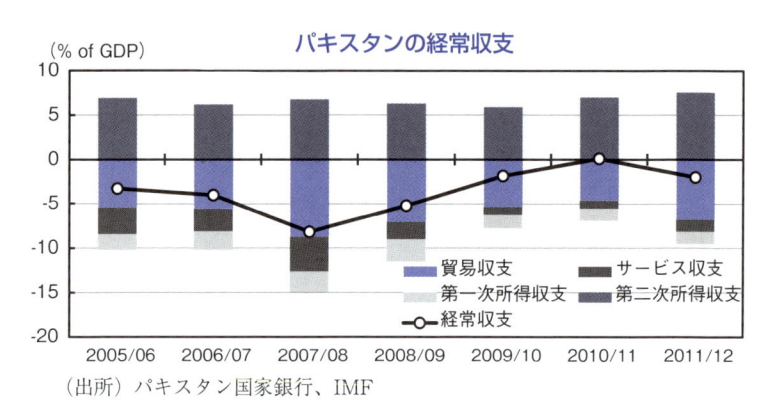

パキスタンの経常収支

(出所) パキスタン国家銀行、IMF

パキスタンの資本収支

(出所) IMF、パキスタン国家銀行

③ 物価動向・金融政策

パキスタン国家銀行（中央銀行）は、政府から独立して銀行の規制監督、金融政策の実施、対政府貸出の限度額設定を行っている。なお、IMFはパキスタン国家銀行に対して、中期的なインフレ数値目標を設定する手法の導入の検討を求めている。

インフレの指標である消費者物価上昇率は、構成比の約35％を占める食料品に左右され

やすい特徴がある。2011年度は11.0％と二桁台だったが、2012年度は7.3％、2013年度は8.6％、2014年10月は世界的な商品価格の下落に伴い、5.8％に低下したことを受けて、パキスタン国家銀行は2014年11月政策金利を10.0％から9.5％へと50bp引き下げた。

④ 為替・外貨準備の動向

米ドルに対するパキスタン・ルピーの為替相場は、2000～2007年安定的に推移していた後、2007年11月のムシャラフ大統領による非常事態宣言や同年12月のブットー元首相の暗殺等の国内の政情不安や、国際収支の悪化等から2008年にかけて1ドル61～83パキスタン・ルピーへと急激にルピー安に振れた。その後も政情不安や経常収支の悪化等からルピー安傾向は続き、2013年以降は1ドル＝100ルピー前後で推移している。

外貨準備高は、2011年6月には輸入額の3.6カ月分に相当する約148億米ドルだったが、2011年後半に経常収支等の急激な悪化等に伴い、外貨売りの為替介入を実施したことや、2012年には過去のIMFプログラム（SBA: Stand − By Agreement、スタンドバイ取極）にて融資を受けた資金の返済を開始したこと等から減少を続けた。2013年9月には新たなIMFプログラム（後述）が開始されたこともあり2013年11月の30億ドルを底として反転、2014年12月には105億米ドルまで回復した。

パキスタンの為替の推移（2000年以降） （ドル／パキスタンルピー）

（出所）Bloomberg

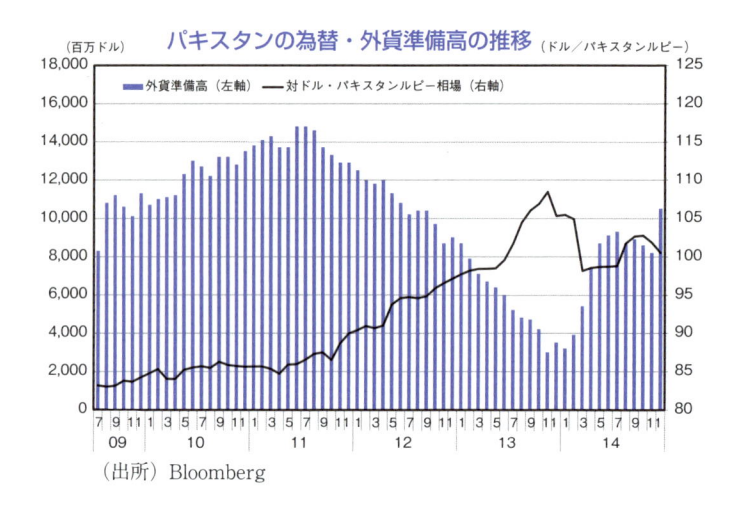

パキスタンの為替・外貨準備高の推移 (ドル／パキスタンルピー)

(出所) Bloomberg

⑤ 財政政策

　中央政府の財政収支は、歳出面ではエネルギー補助金の負担、歳入面では経済活動の低迷や徴税能力の不足による税収の伸び悩みを主因として赤字傾向が継続。これは中央政府から地方政府への一般財源の贈与の減少にも影響を与えている。2013年9月から実施されているIMFプログラム（後述）に沿って、財政収支赤字の改善のための措置を実施。2014年度予算では、所得税や売上税の非課税範囲の縮小、利子配当への所得税や売上税、物品税の税率引上げ、税務行政の改善による歳入増加、エネルギー補助金の削減による歳出縮小が盛り込まれる等、財政再建のための取組が行われており、2013年度における財政収支は、対GDP4.7％の赤字に縮小した。

パキスタンの財政収支

年度	(%)
2003/04	-1.6
2004/05	-2.8
2005/06	-3.4
2006/07	-5.1
2007/08	-7.1
2008/09	-5.0
2009/10	-5.9
2010/11	-6.9
2011/12	-8.4
2012/13	-8.1
2013/14	-4.7

（年度※7月始まり）

(出所) IMF

3．その他の政策課題等

　パキスタン政府は、2013年9月からIMFプログラム（EFF: Extended Fund Facility、拡大信用供与措置。経済構造改革の進捗をIMFが定期的に確認し、パキスタン政府に資金の引き出しを認める。3年間で累計4,393百万SDR（約66億ドル相当））による支援を受けている。この支援は、前述のように外貨準備高が2011年度以降に大幅に減少したことを受け、パキスタン政府からIMFに要請されたものである。このプログラムは、パキスタンの経済構造改革の目標指標として、最大の懸案である電力セクター改革（電力料金の引上げと徴収の強化、エネルギー補助金の削減）、前述の財政再建策、不良債権問題を抱える銀行部門の健全化と預金者保護（銀行の資本増強、預金保険制度の導入）等が設定されており、IMFがその進捗を3カ月ごとに確認し、資金の引き出しの可否をIMFが判断する仕組みとなっている。2014年12月にはプログラムの第4次及び第5次レビューが行われ、改革の進捗に伴う資金の追加的引き出しがIMFによって承認された。

4．日本との関係

① 在留邦人数：

　917人（2013年、外務省ホームページ）

② 進出日本企業数：

　16社進出（東洋経済新報社　2014年海外進出企業総覧）

　日本の対パキスタン直接投資（国際収支ベース、ネット、フロー）

（億円）

	2009年	2010年	2011年	2012年	2013年
パキスタン	－29	－5	－6	－10	－31

（出所）財務省国際収支統計

③ 対日輸出、対日輸入

　対日輸出額が348億円、対日輸入額は1,708億円であり、1,360億円の赤字である（2014年、財務省貿易統計）。

　パキスタンからみた国ごとの輸出、輸入に占める割合において、日本はそれぞれ、第27位（第1位は米国、第2位は中国、第3位はアフガニスタン）、第5位（第1位はアラブ首長国連邦、第2位は中国、第3位はクウェート）である（2013年 International Trade Centre ホームページ）。

④ ODA（円借款、無償資金協力、技術協力）、国際協力銀行出融資承諾状況

対パキスタン援助形態別実績　　　　　　　　　　　　（億円）

年度	ODA 円借款	無償資金協力	技術協力	国際協力銀行 出融資承諾状況
2009年度	233	121	19	―
2010年度	197	43	24	―
2011年度	50	79	19	―
2012年度	―	65	18	―
2013年度	―	39	15	―

⑤ 主な円借款案件
○ 電力セクター改革プログラム（50億円、2014年6月交換公文署名）

　パキスタンでは、電力料金の未払いや送配電ロス、盗電等により、発送電事業者がコストを回収できないため設備稼働率が低下し、その結果、長時間の停電が日常的に発生し、電力料金に対する政府の補助金が増加している。このような電力セクターの構造的問題が、財政収支を悪化させ、経済成長を圧迫する要因となっている。2013年6月に誕生したシャリフ政権は、「国家電力政策2013」を同年7月に策定し、電力セクター改革を喫緊の課題と位置付けて対策に取り組んでいる。

　これを受け、日本もパキスタンの電力セクター改革の努力を支援するべく、アジア開発銀行（ADB）、世界銀行との協調融資により本件円借款を供与することとした。日本がこれらの国際機関と共同で策定した電力セクター改革プログラムでは、(ｱ)電力料金と補助金の設定、(ｲ)発電コストの縮小、(ｳ)説明責任と透明性の向上の各分野において達成すべき具体的な政策目標が設定され、これらの達成が本件円借款の供与の条件とされている。本プログラムの実施により、電力セクター改革の促進、財政の改善、経済活動の活性化が実現することが期待される。

スリランカ

1．概況・基本情報

概要：国土面積は世界で第121位、人口は第56位、名目 GDP は第69位、購買力平価ベースの GDP は第62位に位置する。民族構成は、シンハラ人が70％、少数民族のタミル人が15％を占めている。2004年から2013年の平均的な人口増加率は0.9％である。インド南端に浮かぶ国土面積が北海道の約0.8倍の大きさの島国で、国土の大部分は広大な平原（海抜30〜200m）が占める。首都はスリ・ジャヤワルダナプラ・コッテであるが、国会以外の機関は隣接するコロンボにあり、行政や経済の中心はコロンボである。

1948年に自治領として独立以来、民主的な選挙により政権交代が行われている民主主義国であり、経済政策においても市場経済に対応すべく経済構造改革への努力を進めてきている。

多民族国家であるスリランカでは、1980年代以降、多数派シンハラ人と少数派タミル人との民族対立が先鋭化し、民族対立に端を発する内戦が2009年までの26年間も続いた。

スリランカの就業人口の約3分の1が農業セクターに従事しているものの、名目 GDP に占める割合は約1割とそれほど高くない。しかし主要な農産物である米、紅茶、ゴム、ココナッツのうち特に紅茶は、重要な外貨獲得輸出品となっている。内戦終結後も高い経済成長を維持しており、その地政学的重要性やインド市場へのアクセスを踏まえ今後のさらなる経済成長が期待されている。

2014年9月には、安倍総理がスリランカを訪問し、日本・スリランカ共同声明を発表した。国民和解の促進、海洋分野での協力強化、地デジ日本方式導入のための円借款（約137億円）の供与等が盛り込まれた。

① 基本情報

人　口：	2,048万人（2013年、世銀）
面　積：	6.6万km² （世銀、北海道の約0.8倍）
首　都：	スリ・ジャヤワルダナプラ・コッテ
言　語：	シンハラ語、タミル語（以上公用語）、英語（連結語）
民　族：	シンハラ人、タミル人、スリランカ・ムーア人
宗　教：	仏教、ヒンドゥー教、イスラム教、ローマ・カトリック教
名目GDP：	667億ドル（2013年、IMF（第1次、2次、3次産業の構成比は10.6%：32.4%：57.0%、CIA））
購買力平価ベースのGDP：	1,995億ドル（2013年、IMF）
1人当たりGDP：	3,204ドル（2013年、IMF）
通　貨：	ルピー（1米ドル＝131.20ルピー　2014年12月末日現在）
為替制度：	ペッグ制度（IMFによる為替の分類）
独　立：	1948年2月4日（1972年にスリランカ共和国、1978年にスリランカに改称）
政　体：	共和制
元　首：	マイトリーパーラ・シリセーナ大統領

国際機関・国際会議への加盟・参加状況

G20	ASEAN	ASEAN+3	CMIM	AMRO	EAS	APEC	ASEM	TPP	RCEP	ADB	AfDB	EBRD	IADB	IBRD	IMF	OECD	UN	WTO
−	−	−	−	−	−	−	−	−	○	○	−	−	−	○	○	−	○	○

② 政治状況

1983年から2009年まで政府軍（シンハラ人で主に構成）と北・東部の分離独立を目指す「タミル・イーラムの解放の虎（LTTE）」（タミル人で構成）との間で内戦状態であったが、2009年5月に政府軍がLTTEを制圧し内戦が終結した。2005年11月に第5代大統領に就任したラージャパクサ大統領の下、2013年9月にタミル人が多く居住する北部州において、初めて議会選挙を平和裡に実施した。ラージャパクサ大統領は高い人気を背景に、

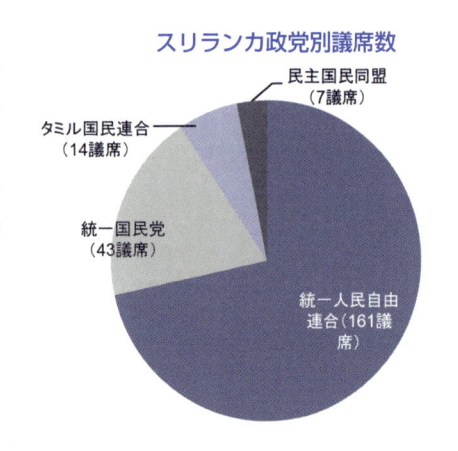

スリランカ政党別議席数

- 民主国民同盟（7議席）
- タミル国民連合（14議席）
- 統一国民党（43議席）
- 統一人民自由連合（161議席）

2期目の任期を1年10カ月残し、2015年1月に大統領選挙を前倒しで実施したが、与党か

ら離脱し野党統一候補となったシリセーナ元保健相が勝利し、3選を目指していたラージャパクサ大統領は敗北した。シリセーナ新大統領は、日本やインド等アジア主要国とバランスのとれた関係の構築を目指している。

2．マクロ経済の概況
① 経済成長率の動向

スリランカは、2009年5月の内戦終結後、力強い成長を達成しており（平均約6.5％の成長率）、2016年までに1人当たりGNI4,000ドル（中進国）を目指している。現在、中所得国であるスリランカは、南アジアにおいて、モルディブの次に1人当たり所得レベルが高い国である。2010年は8％、2011年には8.2％という過去最高の成長率を遂げたが、2012年は世界経済の減速による欧州向け衣料品輸出の大幅な鈍化、中銀の金融引締による内需の落ち込み、干ばつの影響から、成長率は6％であった。2013年は豊作による農業部門の伸びの高まりや復興需要による建設業の堅調な伸びから、成長率は7.3％に上昇。2014年は、衣料品輸出の好調や復興需要による建設業需要により引き続き堅調な伸びを維持しており、IMFは成長率を7.0％と予測している。

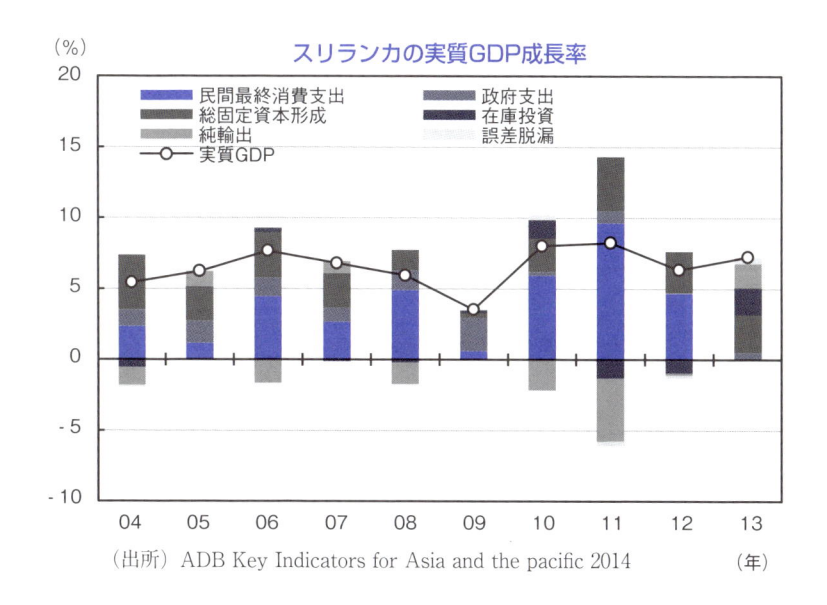

スリランカの実質GDP成長率

（出所）ADB Key Indicators for Asia and the pacific 2014

② 国際収支

スリランカの貿易構造は、輸出品は付加価値の低い衣料品、紅茶、ゴムに集中しており、

輸入品は、石油の割合が高く、恒常的に経常赤字である。石油の輸入は、干ばつの影響を受けた水力発電を補うための火力発電に利用され、原油価格が高騰すれば、輸入額が増加し貿易赤字も膨らむ。労働者送金や観光収入で貿易赤字を補完する構造であるが、補填しきれていない。そのため、車輌輸入税の引上げ等の輸入抑制策や、輸出促進のために自国通貨（スリランカ・ルピー）安への誘導する措置を実施し、貿易赤字の抑制に取り組みつつ、長期的には輸出競争力のある産業の育成を試みている。2013年の経常赤字は26.1億ドル（対GDP比−3.9％）と、先進国経済の回復や豊作によって輸出が増加した一方、輸入が火力エネルギー需要の低下を主因に減少したため前年から縮小（同−6.7％）した。資本収支（除く外準）については、インフラプロジェクトにかかる対外借入の増加、政府によるドル債発行、直接投資の増加等により黒字が続いている。

スリランカ製品別輸出入額の内訳

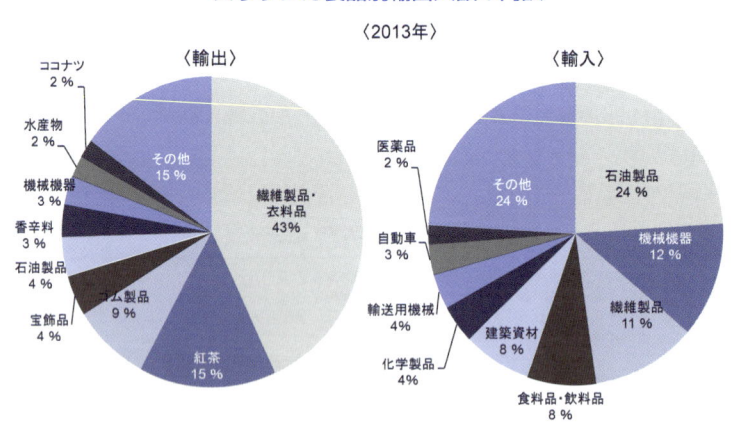

〈2013年〉

〈輸出〉

- ココナツ 2％
- 水産物 2％
- 機械機器 3％
- 香辛料 3％
- 石油製品 4％
- 宝飾品 4％
- ゴム製品 9％
- 紅茶 15％
- その他 15％
- 繊維製品・衣料品 43％

〈輸入〉

- 医薬品 2％
- 自動車 3％
- 輸送用機械 4％
- 化学製品 4％
- 建築資材 8％
- 食料品・飲料品 8％
- 繊維製品 11％
- 機械機器 12％
- その他 24％
- 石油製品 24％

（出所）JETRO 世界貿易投資報告 2014年版

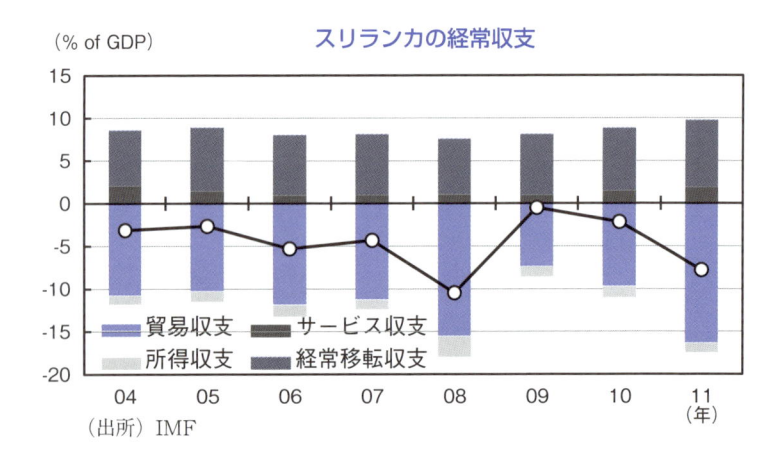

スリランカの経常収支
（％ of GDP）

貿易収支　サービス収支
所得収支　経常移転収支

（出所）IMF

スリランカの資本収支

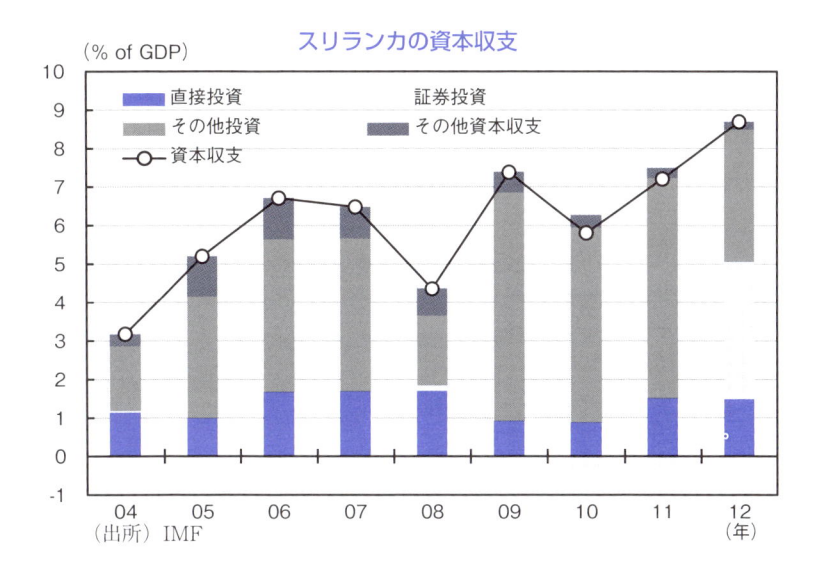

(% of GDP)

凡例：直接投資、証券投資、その他投資、その他資本収支、資本収支

（出所）IMF

③ 物価動向・金融政策

インフレの指標である消費者物価上昇率は、食料品に左右されやすい特徴がある。2012年は7.5％、2013年は6.9％で推移している。2014年は4％を下回る予想である。これは豊作により食料品価格が下がったことが主な原因である。今後も国内の気候が良く供給に問題がなく、国際食品価格も安定していれば、5％付近で推移するものと予想されている。中銀は、マネタリーサプライの変動は生産や物価が不安定になるものとして、マネタリーターゲットを定めている。堅調な経済発展から、商業銀行から民間企業への貸付が増加したため、2012年2月と4月に政策金利を引き上げた。しかし、金融引締めを実施したことにより、成長率が鈍化したため、2012年12月以降政策金利を4回引き下げている。

④ 為替・外貨準備の動向

スリランカは2001年以降変動相場制を採用。2008年の世界金融危機により、スリランカ・ルピーが下落した結果、スリランカ中銀によるドル売り介入が実施され、2009年3月に過去最低の13.7億ドルまで外貨準備が著しく減少したが、同年7月にIMFの支援を受けたこともあり、同年10月には50億ドル台まで回復した。

米ドルに対するスリランカ・ルピーの為替相場は、2011年まで1ドル＝110スリランカ・ルピー前後で推移していたが、2012年に入り、為替介入を止めたことから1ドル＝130スリランカ・ルピーとルピー安に振れている。それ以降は、スリランカ中銀がルピー

安に誘導する方針をとり、ドル買い介入を実施している。

外貨準備高は、2009年7月のIMF融資プログラムを導入した。その後、適切な金融・為替政策の下、外貨準備高も回復、財政再建や税制改革に向けた取組も順調に進展し、IMFプログラムは2012年7月に完了した。IMFによると外貨準備高（輸入比、月）は2012年4.0カ月、2013年3.5カ月、2014年3.6カ月と、順調に推移している。

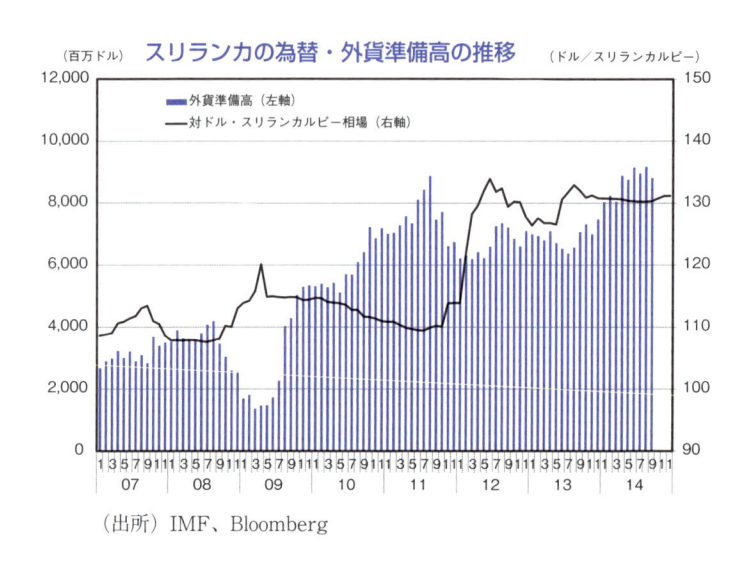

スリランカの為替・外貨準備高の推移

（出所）IMF、Bloomberg

⑤ 財政政策

中央政府の財政赤字は、徴税能力不足のため慢性的な財政赤字が続いており、2009年には－10％近くまで悪化した。しかし、2009年にIMFの支援が始まると、財政赤字は縮小傾向に転じた。これは、課税ベースの拡大（小売店・卸売店も課税対象にするもの）、たばこ・アルコール等の消費税増税等税制改革によるものである。2014年の財政赤字は、スリランカ政府の目標範囲内の対GDP比－5.2％に縮小するとしている（前年比：－0.7％）。なお、今後も、数多くの免税・減税措置の撤廃や税当局の能力向上や法令順守を行っていけば、緩やかであるが、財政赤字は低下していくものと予想される。

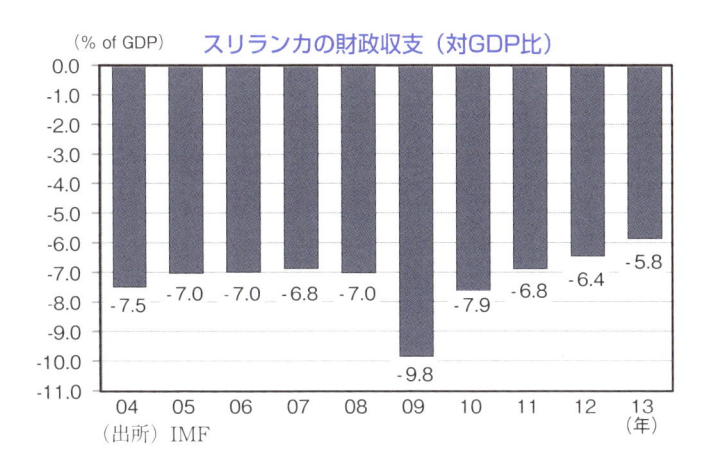

スリランカの財政収支（対GDP比）

(% of GDP)

年	04	05	06	07	08	09	10	11	12	13
財政収支	-7.5	-7.0	-7.0	-6.8	-7.0	-9.8	-7.9	-6.8	-6.4	-5.8

（出所）IMF

3．その他の政策課題等

スリランカのこれまでの民族紛争と人権問題により、国際社会では、スリランカ政府への批判が根強い。しかしながら、スリランカがインド洋の要衝に位置し、地政学的にみても重要であるため、新興国が結びつきを強化する傾向にある。内戦復興のインフラ需要に対しても、中国等の新興国が積極的に支援を行っており、外交的な視点だけでなく、経済的視点からも、スリランカを取り巻く環境とその変化は注目に値する。

4．日本との関係

① 在留邦人数：

　1,002人（2013年、外務省ホームページ）

② 進出日本企業数：

　18社進出（東洋経済新報社　2014年海外進出企業総覧）

　日本の対スリランカ直接投資（国際収支ベース、ネット、フロー）

（億円）

	2009年	2010年	2011年	2012年	2013年
スリランカ	－11	3	－1	3	－8

（出所）財務省国際収支統計

③ 対日輸出、対日輸入

対日輸出額が304億円、対日輸入額は962億円であり、658億円の赤字である（2014年、財務省貿易統計）。スリランカからみた国ごとの輸出、輸入に占める割合において、日本はそれぞれ、第9位（第1位は米国、第2位は英国）、第6位（第1位はインド、第2位は中国）である（2013年 International Trade Centre ホームページ）。

④ ODA（円借款、無償資金協力、技術協力）、国際協力銀行出融資承諾状況

対スリランカ援助形態別実績　　　　　　　　　　　　　　　　　　　　（億円）

年度	ODA 円借款	無償資金協力	技術協力	国際協力銀行 出融資承諾状況
2009年度	367	49	25	—
2010年度	331	23	23	—
2011年度	495	27	18	1件※
2012年度	411	46	24	—
2013年度	350	25	13	—

※　国際協力銀行出資承諾状況について、JBIC では1億円未満の数字を公表していない。

⑤ 主な円借款案件

○ 地上テレビ放送網デジタル化計画　137.17億円　2014年度

日本方式の地上デジタルテレビ放送を導入するスリランカに対して、アンテナやスタジオ・機材等放送網を整備するための資金を円借款にて提供する。

スリランカは2016年までの国家開発計画「マヒンダ構想」にて、2017年までにデジタルテレビ放送に移行する目標を掲げている。地上デジタルテレビ放送は、日本方式、欧州方式、米国方式、中国方式と大きく分けて四つの方式があり、日本方式はデータ放送や災害時の緊急放送に強みがあると言われている。

スリランカは、シンハラ語とタミル語の2言語を公用語とし、公用2言語に英語も加えた三言語による教育を行う政策を進めており、また自然災害が頻発する国でもある。そのスリランカが、データ放送や緊急放送に優位のある日本方式の地上デジタルテレビ放送の採用を2014年に決定したため、同年、安倍首相が首相として24年ぶりにスリランカを訪問した際に、デジタル放送の整備資金を提供する円借款が供与されることとなった。

この円借款は、日本の技術を活用した案件となるため、「本邦技術活用条件（STEP）」の対象である。STEP は2013年4月に金利の引下げ等の制度改善を実施してさらに利便性を高めており、本借款も制度改善後の供与条件が適用されている。

なお、日本は、日本方式の地上デジタルテレビ放送の国際展開を推進しており、ラテン・アメリカ（特に南米）の国々で多数採用されている。しかしながら、アジアで日本方式を採用する国は、スリランカやフィリピンと未だ限られているのが現状。スリランカでも、2010年に欧州方式の採用が決まっていたが、技術的観点から再検討が行われ、日本方式の採用が決まったという経緯がある。

大洋州

オーストラリア

オーストラリア

1．概況・基本情報

概要：国土面積は世界で第6位、人口は第51位、名目 GDP は第12位、購買力平価ベースの GDP は第19位に位置する。国土は、アラスカを除く米国とほぼ同じ大きさであり、世界全体の土地面積の約5％を占める。人種は多様であり、人口の4分の1以上は海外生まれ。2004年から2013年の平均的な人口増加率は1.5％。リーマンショック後の世界経済の低迷による成長率の低下等あったものの、1992年以降22年連続してプラス成長を記録しており、最近5年間の平均経済成長率は2.5％。特に近年は資源ブームを背景に、高い成長を記録してきたが、現在資源ブームは下火となっており、非資源セクター主導の成長への移行が課題となっている。豪州の輸出相手国の上位3カ国はアジアの国々（1位中国、2位日本、3位韓国）であり、輸入相手国は1位中国、3位日本（2位は米国）と、我が国を含め、アジア経済と豪州経済の結びつきは強い。我が国との関係では、2014年7月に経済連携協定（日豪 EPA）の署名を行っており、2015年1月に発効したところ。最近では、2014年11月に日豪首脳会談を実施した。

① **基本情報**

人　口：	2,313万人（2013年、世銀）
面　積：	774.1万km²（世銀、日本の約20倍）
首　都：	キャンベラ
言　語：	英語
民　族：	アングロサクソン系等欧州系が中心。その他に中東系、アジア系、先住民等
宗　教：	キリスト教、無宗教他
名目 GDP：	1兆5,059億ドル（2013年、IMF（第1次、2次、3次産業の構成比は3.8％：27.4％：68.7％、CIA）
購買力平価ベースの GDP：	1兆526億ドル（2013年、IMF）
1人当たり GDP：	64,578ドル（2013年、IMF）
通　貨：	豪ドル（1米ドル＝1.2239豪ドル　2014年12月末日現在）
為替制度：	変動相場制度（IMF による為替の分類）
独　立：	1901年1月1日
政　体：	立憲君主制
元　首：	エリザベス2世女王（英国女王）
首　相：	トニー・アボット首相

国際機関・国際会議への加盟・参加状況

G20	ASEAN	ASEAN+3	CMIM	AMRO	EAS	APEC	ASEM	TPP	RCEP	ADB	AfDB	EBRD	IADB	IBRD	IMF	OECD	UN	WTO
○	−	−	−	−	○	○	○	○	○	○	−	○	−	○	○	○	○	○

② 政治状況

2013年9月の総選挙において、アボット氏率いる自由党を含む保守連合が勝利し、2007年12月以来6年ぶりの保守連合政権が発足。

アボット政権に対する支持率は、2013年9月の政権発足直後は55％を超えていたものの、緊縮財政路線等を背景に低下しており、野党労働党の支持率を下回っている。

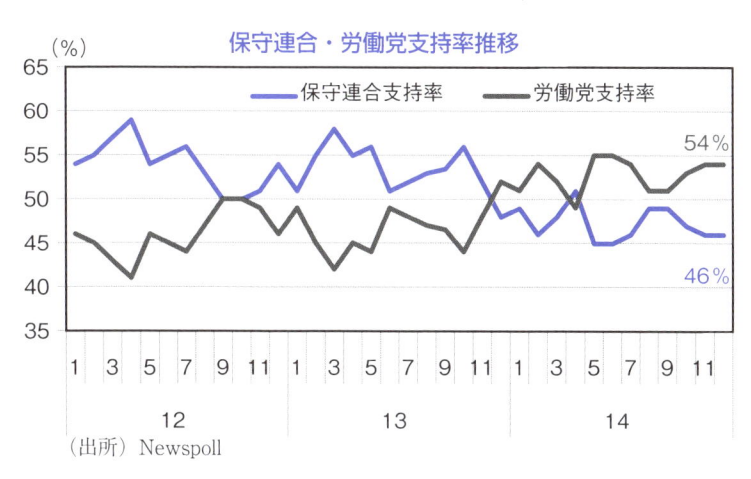

保守連合・労働党支持率推移

（出所）Newspoll

2．マクロ経済の概況

① 経済成長率の動向

豪州は民間消費がGDPの56％、総固定資本形成がGDPの27％を占める経済構造。GDPに占める輸出の比率は21％である（いずれも2013－14年度（豪州の財政年度は7月から翌年6月））。

豪州の実質GDP成長率

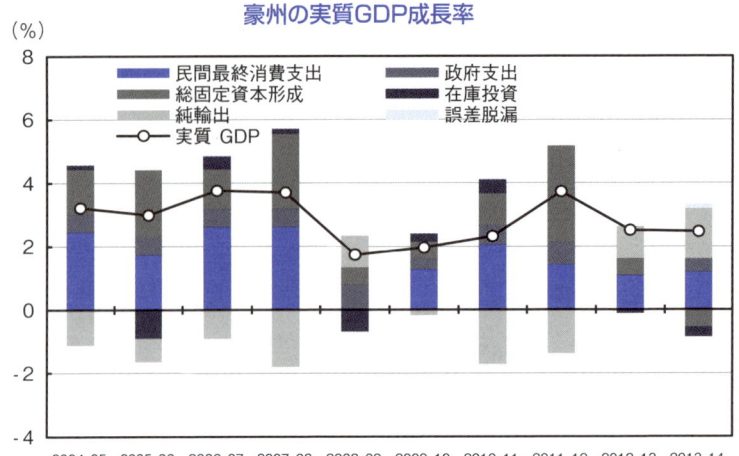

凡例：民間最終消費支出／政府支出／総固定資本形成／在庫投資／純輸出／誤差脱漏／実質GDP

（注）年度：7月－6月
（出所）豪州統計局

豪州経済は資源ブームを背景に成長を続け、2011－12年度の実質GDP成長率は前年度比3.7％を記録した。しかしながら、以降は資源ブームの衰退や中国の減速等に伴い、2012－13年度、2013－14年度の実質GDP成長率はともに2.5％と、成長が鈍化している。足元では、2014年7－9月期の実質GDP成長率は前年同期比2.7％のプラス成長となった。

豪州の失業率は、2012年半ば以降上昇を続けており、2014年11月の失業率は6.3％と約12年ぶりの水準となった。

豪州の失業率

2002年9月：6.3％
2014年11月：6.3％

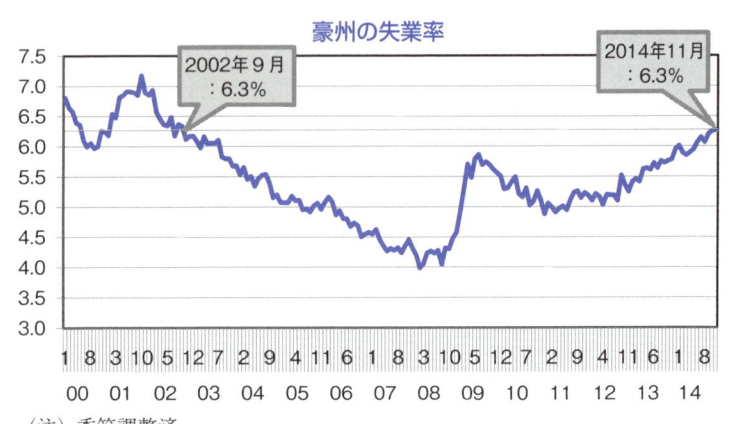

（注）季節調整済
（出所）豪州統計局

② 国際収支

豪州の貿易収支は、中国をはじめとした新興国向けに、鉄鉱石や石炭といった鉱物資源の輸出額が増加したこと等を要因として、2010−11年度に過去最高の黒字を記録。しかしながら、その後は資源ブームの衰退等を背景に、貿易収支は悪化。2012−13年度の貿易収支は対GDP比0.3％の赤字となったが、2013−14年度には対GDP比0.4％の黒字と、黒字回復を果たした。

豪州製品別輸出入額の内訳
〈2013-14年度〉

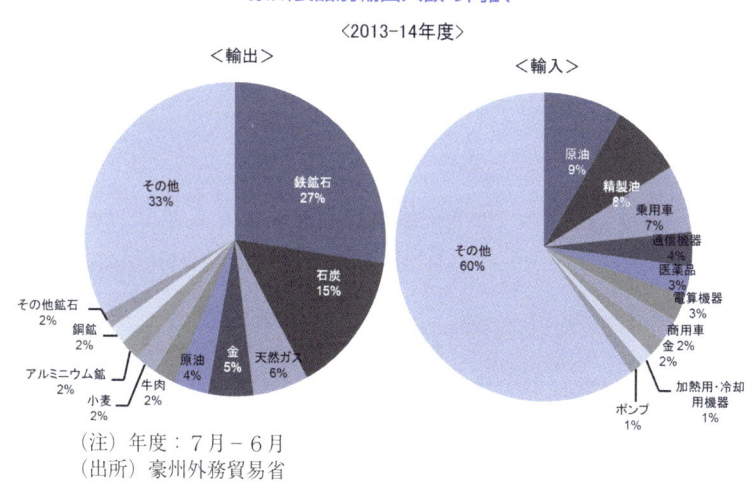

〈輸出〉
- 鉄鉱石 27%
- 石炭 15%
- 天然ガス 6%
- 金 5%
- 原油 4%
- 牛肉 2%
- 小麦 2%
- アルミニウム鉱 2%
- 銅鉱 2%
- その他鉱石 2%
- その他 33%

〈輸入〉
- 原油 9%
- 精製油 8%
- 乗用車 7%
- 通信機器 4%
- 医薬品 3%
- 電算機器 3%
- 商用車 2%
- 金 2%
- 加熱用・冷却用機器 1%
- ポンプ 1%
- その他 60%

（注）年度：7月−6月
（出所）豪州外務貿易省

豪州の経常収支は、1973−74年度以降一貫して赤字が続いている。これは、海外からの安定的な資本流入により、海外への配当、利息の支払が嵩み、それが大宗を占める所得収支が恒常的に大幅な赤字となっているためである。2009−10年度の経常収支（対GDP比）は5.0％の赤字だったが、貿易収支の黒字化により、2010−11年度は赤字幅が3.1％に縮小。その後は貿易収支が赤字化し、経常収支の赤字幅が拡大。2012−2013年度の経常赤字は対GDP比3.9％となった。ただし、2013−14年度は、貿易収支が黒字に回復したこと等により、対GDP比3.0％の経常赤字と、赤字幅が縮減した。

豪州の経常収支

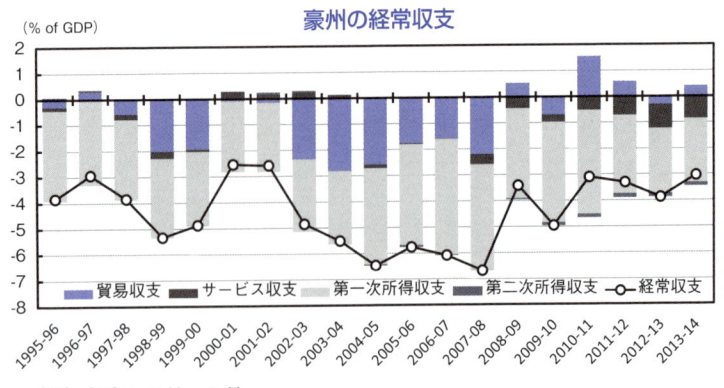

(注) 年度：7月-6月
(出所) 豪州統計局

　赤字が続く経常収支に対して、豪州の資本収支は黒字基調であり、1973-74年度以降一貫して黒字が続いている。2013-14年度の資本収支は対GDP比3.0％となった。

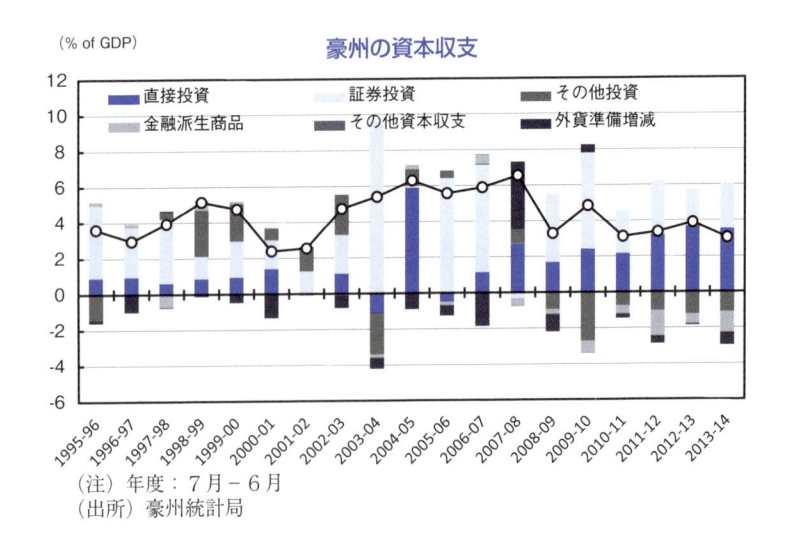

豪州の資本収支

(注) 年度：7月-6月
(出所) 豪州統計局

③　物価動向・金融政策

　2012年7－9月期以降、CPI上昇率は豪州準備銀行のインフレターゲットである2～3％内を推移している。直近（2014年7－9月期）のCPI上昇率は前年同期比+2.3％。
　豪州準備銀行は、為替が上昇し、CPIが安定する中で、2011年11月以降、段階的に政策金利を引き下げている。2013年8月には過去最低の2.5％まで引下げを実施し、以降は

2.5％で据え置き。なお、2014年12月の豪州準備銀行理事会後、スティーブンス豪州準備銀行総裁は声明の中で、「現時点の経済指標を踏まえると、金利の安定期間を設けることが最も賢明なやり方」との見解を示している。

豪州準備銀行・政策金利とCPIの推移

（注）網掛けはインフレターゲット
（出所）豪州統計局、Bloomberg

④ 為替・外貨準備の動向

1983年12月より変動相場制（IMFの分類はFree floating）。豪州準備銀行は、直近では、リーマンショック後の2008年10－11月に豪ドル買いの為替介入を実施したことを公表している。豪州の外貨準備高は、2014年11月時点で617億豪ドル（豪州準備銀行）である。

豪ドルは、資源価格の下落や、中国経済の減速懸念等を背景に、2013年以降下落基調にあるが、豪州準備銀行は、豪ドルがファンダメンタルズと比較して依然として高水準にあるとの認識を2014年11月公表の金融政策ステートメントで指摘している。

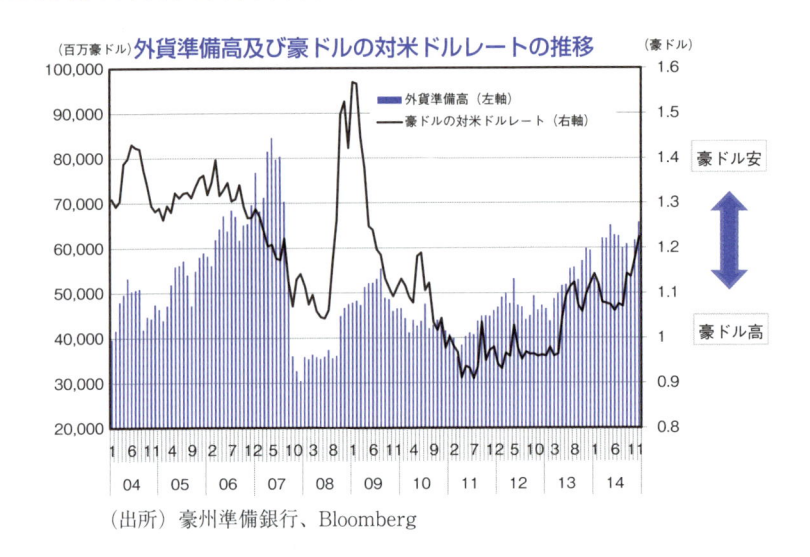

外貨準備高及び豪ドルの対米ドルレートの推移

(出所) 豪州準備銀行、Bloomberg

⑤ 財政政策

政府は2014年5月に、財政健全化に向けた施策を多数盛り込んだ内容の2014－15年度連邦予算案を公表した。主な施策としては、財政再建特別税（高所得者（課税所得18万豪ドル超）に対して、時限的に2％の超過所得税を課すもの）の導入や健康保険制度の見直し（医療機関受診時に7豪ドル／回の負担金導入）等がある。こうした施策により2014－15年度の基礎的現金収支（現金主義会計に基づく収支）対GDP比の赤字幅は前年度の3.1％から1.8％に改善する見通し。なお、2017－18年度の基礎的現金収支対GDP比は0.2％の赤字、2024－25年度までには同1％以上の黒字となる見通しを政府は示している。

豪州の財政収支（対GDP比）

年度	% of GDP
2004-05	1.3
2005-06	1.6
2006-07	1.5
2007-08	1.8
2008-09	-2.4
2009-10	-4.2
2010-11	-3.7
2011-12	-3.0
2012-13	-1.5
2013-14	-2.8

(注1) 年度：7月－6月
(注2) 2013－14年度は実績見込み
(出所) 豪州財務省

2014-15年度予算案における財政収支の見通し

(億豪ドル)

	2012-13	2013-14	2014-15	2015-16	2016-17	2017-18
財政収支 (GDP比、%)	-235 (-1.5)	-451 (-2.8)	-259 (-1.6)	-122 (-0.7)	-66 (-0.4)	10 (-0.1)
基礎的現金収支 (GDP比、%)	-188 (-1.2)	-499 (-3.1)	-298 (-1.8)	-171 (-1.0)	-106 (-0.6)	-28 (-0.2)

(注1) 2012-13年度は決算、2013-14年度は実績見込み、2014-15年度は予算、2015-16年度以降は見通し
(注2) 財政収支は発生主義会計に基づく収支。基礎的現金収支は現金主義会計に基づく収支
(出所) 豪州財務省

3. その他の政策課題等

豪州では、資源への依存を減らして雇用を創出するため、非資源セクター主導の成長へ移行することが課題となっている。そのため、アボット首相がインフラ首相になると発言する等、政府はインフラ投資を拡充していく方針を示している。2014-15年度連邦予算案では、財政健全化を進める一方、非資源セクター主導の成長への移行を下支えするために、116億豪ドル規模の「インフラ成長パッケージ」が盛り込まれた。「インフラ成長パッケージ」には、主要道路の整備やウエスタン・シドニーのインフラ整備計画にかかる支出等が含まれている。政府は、この「インフラ成長パッケージ」を含めた連邦政府の支出に加え、州政府や民間のインフラ投資を加えると、1,250億豪ドルの投資規模になると試算している。

4. 日本との関係

① 在留邦人数：

81,981人 (2013年、外務省ホームページ)

② 進出日本企業数：

314社進出 (東洋経済新報社 2014年海外進出企業総覧)

日本の対豪州直接投資 (国際収支ベース、ネット、フロー)

(億円)

	2009年	2010年	2011年	2012年	2013年
豪州	6,556	5,622	6,493	8,689	5,640

(出所) 財務省国際収支統計

③ 対日輸出、対日輸入

対日輸出額が5兆864億円、対日輸入額は1兆5,012億円であり、3兆5,852億円の黒字である（2014年、財務省貿易統計）。豪州からみた国ごとの輸出、輸入に占める割合において、日本はそれぞれ、第2位（第1位は中国、第3位は韓国）、第3位（第1位は中国、第2位は米国）である。

④ ODA（円借款、無償資金協力、技術協力）、国際協力銀行出融資承諾状況

対豪州援助形態別実績 （億円）

年度	ODA 円借款	ODA 無償資金協力	ODA 技術協力	国際協力銀行出融資承諾状況
2009年度	－	－	－	81
2010年度	－	－	－	83
2011年度	－	－	－	1,138
2012年度	－	－	－	9,984
2013年度	－	－	－	2,929

⑤ 主な円借款案件
〇イクシスLNGプロジェクト

2011年3月の東日本大震災以降、日本のエネルギーを巡る状況は大きく変化し、主要エネルギー源として液化天然ガス（Liquefied Natural Gas：LNG）の需要が急増している。他方、新興国においても需要や環境意識の高まり等から、世界的に需要の増加が見込まれており、安定的なLNGの供給確保が重要となっている。豪州は、豊富なガス埋蔵量、政治経済の安定性、地理的に比較的日本に近いこと等から、日本にとって重要なLNG供給先となっている。

イクシスLNGプロジェクトは、西豪州沖合約200kmに位置するイクシス・ガスコンデンセート田[1]より産出される天然ガスを、全長約890kmの海底パイプラインを通じて豪州北部のダーウィンに建設するガス液化プラントにて液化し、年間840万トンのLNG及び年間160万トンの液化石油ガス（LPG）を生産・出荷するとともに、洋上貯油・出荷施設等から日量約10万バレルのコンデンセートを生産・出荷する大規模なLNGプロジェクトであり、国際石油開発帝石（株）が、本邦企業として初めて操業主体（オペレーター）として事業を主導している。出荷されるLNGのうち、約7割が日本向けに供給される予定で

---

[1] コンデンセートは、ガス田から採取される原油の一種（軽質液状炭化水素）。コンデンセートを伴うガス田をガス・コンデンセート田と呼ぶ。

あり、これは我が国の年間のLNG輸入量（2013年は約8,700万トン）の約7％に相当する。

　国際協力銀行（JBIC）は、同プロジェクトの事業会社であるイクシスLNG社（Ichthys LNG Pty Ltd）に対し、民間金融機関や他国輸出信用機関とともに、プロジェクトファイナンスにより、総額160億ドルの協調融資を行っているほか、LNG安定供給に向けた総合的な支援の一環として、同プロジェクトから日本企業がLNGを引き取るために必要なLNG船調達に対する融資も行っている。

　これらのプロジェクトは、日本政府の「資源確保戦略」に沿ったものであり、これにより、日本のエネルギー資源の長期的かつ安定的な調達確保に寄与することが期待される。

ニュージーランド

1．概況・基本情報

概要：国土面積は世界で第75位、人口は第122位、名目 GDP は第55位、購買力平価ベースの GDP は第70位に位置する。国土は、豪州の東に位置し、北島及び南島の主要2島と小島群で構成されている。多民族国家であり、欧州系が71％、先住民マオリ系が14％を占める。2004年から2013年の平均的な人口増加率は1.1％。ニュージーランド経済は2008年初頭より景気後退期に入り、2008年及び2009年はマイナス成長となったが、翌2010年には、豪州や中国向け輸出の増加に牽引されプラス成長に回帰。足元でも、カンタベリー地震からの復興需要、移民の流入による労働力の増加が相まって、2013年の経済成長率は2.8％となった。最近5年間の平均経済成長率は1.6％。2014年3月には、ニュージーランド準備銀行は、「景気拡大にかなり勢いがあり、より広範囲にわたる」との理由から、2.5％から2.75％へ政策金利を引き上げ、2014年12月現在、政策金利は3.5％。2014年7月に日ニュージーランド首脳会談を実施。

① 基本情報

人　口：	447万人（2013年、世銀）
面　積：	26.8万㎢（世銀、日本の約4分の3倍）
首　都：	ウェリントン
言　語：	英語、マオリ語、手話（2006年より公用語化）
民　族：	欧州系、マオリ系他
宗　教：	キリスト教他
名目 GDP：	1,816億ドル（2013年、IMF（第1次、2次、3次産業の構成比は5.0％：25.5％：69.5％、CIA））
購買力平価ベースの GDP：	1,507億ドル（2013年、IMF）
1人当たり GDP：	40,516ドル（2013年、IMF）
通　貨：	NZ ドル（1米ドル＝1.2826NZ ドル　2014年12月末日現在）
為替制度：	変動相場制度（IMF による為替の分類）
独　立：	1840年2月6日
政　体：	立憲君主制
元　首：	エリザベス2世女王（英国女王）
首　相：	ジョン・キー首相

国際機関・国際会議への加盟・参加状況

G20	ASEAN	ASEAN+3	CMIM	AMRO	EAS	APEC	ASEM	TPP	RCEP	ADB	AfDB	EBRD	IADB	IBRD	IMF	OECD	UN	WTO
−	−	−	−	−	○	○	○	○	○	○	−	○	−	○	○	○	○	○

② 政治状況

2014年9月20日、3年に1度のニュージーランド総選挙を実施。選挙公約として、財政緊縮策（2014−15年度以降の財政黒字の継続と2020年までに政府純債務を対GDP比20％まで削減）と2017年4月からの低中所得者層向けの所得税減税等を掲げた、ジョン・キー首相率いる中道右派の与党・国民党が第1党（議席保有率：49.6％）を維持。国民党は引き続きマオリ党、統一未来党、ACT党と連立政権を形成し、過半数を確保。キー首相は2008年の総選挙以来、3期目となった。

ニュージーランド代議院の議席率

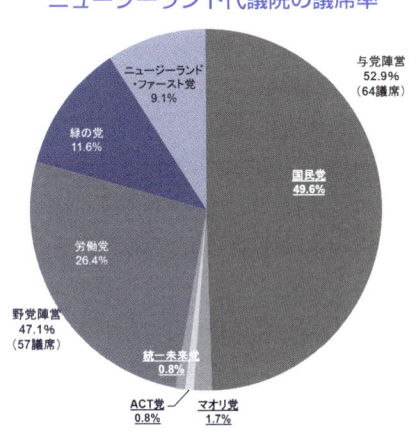

- 与党陣営 52.9％（64議席）
- 国民党 49.6％
- ニュージーランド・ファースト党 9.1％
- 緑の党 11.6％
- 労働党 26.4％
- 野党陣営 47.1％（57議席）
- 統一未来党 0.8％
- ACT党 0.8％
- マオリ党 1.7％

（出所）ニュージーランド選挙管理委員会

2．マクロ経済の概況

① 経済成長率の動向

ニュージーランドは小国開放経済であり、GDPに占める輸出、輸入の比率はそれぞれ29％、32％（いずれも2013−14年度（ニュージーランドの財政年度は7月から翌年6月））。

ニュージーランド経済は堅調な民間消費や投資を背景に2011−12年度の実質GDP成長率は3.1％。2012−13年度には、70年ぶりとされる深刻な干ばつの影響があったものの、実質GDP成長率は2.8％を維持。2013−14年度には、実質GDP成長率は2.5％となった。

ニュージーランドの実質GDP成長率

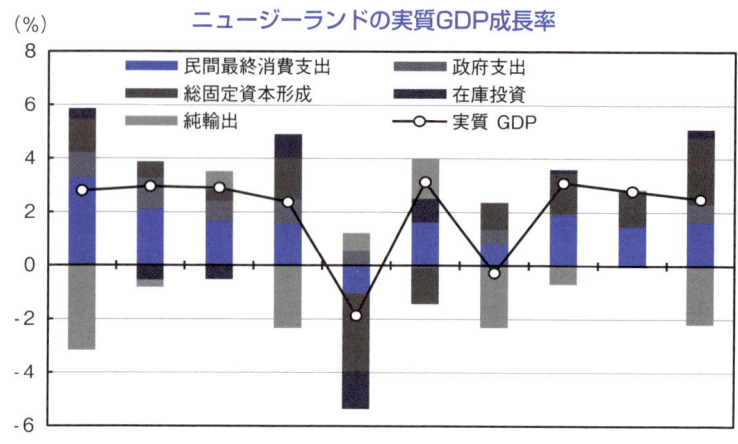

(注) 年度：7月－6月
(出所) ニュージーランド統計局

② **国際収支**

　ニュージーランドの貿易収支は、豪州や中国向け輸出の増加を要因として、2009－10年度は2001－02年度以来の貿易黒字（対GDP比1.4％）となった。2010－11年度以降も、輸出額全体のおよそ3割を占める乳製品の輸出の増加により貿易黒字を維持。2013年初頭に起きた干ばつの影響により、2012－13年度の貿易黒字は対GDP比0.1％と縮小したものの、2013－14年度には対GDP比1.4％と持ち直した。ただし、足元では、乳製品の輸出価格は2014年7月以降下落しており、2014年9月の貿易収支は13億5,000万NZドルの赤字と、月ベースでは過去最大の赤字幅を記録している。

ニュージーランド製品別輸出入額の内訳

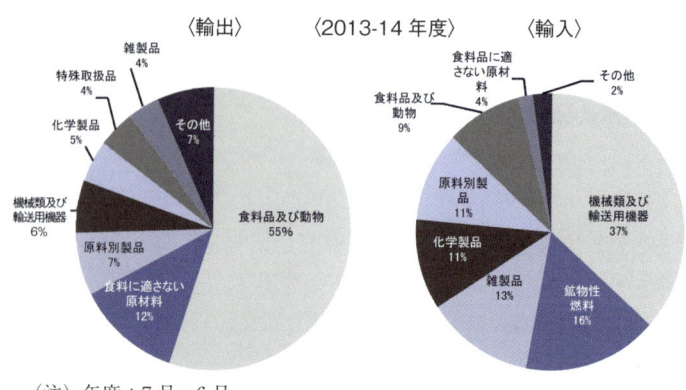

〈輸出〉　〈2013-14年度〉　〈輸入〉

輸出：
- 食料品及び動物 55%
- 食料に適さない原材料 12%
- 原料別製品 7%
- 機械類及び輸送用機器 6%
- 化学製品 5%
- 特殊取扱品 4%
- 雑製品 4%
- その他 7%

輸入：
- 機械類及び輸送用機器 37%
- 鉱物性燃料 16%
- 雑製品 13%
- 化学製品 11%
- 原料別製品 11%
- 食料品及び動物 9%
- 食料品に適さない原材料 4%
- その他 2%

(注) 年度：7月－6月
(出所) ニュージーランド統計局

ニュージーランドの経常収支は、1973－74年度以降、一貫して赤字が続いている。これは、家計貯蓄率の低さを背景に海外からの資本流入を招き、所得収支が恒常的に大幅な赤字となっているためである。2008－09年度に対GDP比5.1％の赤字であった経常収支は、貿易収支の黒字化により、2009－10年度には対GDP比1.7％の赤字と赤字幅を縮小。2013－14年度も引き続き貿易黒字となり、経常収支対GDP比2.5％の赤字となった。また、恒常的な経常収支赤字のため、対外純負債残高対GDP比は65％（2013－14年度末時点）と高水準。

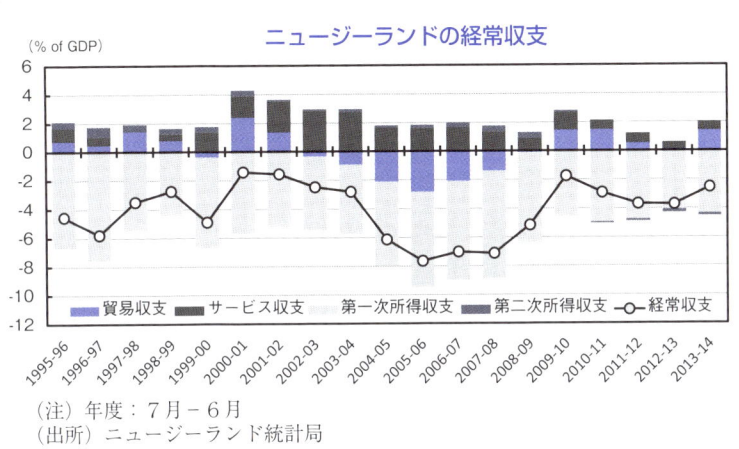

ニュージーランドの経常収支

（注）年度：7月－6月
（出所）ニュージーランド統計局

　ニュージーランドの資本収支は、黒字基調で推移。

　他の先進国と比較して政策金利が高いことを反映して、証券投資が高水準となっている。2013－14年度には対GDP比0.4％の資本流出超となっている。

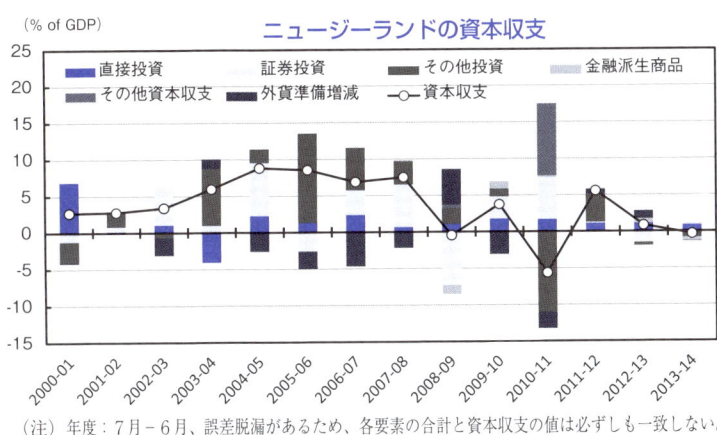

ニュージーランドの資本収支

（注）年度：7月－6月、誤差脱漏があるため、各要素の合計と資本収支の値は必ずしも一致しない。
（出所）ニュージーランド統計局

③ 物価動向・金融政策

　2011年4-6月期のCPI上昇率は、一般消費税率の引上げの影響等から、5.3％と高水準となったが、その後はニュージーランド準備銀行のインフレターゲットである1-3％の範囲で推移。2012年7-9月期から2013年4-6月期までは自国通貨高による貿易財価格の低下を要因として1％を下回る水準まで低下した。足元の2014年10-12月期のCPI上昇率は、0.8％となっている。

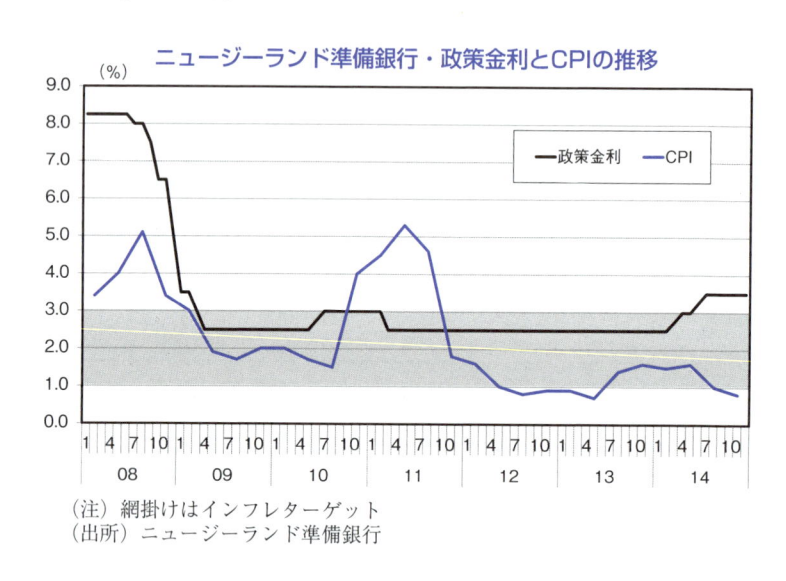

ニュージーランド準備銀行・政策金利とCPIの推移

（注）網掛けはインフレターゲット
（出所）ニュージーランド準備銀行

　ニュージーランド準備銀行は2011年3月以来、政策金利を過去最低水準の2.5％を維持してきたが、2014年3月、「景気拡大にかなり勢いがあり、より広範囲にわたる」ことを理由に、政策金利を2.5％から2.75％に引き上げた。その後も、政策金利は2014年4月、6月、7月の3回にわたり、それぞれ0.25％ずつ引き上げられ、2014年12月現在、3.5％となっている。なお、ニュージーランド準備銀行は直近（2014年12月）の金融政策会合の声明において、経済指標次第であるが、今後金利の引上げが必要とされる見通し、との見解を示している。

④ 為替・外貨準備の動向

　1985年3月より変動相場制（IMFの分類はFloating）。ニュージーランド準備銀行は介入実績について非公表。外貨準備高は、2014年11月時点で232億NZドルである。
　NZドルはここ数年間で上昇基調。これは、国内外の金利差や国内経済の見通しの好調さを背景として、国内へ資金が流入しているため。ニュージーランド準備銀行は2013年1

月の金融政策会合の声明において「インフレは抑えられており、インフレターゲットの範囲の下限を下回っている。これは、主に過大評価されたNZドルの影響である。」として、自国通貨高を牽制。それ以降、毎会合の声明において自国通貨高について言及。

なお、足元では、ニュージーランド準備銀行のNZドル高への牽制や乳製品の価格下落等の要因により、NZドルは下落しているものの、12月の金融政策会合の声明では、「為替レートは輸出価格の下落を反映しておらず、依然不相当で持続可能でないほど高い。NZドルの一段の大幅下落を予想する。」と引き続きNZドル高について言及している。

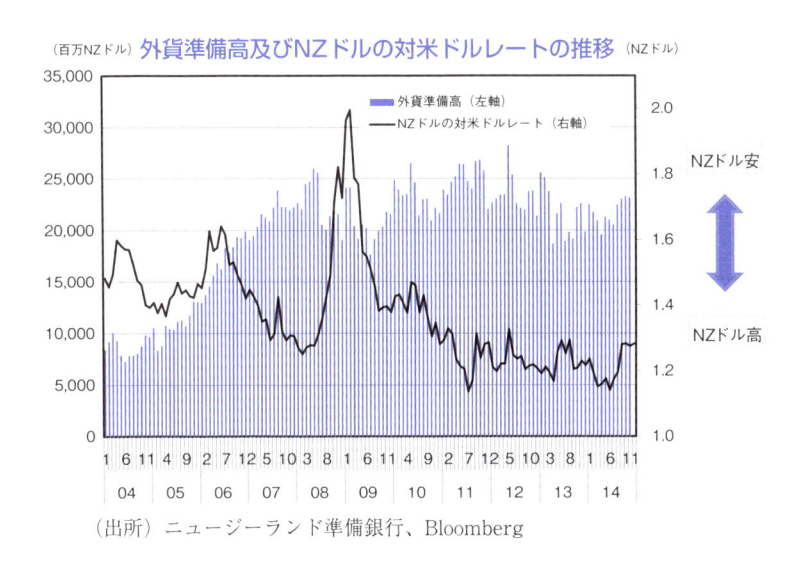

外貨準備高及びNZドルの対米ドルレートの推移

（出所）ニュージーランド準備銀行、Bloomberg

⑤ 財政政策

ニュージーランド政府は2014年5月、2014−15年度予算案を公表。

2014−15年度予算案には、医療費が無料となる年齢の引上げ（6歳未満から13歳未満へ）や育児有給休暇の期間の拡充（14週間から18週間へ）が主要な施策として盛り込まれている。

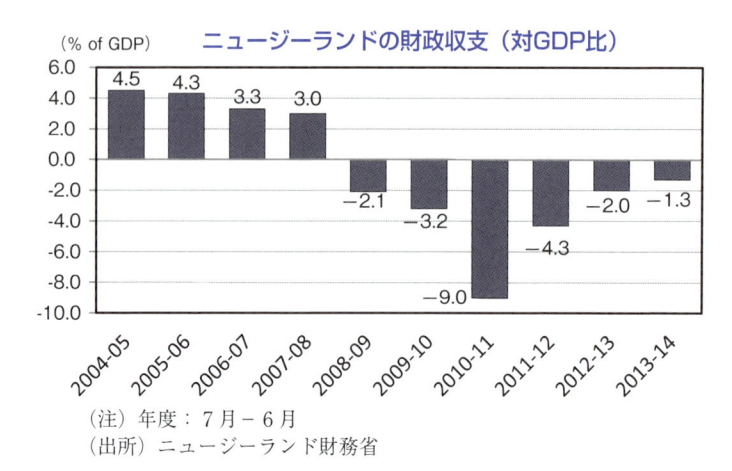

(% of GDP) **ニュージーランドの財政収支（対GDP比）**

年度	値
2004-05	4.5
2005-06	4.3
2006-07	3.3
2007-08	3.0
2008-09	−2.1
2009-10	−3.2
2010-11	−9.0
2011-12	−4.3
2012-13	−2.0
2013-14	−1.3

（注）年度：7月－6月
（出所）ニュージーランド財務省

　また、政府は、2012－13年度予算案において、2014－15年度に財政収支を黒字化させ、2020年までに純債務残高対GDP比を20％まで減少させる目標を掲げているが、2014年12月に公表された財政見通しによれば、財政収支の黒字化目標は、乳製品価格の下落やインフレ率の低下により、税収の見通しが下振れしたため、達成が困難な見通しとなっている。

ニュージーランド政府による財政見通し（2014年12月公表）　（億NZドル）

	2012−13	2013−14	2014−15	2015−16	2016−17	2017−18	2018−19
財政収支	−44	−29	−6	−6	26	31	41
（GDP比、％）	(−2.0)	(−1.3)	(−0.2)	(0.2)	(1.0)	(1.1)	(1.4)
純債務残高	558	599	635	670	670	664	645
（GDP比、％）	(25.7)	(25.6)	(26.5)	(26.5)	(25.2)	(24.0)	(22.5)

（注1）年度：7月－6月
（注2）2012－13年度、2013－14年度は実績、2014－15年度以降は見通し
（出所）ニュージーランド財務省

3．その他の政策課題等

　ニュージーランドの住宅価格の上昇率は高水準で推移。これは、移民の流入による住宅需要拡大が一因であるが、銀行の総資産に占める住宅ローン貸出の割合が46％であることから、家計の所得の減少や住宅ローンの借入コストの上昇等を引き金として住宅価格が急落した場合、銀行のバランスシートが毀損するとともに、国内の経済活動へ悪影響を与え

るリスクがある。

　2013年10月、ニュージーランド準備銀行は、住宅ローンに関する規制（頭金が住宅価格の20％を下回る借り手への融資を新規融資全体の10％以下に抑えなければならない）を導入。規制の導入以後、住宅価格上昇率は低下傾向にあるが、2014年11月には、ニュージーランド準備銀行は金融安定報告書の中で、移民の増加や住宅ローンの金利の低さから、住宅価格の上昇が再開するリスクは残されていると言及している。

ニュージーランドの住宅価格上昇率の推移
(%、前期比年率)

（出所）ニュージーランド準備銀行

4．日本との関係

① 在留邦人数：

15,807人（2013年、外務省ホームページ）

② 進出日本企業数：

80社進出（東洋経済新報社　2014年海外進出企業総覧）

日本の対ニュージーランド直接投資（国際収支ベース、ネット、フロー）

(億円)

	2009年	2010年	2011年	2012年	2013年
ニュージーランド	233	−56	116	102	117

（出所）財務省国際収支統計

③ 対日輸出、対日輸入

対日輸出額が2,907億円、対日輸入額は2,509億円であり、398億円の黒字である（2014年、財務省貿易統計）。ニュージーランドからみた国ごとの輸出、輸入に占める割合にお

いて、日本はそれぞれ、第4位（第1位は中国、第2位は豪州、第3位は米国）、第4位（第1位は中国、第2位は豪州、第3位は米国）である。

④ ODA（円借款、無償資金協力、技術協力）、国際協力銀行出融資承諾状況

対ニュージーランド援助形態別実績　　　　　　　　　　　　　　（億円）

年度	ODA 円借款	無償資金協力	技術協力	国際協力銀行 出融資承諾状況
2009年度	－	－	－	80
2010年度	－	－	－	0
2011年度	－	－	－	0
2012年度	－	－	－	0
2013年度	－	－	－	0

太平洋島嶼国

1．概況・基本情報

　概要：太平洋島嶼国には、国土面積や人口規模が限定的で国内市場の規模が小さく、広大な海域に分散する小さな島々で構成されており、主要な国際市場から地理的に遠いといった制限があるほか、自然災害や温暖化による海面上昇の影響を受けやすい傾向がある。個々の太平洋島嶼国をみると、大洋州（豪州、ニュージーランドを除く）最大の国土（面積約46万平方キロメートル、日本の約1.2倍）と人口（約732万人）を有するパプアニューギニアから人口約1万人（面積約30平方キロメートル）のツバルまで様々な規模の国がある。同地域の人口は約970万人でこのうち、パプアニューギニア、フィジー及びソロモン諸島、バヌアツの4カ国で9割以上を占める。本項の記述でもこの4カ国が中心となる。

　域内で突出した人口・面積を有するパプアニューギニアを除けば、陸地総面積は6.6万平方キロメートル（北海道面積の約85％）で、いずれも100万人未満の小規模国家により形成されているが、広大な排他的経済水域を有しており、我が国にとって水産資源、鉱物資源等の輸送ルートとして重要な地域である。

　太平洋地域では、英語が広く公用語として使用されている一方、国ごとに多くの言語、民族・部族が存在する。所得水準は、主要産業や天然資源の有無によって、DAC分類による高中所得国（パラオ、クック諸島等）、低中所得国（パプアニューギニア、フィジー等）から後発開発途上国（キリバス、ツバル等）まで差異がある。

　太平洋島嶼国経済は、その多くが一次産品依存型であるため、国際市況価格の影響を受けやすい。品質面でも十分な国際競争力を備えておらず、総じて旧宗主国等による経済援助、海外からの労働者送金に大きく依存している。また、独立後の歴史が浅いこともあり、政治・社会体制が十分に整備されておらず、人材育成も課題となっている。

　我が国は、太平洋島嶼国との関係を強化し、また自然災害や気候変動等への対応を支援すべく、1997年から3年ごとに「太平洋・島サミット」を日本で開催している。第6回サミット（2012年5月）では、東日本大震災を教訓に、太平洋自然災害リスク保険（後述）の導入等を柱とした「沖縄キズナ宣言」が採択された。次回は、2015年5月に福島県いわき市で開催される予定。

① 基本情報　　　太平洋島嶼国 基本情報

国名（地域）	人口（千人）	面積（km²）	首都	言語	民族	宗教	名目GDP（Billion dollar）
クック諸島	14	237	アバルア（ラロトンガ島）	クック諸島マオリ語、英語（共に公用語）	ポリネシア系（クック諸島マオリ族）81％、混血ポリネシア系15.4％	キリスト教97.8％（クック諸島教会派69％、ローマ・カトリック15％等）	0.31　第1次産業：5.1％　第2次産業：12.7％　第3次産業：82.1％
フィジー	881	18,270	スバ	英語（公用語）の他、フィジー語、ヒンディー語を使用	フィジー系（57％）、インド系（38％）、その他（5％）	フィジー系はほぼ100％キリスト教、インド系はヒンズー教、イスラム教。全人口に占める割合はキリスト教52.9％、ヒンズー教38.2％、イスラム教7.8％	4.03　第1次産業：11.7％　第2次産業：18.1％　第3次産業：70.2％
キリバス	102	810	タラワ	キリバス語、英語（共に公用語）	ミクロネシア系（98％）、その他ポリネシア系及び欧州人が居住	キリスト教（主にカトリック、プロテスタント）	0.17　第1次産業：24.3％　第2次産業：7.9％　第3次産業：67.8％
マーシャル諸島	53	180	マジュロ	マーシャル語、英語	ミクロネシア系	キリスト教（主にプロテスタント）	0.18　第1次産業：14.3％　第2次産業：13.9％　第3次産業：71.8％
ミクロネシア連邦	104	700	パリキール	英語の他、現地の8言語	ミクロネシア系	キリスト教（プロテスタント及びカトリック）	0.33　第1次産業：14％　第2次産業：12％　第3次産業：74％
ナウル	10	21	ヤレン	英語（公用語）の他、ナウル語を使用	ミクロネシア系（ポリネシア、メラネシアの影響あり）	主にキリスト教	0.12　第1次産業：6.1％　第2次産業：33％　第3次産業：60.8％
パラオ	21	460	マルキョク	パラオ語、英語	ミクロネシア系	キリスト教	0.25　第1次産業：3.2％　第2次産業：20％　第3次産業：76.8％
パプアニューギニア	7,321	462,840	ポートモレスビー	英語（公用語）の他、ピジン英語、モツ語等を使用	メラネシア系	主にキリスト教。祖先崇拝や伝統的信仰も根強い。	15.41　第1次産業：27.6％　第2次産業：39.1％　第3次産業：33.3％
サモア	190	2,840	アピア	サモア語、英語（共に公用語）	サモア人（ポリネシア系）90％、その他（欧州系混血、メラネシア系、中国系、欧州系等）	キリスト教（カトリック、メソジスト、モルモン教等）	0.79　第1次産業：10.2％　第2次産業：25.9％　第3次産業：64％
ソロモン諸島	561	28,900	ホニアラ	英語（公用語）の他、ピジン英語（共通語）を使用	メラネシア系（約94％）、その他ポリネシア系、ミクロネシア系、ヨーロッパ系、中国系	キリスト教（95％以上）	1.09　第1次産業：50％　第2次産業：10.6％　第3次産業：39.4％
トンガ	105	750	ヌクアロファ	トンガ語、英語（ともに公用語）	ポリネシア系（若干ミクロネシア系が混合）	キリスト教（カトリック、モルモン教等）	0.47　第1次産業：20.9％　第2次産業：21.9％　第3次産業：57.2％
ツバル	10	30	フナフティ	英語の他、ツバル語（ポリネシア系言語でサモア語に近い）を使用	ポリネシア系（若干ミクロネシア系が混合）	主にキリスト教（プロテスタント）、殆んどの国民がツバル教会（キリスト教プロテスタント系）に属する。	0.04　第1次産業：16.6％　第2次産業：27.2％　第3次産業：56.2％
バヌアツ	253	12,190	ポートビラ	ビシュラマ語（ピジン英語）、英語、仏語（いずれも公用語）	メラネシア系（93％）、その他中国系、ベトナム系及び英仏系人が居住。	主にキリスト教（プレスビタリアン、ローマ・カトリック、アングリカン、セブンス・デイ・アドベンチスト等）	0.80　第1次産業：22.4％　第2次産業：9.7％　第3次産業：67.9％

（注）　1．首都、言語、民族、宗教、通貨、独立、政体、元首、首相については、外務省による。
　　　　2．人口、面積（2013年データ）は、WDIによる。（クック諸島、ナウルについては、外務省による。）
　　　　3．名目GDP、購買力平価ベースのGDP、1人当たりGDPについては、WEO2014年10月（2013年データ）による。（クック諸島、ナウルについては、名目GDP、1人当たりGDPは、国連（2012年データ）、購買力平価ベースのGDPは、CIA（2005年データ）による。）
　　　　4．名目GDPにおける構成比については、CIAによる。

太平洋島嶼国 基本情報

購買力平価ベースのGDP (Billion dollar)	1人当たりGDP (dollar)	通貨	為替制度	独立	政体	元首	首相
0.18	14,918	ニュージーランドドル（硬貨については、独自のものも有する）	―	日本は2011年3月25日に国家として承認	立憲君主制	エリザベス2世女王	ヘンリー・プナ
6.91	4,578	フィジー・ドル	ペッグ制度	1970年10月10日	共和制	ラトゥ・エペリ・ナイラティカウ大統領	ジョサイア・ヴォレンゲ・バイニマラマ
0.17	1,546	豪ドル	―	1979年7月12日	共和制	アノテ・トン大統領	アノテ・トン
0.17	3,236	米ドル	―	1986年10月21日	大統領制	クリストファー・ロヤック大統領	クリストファー・ロヤック
0.32	3,215	米ドル	―	1986年11月3日	大統領制	エマニュエル・マニー・モリ大統領	エマニュエル・マニー・モリ
0.06	12,022	豪ドル	―	1968年1月31日	共和制	バロン・ディバベシ・ワンガ大統領	バロン・ディバベシ・ワンガ
0.26	14,022	米ドル	―	1994年10月1日	大統領制	トミー・レメンゲサウ大統領	トミー・レメンゲサウ
16.82	2,098	キナ及びトヤ（100分の1キナ）	変動相場制度	1975年9月16日	立憲君主制	エリザベス2世女王	ピーター・オニール
0.96	4,165	サモア・タラ	ペッグ制度	1962年1月1日	選挙により国家元首を選ぶ制度	トゥイ・アトゥア・トゥプア・タマセセ・エフィ殿下	トゥイラエパ・ルペシリアイ・ネイオティ・アイオノ・サイレレ・マリエレガオイ
1.03	1,936	ソロモン・ドル	ペッグ制度	1978年7月7日	立憲君主制	エリザベス2世女王フランク・カブイ総督	ゴードン・ダルシー・リロ
0.50	4,572	パ・アンガ	ペッグ制度	1970年6月4日	立憲君主制	国王トゥポウ6世	トゥイバカノ卿
0.03	3,575	豪ドル	―	1978年10月1日	立憲君主制	エリザベス2世女王（ただし、通常は総督が王権を代行）総督：イアコバ・タエイア・イタレリ	エネレ・ソシネ・ソポアンガ
0.65	2,996	バツ	その他の管理相場制度	1980年7月30日	共和制	ボールドウィン・ジェイコブソン・ロンズデール大統領	ジョー・ナトゥマン

太平洋島嶼国の国際機関・国際会議への加盟・参加状況

国名	G20	ASEAN	ASEAN+3	CMIM	AMRO	EAS	APEC	ASEM	TPP	RCEP	ADB	AfDB	EBRD	IADB	IBRD	IMF	OECD	UN	WTO
クック諸島											○								
フィジー											○				○	○		○	○
キリバス											○				○	○		○	
マーシャル諸島											○				○	○		○	
ミクロネシア連邦											○				○	○		○	
ナウル											○							○	
パラオ											○				○	○		○	
パプアニューギニア							○				○				○	○		○	○
サモア											○				○	○		○	○
ソロモン諸島											○				○	○		○	○
トンガ											○				○	○		○	○
ツバル											○							○	
バヌアツ											○				○	○		○	○

② 政治状況

　太平洋島嶼国は、1962年にサモアが国連の信託統治（施政権国はニュージーランド）から独立して以降の比較的新しい独立国であり、社会・経済的に自立した国家運営の確立が課題となっている。現在でも、旧宗主国、国連信託統治の施政権国とのつながりが深く、豪州、ニュージーランド、米国等からの多額の財政支援を受けている。政治体制は、立憲君主制（クック諸島、パプアニューギニア、トンガ、ツバル）、共和制（フィジー、キリバス、ナウル、バヌアツ）、大統領制（マーシャル諸島、ミクロネシア連邦、パラオ）に分類されるが、地方制度として、パラオ等伝統的な首長制度が存在する国もある。

　パプアニューギニアでは、2012年に実施された総選挙の結果、オニール首相率いる人民国民会議党が27の最多数議席（定数111）を獲得し、オニール党首が首相に再任。複数政党と連立政権を発足し、安定した政権運営を実施。

　フィジーでは、2014年9月に2006年のクーデターから8年ぶりとなる民政復帰の議会選挙（一院制、定数50）が行われ、前回のクーデターを主導したバイニマラマ暫定首相派が勝利を収めた。

　ソロモン諸島では、2011年11月、不信任決議動議が議会に提出されたことを受けたフィリップ首相の辞任により、リロ政権が誕生。2014年11月19日に総選挙が行われ、リロ首相が落選。12月9日、過去2000－2001年及び2006－2007年に2度首相を務めたソガワレ氏が首相に就任。無所属の国会議員の割合が高い中、少数政党による連立政権であり、政権基盤は不安定。

　バヌアツでは、2014年5月、カロシル首相に対する不信任動議が可決され、バヌアツ議会による首相選出投票でナトゥマン首相が選出されたが多数の政党が乱立していることもあり、政治基盤は不安定。

2．マクロ経済の概況
① 経済成長率の動向

　太平洋島嶼国は、国土・人口・経済のいずれも小規模な国家であり、第1次産業への依存度が高いため、天候や国際価格の変動に左右されやすく、経済構造は脆弱であり、経済成長の変動も総じて高い。国内に産業基盤がないため、公的セクターが国の経済に占める割合が高いことも太平洋島嶼国に共通してみられる特徴である。

太平洋島嶼国のGDP成長率（%）

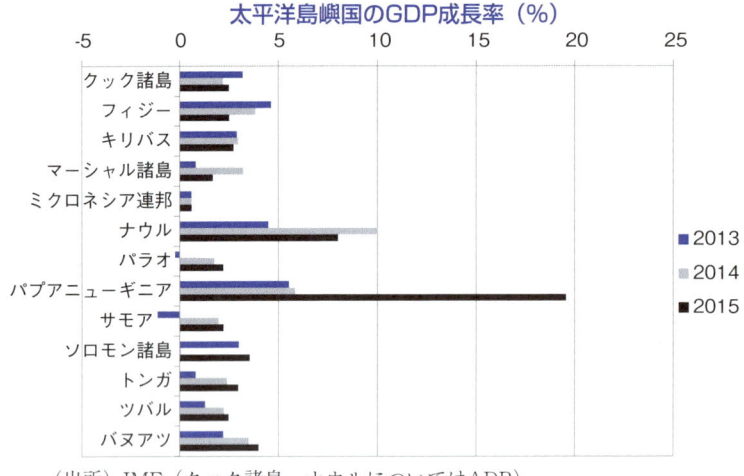

（出所）IMF（クック諸島、ナウルについてはADB）

　パプアニューギニア経済は、農業・水産業のほか、鉱業部門の存在が大きく、全体の経済成長率を押し上げる構造となっており、2002年以降は実質GDPがプラスの成長となっている。2014年には、エクソンモービルの液化天然ガス（LNG）工場が稼働を開始し、ニッケル、コバルト鉱山の生産拡大が成長を牽引し、IMFによれば、成長率は2013年の5.5％から5.8％に上昇し、LNG輸出が本格化する2015年にはさらに大幅に成長が高まることが予想されている。

　フィジー経済は、砂糖や衣類の生産、観光業が主産業であり、豪州経済の状況から強い影響を受ける。経済成長率は、2006年12月のクーデター後にマイナス成長を記録した後、2008年には1.0％と改善したが、2009年には世界経済危機等の影響により再び－1.4％と落ち込んだ。2010年以降のフィジー経済は、観光業及び砂糖・ミネラルウォーターの輸出等が堅調で安定しており、2014年、2015年の成長率は2～3％台となることが予想されている。

　ソロモン諸島の主要産業は農林水産業であり、金の産出も行われている。経済成長率は、世界経済危機等の影響により2009年に－4.7％となったが、2010－12年は一次産品輸出の好調な伸び等により、平均7.5％と高い成長を遂げた。2013年以降、再び減速し、2014年は、4月の集中豪雨の影響により農業生産高が落ち込んだほか、金鉱山の操業が停止したこと等により、2014年の成長率はほぼ0％となることが予想されている。

　バヌアツ経済は、肥沃な土壌に支えられ、コプラ、ココナッツ、ココア、肉牛等の農業と観光業を基盤としている。農産品の生産・輸出が堅調に推移することが見込まれること、

豪州、ニュージーランドからの観光客が増加していること、海運拠点のポートビラ港の整備等の大規模公共事業が予定されていることから、2014年は3.5％の成長が予想されている。

その他、キリバス、マーシャル諸島、ミクロネシア連邦、ツバル等では漁業権が、ツバル、マーシャル諸島、ミクロネシア連邦等では外国からの援助が、トンガ、サモア、マーシャル諸島、キリバス、ツバルでは海外で出稼ぎをしている者からの仕送りが、国にとっての重要な収入源となっている。

② 国際収支

太平洋島嶼国は、国内で生産できる財が少ないことから、消費財の多くを輸入に依存する経済構造にあり、貿易収支は一般的に慢性的な赤字となっている。観光業収入や海外で出稼ぎをしている者からの送金、外国政府からの経済援助が貿易収支の赤字を補填するものの、経常収支についても恒常的に赤字となっている国が多い。

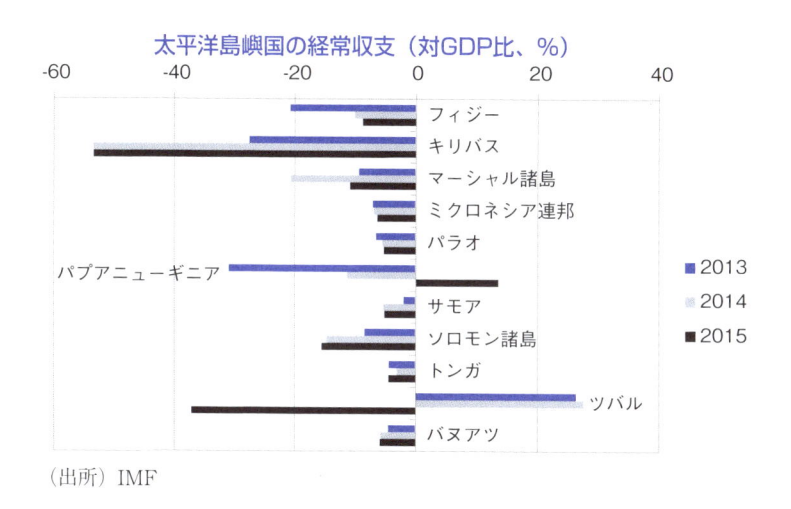

太平洋島嶼国の経常収支（対GDP比、％）

（出所）IMF

パプアニューギニアでは、金、銅、原油等の鉱物資源、パーム油、木材、コーヒー等の農林業産品を輸出し、コメ、食肉、タイヤ・チューブ等を輸入する貿易構造。経常収支は、前述のLNGプロジェクトの稼働により、輸出額が大幅増加し、貿易収支は黒字化する見通しであり、2014年に対GDP比11.4％の赤字となった後、2015年には13.5％の黒字に転じることが予想されている。

フィジーでは、砂糖、衣類、金、木材等を輸出し、鉱物燃料、機械、食料等を輸入する貿易構造。2013年には建設関連材、航空機の輸入により輸入額が急増する一方、砂糖、金

等の価格低迷により輸出額が減少した。経常収支は、2014年は対GDP比10.2％の赤字、2015年は対GDP比8.8％への赤字幅縮小が予想されている。

　ソロモン諸島では、木材、水産品、パーム油、ココア等を輸出し、機械、鉱物燃料、食料等を輸入する貿易構造。2013年は、農林産品の輸出額が低迷する一方、大規模公共事業向けの輸入額が増加し、経常収支は8.4％の赤字となった。その後、2014年には14.7％、2015年には15.5％に赤字幅が拡大する見通し。

　バヌアツでは、ココナッツ油、コプラ、ココア、カバ等を輸出し、機械、食料、鉱物燃料等を輸入する慢性的な貿易赤字構造。輸出額はコプラ、ココア、ココナッツ油生産の拡大に伴い、穏やかに上昇するものの、輸入額もWTO加盟に伴い拡大が見込まれる。ニュージーランドや豪州からの送金は堅調であり、観光産業の成長もサービス収支の黒字拡大に貢献するものの、2014年の経常収支は対GDP比5.8％の赤字と2013年の4.5％から拡大する見込み。

③　物価動向・金融政策

　太平洋島嶼国では、金融市場の規模が小さく、独自に金融政策を策定するコストが高いこと、金融当局の能力が限定的なこと等から、独自の中央銀行、自国通貨を持たず米国ドルや豪州ドルを使用する国が存在する。キリバス及びツバルでは豪ドル、クック諸島ではニュージーランドドル、マーシャル諸島、ミクロネシア連邦及びパラオでは米ドルを通貨として使用。独立した通貨を有する国においても、一般的に高い消費性向を持つことから、貯蓄を通じて金融システムに流れる資金が限定的であり、資本市場も未発達の段階。物価も国内経済の規模が小さいことから、災害等で物流が滞ること等により、急激に変動することがある。

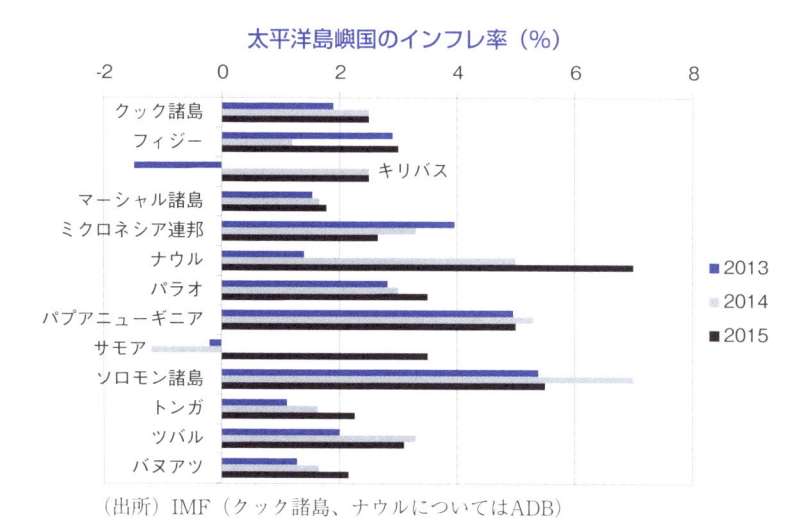

太平洋島嶼国のインフレ率（%）

グラフ項目：クック諸島、フィジー、キリバス、マーシャル諸島、ミクロネシア連邦、ナウル、パラオ、パプアニューギニア、サモア、ソロモン諸島、トンガ、ツバル、バヌアツ（2013年、2014年、2015年）

（出所）IMF（クック諸島、ナウルについてはADB）

　パプアニューギニアでは、消費者物価インフレ率は、2012年には4.5%であったが、今後LNG輸出の拡大及び政府支出の増加に伴い、2015年には5%への上昇が見込まれている。政策金利については、パプアニューギニア銀行が、2012年9月から2013年3月にかけて政策金利を合計150bp引き下げて以降、6.25%を維持している。2015年には、LNG輸出の本格化及び政府支出が拡大する見通しであることから、政策金利についても必要な見直しが行われる可能性がある。

　フィジーでは、2013年のインフレ率は、2.9%に低下。世界的な輸入燃料価格、食糧品価格の低下及び通貨フィジードル高により、2014年のインフレ率は1.2%に低下すると予測されている。政策金利は、2011年10月にフィジー準備銀行が100bp引き下げた以降は0.5%を維持している。

　ソロモン諸島では、国際的な食糧価格、原油価格の低下により、インフレ率は2013年の5.4%から2014年第1四半期にかけて低下した。ソロモン諸島中央銀行は、消費者物価インフレ率を5〜7%の目標幅に収めることを目標としているところ、2014年4月の集中豪雨のサプライチェーン及び農産物への影響により、食料品価格が上昇したことから、2014年のインフレ率は7%に上昇することが予測されている。

　バヌアツでは、2012年のWTO加盟により、携帯電話、テレビ、酒類等に対する関税が低下し、インフレ率は2014年に1.7%となる見通し。対ドルでバヌアツ通貨バツ安が見込まれるが、国際的な原油価格の低下により相殺される見通し。バヌアツ準備銀行は、経済成長が低迷していたことから、2013年3月に2008年以来初めての政策金利の引下げを行って

以降は5.5%を維持している。

④ 財政政策

金融政策手段が限られており、GDPに占める公的部門の支出が大きいことから、太平洋島嶼国では、財政政策がマクロ経済運営の主要手段となっている。一方、政府の予算管理部局の能力が弱く、モニタリング体制の整備も不十分。歳入面では、課税ベースが狭く、関税や海外からの支援に依存しており、財政収支は、ほとんどの国で恒常的に赤字傾向にある。

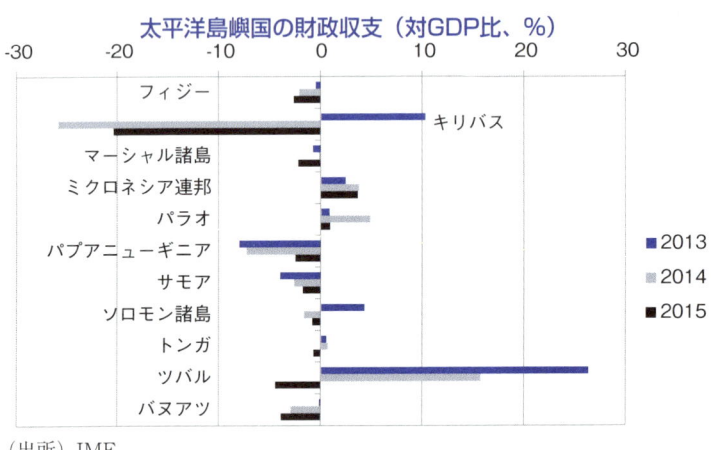

太平洋島嶼国の財政収支（対GDP比、%）

国	2013	2014	2015
フィジー			
キリバス			
マーシャル諸島			
ミクロネシア連邦			
パラオ			
パプアニューギニア			
サモア			
ソロモン諸島			
トンガ			
ツバル			
バヌアツ			

（出所）IMF

パプアニューギニアでは、医療、教育、インフラ等への政府支出が拡大傾向。財政赤字は2013年に対GDP比8%となる見通しとなるも、LNG工場の稼働開始により中期的には歳入が増加する見通しで、2015年には財政赤字は対GDP比2.5%となることが予測されている。

フィジーでは、2012年に所得税を減税したことや社会保障支出の拡大等により財政赤字は、対GDP比で2013年の0.5%から、2014年には2.1%に、2015年には2.6%に拡大する見通し。

ソロモン諸島では、財政状況は健全化を進めてきており、2013年の財政収支は対GDP比4.3%の黒字であった。2014年4月の集中豪雨に伴う鉱山の閉鎖により2014年の税収は減少見込み、洪水による予定外の財政支出も重なり、2014年は1.6%の赤字となる見通し。

バヌアツでは、公的財政・経済管理法により、財政黒字が求められているものの、外国政府からの無償援助、借款に引き続き依存しており、不十分な行政能力等から赤字が続い

ている。2013年には対GDP比0.2％の財政赤字であったが、予算執行管理が不十分であり、補正予算が必要となっている。現政権は、緩やかな緊縮財政を進めており、前政権下で進められていた新空港プロジェクト等の見直しが行われているものの、2014年も対GDP比3％の財政赤字が見込まれる。

3．その他の政策課題等

　太平洋島嶼国における廃棄物管理は、その国土の狭小性といった地理的条件や伝統的な土地所有制度等の社会的背景から適切な廃棄物処理が困難な場合が多く、オープンダンピング（野積・投棄）、浸出水処理施設の未整備が原因となり、海洋（珊瑚礁）や陸域等の観光・産業資源、及び人々の公衆衛生に深刻な影響が出ている。これに加え、急速な生活様式の近代化と都市部への人口集中があいまって、発生する廃棄物の多種・大量化が顕著となっており、これらの廃棄物の適正処理を実現していくことが、太平洋島嶼国に共通する課題である。

　これに対して、日本は太平洋・島サミット等で発表された宣言に基づき、個別専門家の派遣等、太平洋島嶼国における廃棄物管理にかかる協力を進めているものの、太平洋島嶼国における絶対人口が少ないことから廃棄物管理分野での人員も限られ、廃棄物管理に従事する人材の質、量はともに不十分な状況である。

4．日本との関係
① 貿易額、在留邦人数、進出日本企業数

国・地域名	貿易額 対日輸出 2014年 (100万円)	貿易額 対日輸入 2014年 (100万円)	貿易額 対日収支 2014年 (100万円)	我が国による直接投資 2013年 (億円)	在留する日本人数 2013年10月1日現在 (人)	進出日本企業数 2013年10月1日現在 (人)
クック諸島	1,901	154	1,747	ー	3	-
フィジー	6,405	6,528	-123	4	535	2
キリバス	1,408	2,621	-1,213	ー	13	-
マーシャル諸島	2,723	125,408	-122,685	41	51	-
ミクロネシア連邦	597	913	-316	89	130	3
ナウル	361	145	216	ー	-	-
パラオ	1,235	1,936	-701	2	353	2
パプアニューギニア	261,376	19,025	242,351	14	279	3
サモア	25	1,394	-1,369	8	50	3
ソロモン諸島	1,053	1,459	-406	ー	98	4
トンガ	188	1,181	-993	ー	63	1
ツバル	292	1,477	-1,185	ー	6	-
バヌアツ	5,011	4,080	931	ー	96	1

② ODA（円借款、無償資金協力、技術協力）、国際協力銀行出融資承諾状況
(1) 円借款
(億円)

国名	2009年度	2010年度	2011年度	2012年度	2013年度
フィジー	ー	ー	ー	ー	ー
パプアニューギニア	82.61	ー	ー	83.4	ー
サモア	ー	ー	ー	ー	ー
バヌアツ	ー	ー	ー	49.45	ー

(2) 無償資金協力
(億円)

国・地域名	2009年度	2010年度	2011年度	2012年度	2013年度
クック諸島	―	―	0.09	0.20	0.30
フィジー	25.96	1.02	3.96	0.88	1.22
キリバス	1.39	1.80	4.59	12.67	9.57
マーシャル諸島	5.89	0.76	2.76	13.26	4.46
ミクロネシア連邦	23.46	5.39	2.92	0.52	13.92
ナウル	1.17	1.17	1.19	0.16	1.08
パラオ	4.92	0.44	3.41	18.31	1.44
パプアニューギニア	14.92	13.53	12.32	9.73	10.58
サモア	8.22	3.00	1.68	0.73	20.08
ソロモン諸島	12.92	24.42	19.85	0.52	1.10
トンガ	11.46	9.32	18.67	16.76	2.86
ツバル	1.20	9.14	8.09	0.15	16.52
バヌアツ	11.88	4.61	4.21	1.62	12.76

(3) 技術協力
(億円)

国・地域名	2009年度	2010年度	2011年度	2012年度	2013年度
クック諸島	0.04	0.06	0.07	0.17	0.11
フィジー	7.26	7.28	9.86	8.50	6.13
キリバス	0.63	0.65	0.64	0.88	0.74
マーシャル諸島	1.48	1.71	1.92	1.46	1.47
ミクロネシア連邦	2.07	1.89	2.88	2.28	2.46
ナウル	0.04	0.06	0.05	0.02	0.10
パラオ	2.07	3.15	2.53	1.40	2.30
パプアニューギニア	6.42	8.59	10.71	9.07	11.36
サモア	4.56	3.19	3.28	3.09	3.38
ソロモン諸島	3.39	3.51	3.39	4.32	5.07
トンガ	3.10	2.95	3.54	2.92	2.35
ツバル	2.49	2.27	1.86	1.86	0.92
バヌアツ	3.92	2.73	3.88	3.36	3.08

(4) 国際協力銀行出融資承諾状況
(億円)

国名	2009年度	2010年度	2011年度	2012年度	2013年度
パプアニューギニア	1,593	―	566	73	―

③ 世界銀行を通じた取組（太平洋自然災害リスク保険）

(イ) 創設の背景・経緯

太平洋島嶼国[1]は地震や台風等の自然災害がもたらすリスクに対して脆弱であり[2]、こうしたリスクに対応しうる財務能力・体制を整備していくことが必要である。太平洋島嶼国と同様に自然災害に対して脆弱なカリブ諸国については、2007年6月、世界銀行を中心に我が国も支援して、「カリブ海災害リスク保険ファシリティ（Caribbean Catastrophe Risk Insurance Facility)」が設立された。これは、地震や台風等の自然災害が生じた場合、その規模に応じて速やかに一定額の保険金が支払われ、緊急に必要な災害対応の資金を手当する仕組みであり、実際に活用されている[3]。こうしたメカニズムを太平洋島嶼国にも導入することを目指して、我が国と世界銀行の協力の下検討が開始され、2009年5月に開催された第5回太平洋・島サミット（於：北海道）において、太平洋島嶼国支援の一環として、自然災害保険メカニズムを創設することが表明された。その後、2012年5月に開催された第6回太平洋・島サミット（於：沖縄）において、太平洋島嶼国との共同事業として自然災害リスク保険の展開に向けた試行プログラムを世界銀行と協力して実施することが言及され、2013年1月に「太平洋自然災害リスク保険」のパイロット・プログラム（2013年1月～2014年10月）が創設・開始された。試行期間中、トンガのサイクロン被害に対して保険金が支払われ、復興に貢献する等の実績を残し、2014年11月以降、当プログラムは「日本-世界銀行防災共同プログラム」（2014年2月、途上国の防災について、世銀が日本の知見を活かした防災支援を実施するために創設）の下で、継続されている。

(ロ) 太平洋自然災害リスク保険の概要・特色

当保険のパイロット・プログラムの対象国は、2013年11月にクック諸島が参加し、2014年11月にソロモン諸島が脱退したため、現在はサモア、トンガ、バヌアツ、マーシャル諸島、クック諸島5ヵ国が参加。

当保険は、地震・津波や台風の大規模な自然災害が発生した際に、政府の財政対応や海外からの支援等が本格的に動員されるまでの間に必要となる足の速い資金ニーズに対応することを目的としている。通常の保険のような事後的な損害査定は行われず、予め決められた指標（地震の発生場所、マグニチュード、台風の風圧等）に基づいて推定損害額が算

---

[1] パプアニューギニア、クック諸島、ミクロネシア連邦、フィジー、キリバス、マーシャル諸島、ナウル、ニウエ（ニュージーランド自治領）、パラオ、サモア、ソロモン諸島、トンガ、ツバル、バヌアツ。
[2] 過去の大規模災害の一例として、2007年にソロモン諸島近辺で発生した地震（マグニチュード8.1）・津波や2009年にサモア沖で発生した地震（マグニチュード8）・津波が挙げられ、損失額はともに10百万ドル超と推定されている。
[3] 過去の主な保険金支払い実績として、2010年11月にハイチ沖で発生した地震（マグニチュード7）によりハイチに約7.8百万米ドル、2010年11月に発生したハリケーン・トーマスにより、バルバドスを含む3ヵ国に合計で約13百万米ドルが支払われた。

定され、一定の規模以上の場合には一定の保険金が支払われる仕組みである。当保険では、再保険の活用により、島嶼国の自然災害リスクが再保険市場に移転されている。その際、各島嶼国が個別に再保険会社と交渉するのではなく、世界銀行が各島嶼国の自然災害リスクをプールしたポートフォリオを組成し、再保険会社と再保険契約を締結することにより、交渉コストの低減を通じて、保険料が最小限に抑制されている。これまでの保険金の支払い実績として、2014年1月に大型のサイクロンがトンガ北部のハーパイ群島を直撃し、推定損害額が一定金額を上回ったため、トンガに対して127万米ドルが支払われた。

太平洋自然災害リスク保険のメカニズム

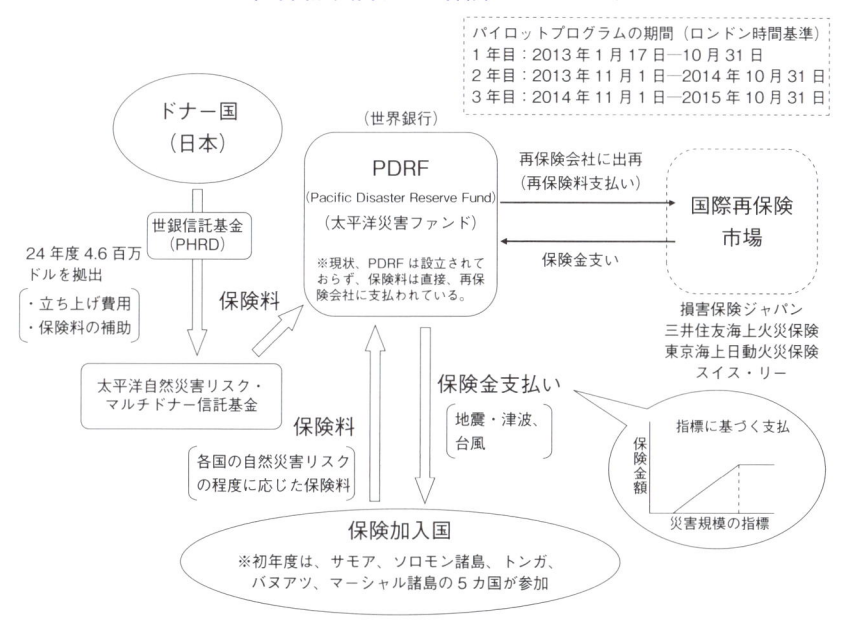

パイロットプログラムの期間（ロンドン時間基準）
1年目：2013年1月17日—10月31日
2年目：2013年11月1日—2014年10月31日
3年目：2014年11月1日—2015年10月31日

ドナー国（日本）
世銀信託基金（PHRD）
24年度 4.6百万ドルを拠出
・立ち上げ費用
・保険料の補助

（世界銀行）
PDRF
(Pacific Disaster Reserve Fund)
（太平洋災害ファンド）
※現状、PDRFは設立されておらず、保険料は直接、再保険会社に支払われている。

再保険会社に出再（再保険料支払い）→
←保険金支い

国際再保険市場
損害保険ジャパン
三井住友海上火災保険
東京海上日動火災保険
スイス・リー

太平洋自然災害リスク・マルチドナー信託基金

各国の自然災害リスクの程度に応じた保険料

保険料
保険金支払い
地震・津波
台風

指標に基づく支払
保険金額
災害規模の指標

保険加入国
※初年度は、サモア、ソロモン諸島、トンガ、バヌアツ、マーシャル諸島の5カ国が参加

④ アジア開発銀行（ADB）を通じた取組（サモアの衛生環境改善プログラム）

世銀を始めとする国際開発金融機関（MDBs）は、加盟国からの出資を元に長期の開発資金を供与しているが、そうした支援が効果的に実施されるためには、技術協力等を通じて途上国の能力構築を図っていくことが必要である。また、MDBsは途上国の開発ニーズの変化に応じた支援を行う必要があり、貧困層向けのコミュニティ・ベースの支援等革新的な援助手法の導入に当たっては、途上国の現場で、試行的な取組を行うことが求められている。信託基金は、こうした様々なニーズに応えるための追加的な資金を各国から得る

ための手法として、MDBsによって活用されてきた。一方、各国の立場からは、信託基金への拠出を通じて、MDBsが有する専門的知見や現地事務所等を初めとする広範なネットワークを活用しつつ、開発効果の高い援助を実施できるというメリットがある。また、信託基金の運用方針は、各MDBの全般的な活動方針の枠内で、MDBsと資金拠出を行う国の間の協議を通じ、個別に決定されるため、通常のMDBsに対する資金の拠出と比べ、顔の見える援助手法であると言うこともできる。このように、信託基金は、多国間（マルチ）の援助と二国間（バイ）の援助の中間に位置するものとしての性格も有している。

サモアの排泄物処理は、漏えいが深刻な掘込み式トイレに依存している。漏出した排泄物は、地下水を汚染するとともに、河川やマングローブ等の水循環生態系に悪影響を与え、住民の健康にも影響を及ぼしている。こうした劣悪な衛生環境により、サモアはチフス等の伝染病の発生率が太平洋諸国の中で最も高く、特に、首都アピアの低地地域に居住する貧困世帯、北西部及び北東部の主要村落において深刻な状況となっている。

こうした状況に鑑み、日本はアジア開発銀行（ADB）に設置した日本信託基金（貧困削減日本基金）により、①既存の掘込み式トイレに設置されている老朽化した排泄物タンクの入れ替え作業、及び②排泄物処理設備の適切な維持管理に関する啓蒙活動を内容とするサモア政府主導の「衛生環境改善プログラム」のパイロット事業として、状況が特に深刻な上記3地域を対象に実施するもの。また、③プロジェクトの持続可能性を向上するためのメンテナンス等を支援するとともに、将来的にはサモア全土における同様のプロジェクトの実施に向けて、政府関係機関職員の能力構築等を実施。

コンポーネント：
Ⅰ 掘込み式トイレにおける新たな排泄物タンクの設置
・チフス・激性腸炎の発生率が高く、高い人口密度を有し、水路や環境生態系地域に近い3地域（首都アピアの低地地域、北西部農村地帯、北東部農村地帯）の470世帯を対象として実施。設置費用については、対象世帯からも所得に応じた負担を求めることで、住民のオーナーシップを確保する。

Ⅱ 排泄物処理設備の維持管理に関する啓蒙活動等
・上記3地域の計15,000世帯に対し、(1)排泄物タンクの設置事業に関する周知活動、(2)タンクの維持管理方法についての指導、(3)維持管理の不備が与える健康上の悪影響等についての教育活動を実施。

Ⅲ　持続可能性の確保
・本件パイロット事業の持続可能性を担保し、将来のサモア全土への拡大に向け、政府機関職員に対し、排泄物タンクの適切なメンテナンスや検査等に関する能力構築を実施。

⑤　主な円借款案件
○　ラム系統送電網強化事業　83億4,000万円　2012年度

　本事業は、パプアニューギニア第2の都市であるレイに電力を供給するラム系統における既存送電線の複線化と変電所の改修等を行うことにより、レイを中心とする地域へ信頼性の高い電力を供給し、ラム系統周辺地域の将来の電力需要に対応するとともに、レイを中心とする地域住民の生活環境の改善に貢献するもの。

　本事業の対象となるモロベ州は、約64万6,000人の人口を擁し、州都のレイは商業・工業の中心地であり、各種物流面においても重要な拠点となっている。しかしながら、レイに電力を供給するラム系統の送電線による電力供給の不安定さが深刻な問題となっているほか、レイを中心とする地域の電力需要も急速に増加しており、既存送電線の容量では、将来需要の増大への対応が難しい状況にある。

　パプアニューギニア政府は、「中期開発計画2011－2015」において、ラム系統の改修の必要性を指摘している。そのうえ、2050年までに全人口への電力供給100％達成を目標に掲げている「PNGビジョン2050」の実現のためには、ラム系統における電力供給の信頼度の改善は不可欠としている。本事業は、これらの目標に貢献する事業として位置付けられている。また低損失電線を使用することにより、送電ロスの低減による火力発電所の稼働を抑制することができると期待されることから、温室効果ガス（GHG）の排出削減に貢献することも期待されている。

参考文献　参考 URL

各国共通
参考文献
「図説国際金融　2013-2014年版」（財経詳報社）
「東洋経済新報社2014年海外企業総覧」（東洋経済新報社）
参考 URL
○国内省庁等
　財務省　http://www.mof.go.jp
　外務省　http://www.mofa.go.jp
　国際協力銀行（JBIC）　http://www.jbic.go.jp/ja
　国際協力機構（JICA）　http://www.jica.go.jp
○海外国際金融機関
　IMF　http://www.imf.org/external/index.htm
　世界銀行　http://www.worldbank.org
　アジア開発銀行　http://www.adb.org
○海外政府・中央銀行等
　CIA　https://www.cia.gov/index.html
○その他
　CEIC：http://www.ceicdata.com/ja
　Bloomberg　http://www.bloomberg.co.jp/

＜北東アジア＞
中国
参考 URL
○海外政府・中央銀行等
　中国国家統計局　http://www.stats.gov.cn
　中国国家外貨管理局　http://www.safe.gov.cn/
　中国人民銀行　http://www.pbc.gov.cn/
　中国審計署　http://www.audit.gov.cn/

香港・マカオ
参考 URL
○海外政府・中央銀行等
　香港金融管理局　http://www.hkma.gov.hk/eng/index.shtml
　マカオ政府統計局　http://www.dsec.gov.mo/

韓国
参考 URL
○海外政府・中央銀行等
　韓国国会　http://www.assembly.go.kr/assm/userMain/main.do
　韓国銀行　http://www.bok.or.kr/main/korMain.action
　韓国企画財政部　http://www.mosf.go.kr/main/main.jsp
○その他
　サムスン電子　http://www.samsung.com

モンゴル
参考 URL
○海外国際金融機関
　ADB Key Indicators for Asia and the Pacific 2014,
　http://www.adb.org/publications/key-indicators-asia-and-pacific-2014
○その他
　International Trade Centre　http://www.intracen.org/

台湾
参考 URL
○海外国際金融機関
　台湾行政院主計総処　http://www.dgbas.gov.tw/mp.asp?mp=1
　台湾中央銀行　http://www.cbc.gov.tw/mp2.html
　台湾財政部　http://www.mof.gov.tw/mp.asp?mp=1

＜東南アジア＞
カンボジア
参考文献
「データブック　オブ・ザ・ワールド　2014版」(二宮書店)
参考 URL
○海外国際金融機関
　ADB Key Indicators for Asia and the Pacific 2014,
　http://www.adb.org/publications/key-indicators-asia-and-pacific-2014
○その他
　International Trade Centre　http://www.intracen.org/

ブルネイ
参考 URL
○国内省庁等
　公共財団法人　国際金融情報センター　http://www.jcif.or.jp/index.html
○海外国際金融機関
　ADB　Asia Regional Integration Center "Brunei Economic Bullein"
　http://aric.adb.org/brunei/econreports
○海外政府・中央銀行等
　首相府経済計画開発局　http://www.depd.gov.bn/home.html
　在ブルネイ日本大使館　http://www.bn.emb-japan.go.jp/ja/index.html
○その他
　Bloomberg　http://www.bloomberg.co.jp/
　British Petroleum　http://www.bp.com/
　The Economist Intelligent Unit　http://www.eiu.com/home.aspx

インドネシア
参考文献
「インドネシア経済の基礎知識」(2014年) (JETRO)
参考 URL
○国内省庁等
　公共財団法人　国際金融情報センター　http://www.jcif.or.jp/index.html
○海外政府・中央銀行等
　インドネシア大使館　http://www.id.emb-japan.go.jp/index_jp.html
　インドネシア統計局　http://www.bps.go.id/eng/

インドネシア中央銀行　http://www.bi.go.id/id/Default.aspx
インドネシア財務省　http://www.kemenkeu.go.id/

ラオス
参考文献
「データブック　オブ・ザ・ワールド　2014版」（二宮書店）
参考 URL
○海外国際金融機関
　ADB Key Indicators for Asia and the Pacific 2014,
　http://www.adb.org/publications/key-indicators-asia-and-pacific-2014
○その他
　International Trade Centre　http://www.intracen.org/

マレーシア
参考 URL
○国内省庁等
　公共財団法人　国際金融情報センター　http://www.jcif.or.jp/index.html
○海外政府・中央銀行等
　マレーシア中央銀行　http://www.bnm.gov.my/
　マレーシア統計局　http://www.statistics.gov.my/main/main.php

ミャンマー
参考文献
「データブック　オブ・ザ・ワールド　2014版」（二宮書店）
参考 URL
○海外国際金融機関
　ADB Key Indicators for Asia and the Pacific 2014,
　http://www.adb.org/publications/key-indicators-asia-and-pacific-2014
○その他
　International Trade Centre　http://www.intracen.org/

フィリピン
参考 URL
○国内省庁等
　公共財団法人　国際金融情報センター　http://www.jcif.or.jp/index.html
○海外国際金融機関
　UNCTAD　http://unctad.org/en/Pages/Home.aspx
○海外政府・中央銀行等
　フィリピン統計局　http://web0.psa.gov.ph/
　フィリピン中央銀行　http://www.bsp.gov.ph/
　フィリピン財務省　http://www.dof.gov.ph/
　フィリピン統計調整局　http://www.nscb.gov.ph/
○その他
　IT and Business Process Association of the Philippines　http://www.ibpap.org/

シンガポール
参考 URL
○国内省庁等
　公共財団法人　国際金融情報センター　http://www.jcif.or.jp/index.html
○海外政府・中央銀行等
　シンガポール統計局　http://www.singstat.gov.sg/
　シンガポール貿易工業省　http://www.mti.gov.sg/Pages/home.aspx
　シンガポール貿易商業省　http://www.mti.gov.sg/Pages/home.aspx
　シンガポール財務省　http://app.mof.gov.sg/

タイ
参考 URL
○国内省庁等
　公共財団法人　国際金融情報センター　http://www.jcif.or.jp/index.html
○海外政府・中央銀行等
　タイ統計局　http://web.nso.go.th/
　タイ中央銀行　http://www.bot.or.th/English/Pages/BOTDefault.aspx

東ティモール
参考 URL
○海外政府・中央銀行等
　東ティモール財務省　https://www.mof.gov.tl/budget-spending/petroleum-fund/?lang=en
○その他
　UN Comtrade Database　http://comtrade.un.org/

ベトナム
参考 URL
○国内省庁等
　公共財団法人　国際金融情報センター　http://www.jcif.or.jp/index.html
○海外政府・中央銀行等
　ベトナム統計局　http://www.gso.gov.vn/default_en.aspx?tabid=491

＜南アジア＞
バングラデシュ
参考 URL
○その他
　International Trade Centre　http://www.intracen.org/

ブータン
参考文献
　「データブック　オブ・ザ・ワールド　2014版」（二宮書店）
参考 URL
○海外国際金融機関
　ADB Key Indicators for Asia and the Pacific 2014,
　http://www.adb.org/publications/key-indicators-asia-and-pacific-2014
○その他
　International Trade Centre　http://www.intracen.org/

インド
参考 URL
○海外国際金融機関
　UN World Population Prospect　http://esa.un.org/wpp/
　UNDP, Human Development Report　http://hdr.undp.org/en
　World Economic Forum　http://www.weforum.org/
○海外政府・中央銀行等
　インド中央統計局　http://www.censusindia.gov.in/
　インド財務省　http://finmin.nic.in/
　インド準備銀行　http://www.rbi.org.in/home.aspx
　インド商工省　http://commerce.nic.in/MOC/index.asp
　インド政府統計・計画実施省　http://mospi.nic.in/Mospi_New/site/Hom

モルディブ
参考 URL
○海外国際金融機関
　ADB Key Indicators for Asia and the Pacific 2014,
　http://www.adb.org/publications/key-indicators-asia-and-pacific-2014
○その他
　International Trade Centre　http://www.intracen.org/

ネパール
参考文献
　「データブック　オブ・ザ・ワールド　2014版」(二宮書店)
参考 URL
○その他
　International Trade Centre　http://www.intracen.org/

パキスタン
参考文献
　「パキスタンを知るための60章」(明石書店)
参考 URL
○海外政府・中央銀行等
　パキスタン財務省　http://www.finance.gov.pk/
　パキスタン統計局　http://www.pbs.gov.pk/
　パキスタン国家銀行　http://www.sbp.org.pk/
　パキスタン選挙委員会　http://www.ecp.gov.pk/

スリランカ
参考 URL
○その他
　International Trade Centre　http://www.intracen.org/

＜大洋州＞
オーストラリア
参考 URL
○海外政府・中央銀行等
　豪州統計局　http://www.abs.gov.au/
　豪州外務貿易省　http://www.dfat.gov.au/

豪州準備銀行　http://www.rba.gov.au/
　　豪州財務省　http://www.treasury.gov.au/
〇その他
　　Newspoll　http://www.newspoll.com.au/

ニュージーランド
参考URL
〇海外政府・中央銀行等
　　ニュージーランド選挙管理委員会　http://www.elections.org.nz/
　　ニュージーランド統計局　http://www.stats.govt.nz/
　　ニュージーランド財務省　http://www.treasury.govt.nz/
　　ニュージーランド準備銀行　http://www.rbnz.govt.nz/

編著者略歴

神田 眞人
財務省国際局総務課長。東京大学法学部卒業、オックスフォード大学経済学修士（M.Phil）。世界銀行理事代理、財務省主計局主計官等を経て平成26年7月より現職。

執筆者一覧（50音順）

飯塚　正明	小川　政寛	清野　理陽	日置　重人
伊藤　拓	尾張　佳也	田口　瑛平	前田　亮利
伊藤　史治	神田　眞人	竹原　豊裕	真船　貴史
稲岡　宏子	岸田　洋介	津田　尊弘	三国　健太郎
井上　淳	木村　藍子	中岡　慶太	水沼　由佳子
宇多村　哲也	後藤　健	中村　正行	向井　和博
宇野　將至	斎須　朋之	西尾　隆弘	森脇　仁美
大石　一郎	榊原　卓	根來　恵梨	山尾　依里
大内　俊一	貞利　啓介	長谷川　雅英	米谷　光司
岡　正美	鈴木　涼平	濱田　優大	渡邊　直朗

アジア経済ハンドブック 2015年版

平成27年3月13日　初版発行

編著者　神田　眞人
発行者　宮本　弘明
発行所　株式会社　財経詳報社
〒103-0013　東京都中央区日本橋人形町1-7-10
電　話　03（3661）5266（代）
FAX　03（3661）5268
http://www.zaik.jp
振替口座　00170-8-26500

落丁・乱丁はお取り替えいたします。
©2015

印刷・製本　図書印刷
Printed in Japan 2015

ISBN 978-4-88177-413-7